학교를 배신하고 열정을 찾은

학력파괴자들

학력파괴자들
© 정선주, 2015

1판 1쇄 발행   2015년 10월 26일
1판 7쇄 발행   2021년 08월 06일

지은이   정선주
펴낸이   조윤규
편집   민기범
디자인   홍민지
기획   출판기획전문 (주)엔터스코리아

펴낸곳   (주)프롬북스
등록   제313-2007-000021호
주소   (07788) 서울특별시 강서구 마곡중앙로 161-17 보타닉파크타워1 612호
전화   영업부 02-3661-7283 / 기획편집부 02-3661-7284 | 팩스 02-3661-7285
이메일   frombooks7@naver.com

ISBN   978-89-93734-67-6 (03370)

이 도서의 국립중앙도서관 출판예정도서목록(CIP)은 서지정보유통지원시스템 홈페이지(http://seoji.nl.go.kr)와 국가자료공동목록시스템(http://www.nl.go.kr/kolisnet)에서 이용하실 수 있습니다.
(CIP제어번호: CIP2015025451)

학교를
배신하고
열정을
찾은

OUT OF SCHOOL

학력파괴자들

정선주 지음

프롬북스
frombooks

학력사회의 패러다임이
흔들리고 있다

"대학 중퇴는 내 인생 최고의 결정이었다."
_스티브 잡스

애플, 마이크로소프트, 구글, 델Dell, 오라클Oracle, 페이스북, 트위터, 월트 디즈니, 드림웍스. 이 세계적인 기업들에 공통점이 있다. 무엇일까? 모두 학교를 중퇴한 사람들이 창업해 세계 일류기업으로 만들었다는 것이다. 한국에서도 고故 이병철 삼성 회장과 정주영 현대그룹 회장을 비롯해 이외수, 유재석, 서태지, 허영만, 이청용, 이세돌 등 대학을 졸업하지 않거나 정규 교과과정을 밟지 않고도 자기 분야에서 최고가 된 사람들을 볼 수 있다. 고학력이 성공의 필수요건처럼 여겨지는 시대임에도 이들 대부분은 오히려 학교에 가지 않았기에 성공할 수 있었다고 당당히 말한다. 여기서 궁금증이 생긴다. 이들은 어떻게 대학을 나오지 않고도, 아니 스스로 학교를 그만두고도 성공할 수 있었을까?

수년 전 나는 우연히 테드TED에서 가장 많은 조회수를 기록하고 있던 켄 로빈슨Ken Robinson 교수의 강연을 보고 충격을 받았다. '학교가 창의성을 죽인다?Do schools kill creativity?'라는 제목의 이 강연에서 그는 "공교육의 목표는 교수를 육성하기 위한 것이며 교육제도는 산업사회의 요구에 맞는 일을 할 사람을 양성하기 위해 만들어졌다."고 주장했다. 순간 정신이 번쩍 들었다. 상위권 몇 명만이 차지할 수 있는 교수 자리에 오르기 위해 세상의 모든 학생들이 똑같은 과목을 그렇게 오랫동안 배워야 한다는 것인가? 그리고 교과제도가 한 사람을 온전한 인격체가 아니라 사회에 필요한 일꾼으로 만들기 위해 고안된 것이라면, 나는 그저 사회에서 잘 돌아가는 부속품이 되기 위해 무려 16년이나 교육을 받았단 말인가? 그동안 삶을 주도적으로 살아오지 못했다는 것에 대한 자책감, 그리고 교육에 대한 실망감이 한꺼번에 나를 덮쳤다.

세계에서 가장 영향력 있는 경영 구루guru인 세스 고딘Seth Godin은 저서 『린치핀』에서 '우리가 평범함에서 벗어나지 못하는 이유 중 하나는 학교와 시스템에 의해 세뇌당했기 때문'이라고 주장한다. 그의 주장대로 우리는 태어나기 전부터 사회가 만들어놓은 제도와 관습을 아무런 의심도 없이 받아들인다. 사회와 학교는 '나'라는 개성체에는 관심이 없다. 그저 전체를 위해 일할, 말 잘 듣는 순응자만 원할 뿐이다. 그 속에서 우리는 '안정'을 대가로 받고 자신의 재능과 잠재력이 무엇인지 깨달을 기회조차 가지지 못한 채 평범히 살아간다. 마치 어렸을 때부터 족쇄에 묶여 자라난 탓에 어른이 되어서도 탈출 시도조차 하지 않고, 모험은 꿈도 꾸지 못하며 살아가는 서커스장의 코끼리처럼 말이다.

프랑스의 교육자 닐 포스트먼Neil Postman은 "어린이는 물음표로 입학해 마침표로 졸업한다."고 말한 바 있다. 우리의 어린 시절을 한번 떠올려 보자. 세상 모든 것에 호기심을 느끼던 꼬마였던 우리는 학교에 들어가는 순간부터 선생님이 원하는 정답을 맞히기 위해 공부하기 시작했다. 자신이 원하는 공부가 아닌 학교에서 시키는 공부를 하고, 사회가 만들어놓은 목표를 자기의 목표로 맹신하며 사는 사람은 족쇄에 길들여진 코끼리와도 같다. 하지만 대부분의 학생들이 교실 속에서 만들어진 틀에 자신을 끼워 맞추고 있을 때, 세상으로 뛰쳐나와 자신이 열망하는 것을 찾아 도전한 사람들도 있었다. 그들은 역사를 바꿀 업적을 남겼고 세상을 변화시켰으며 세계 경제와 부를 지배하고 있다.

에디슨과 아인슈타인, 라이트 형제, 링컨, 앤드류 카네기, 헨리 포드 같은 역사적 인물들은 물론 전 세계인의 생활양식을 바꾼 스티브 잡스Steve Jobs와 빌 게이츠Bill Gates, 마크 저커버그Mark Zuckerberg, 래리 엘리슨Larry Ellison, 마이클 델Michael Dell도 모두 학교를 중퇴했다는 것은 이미 잘 알려진 사실이다. 학교에서 뛰쳐나와 세계적 기업을 세운 억만장자들은 하나같이 "사회에 나와 진짜 공부를 할 수 있었고 일찍 시작했기 때문에 성공할 수 있었다."고 말한다.

세계 첨단산업을 주도하는 실리콘밸리에서는 이미 학력파괴의 바람이 뜨겁다. 학력이 아닌 실력과 창의력의 중요성을 오래전부터 깨달았기 때문이다. 가장 혁신적인 기업환경을 가진 회사로 평가받는 구글은 매해 대학 졸업장이 없는 직원의 채용을 늘리고 있다.

왜 중퇴자들을 주목하는가?

|

내가 학력파괴자들에게 주목하게 된 이유는 두 가지다. 하나는 우리의 학교 교육이 무엇을 놓치고 있는지 이들을 통해 정확하게 볼 수 있기 때문이고, 다른 하나는 급변하는 미래에 진정한 성공을 거두려면 과연 무엇을 갖추어야 하는지, 그 실마리를 그들의 성공과정에서 찾을 수 있기 때문이다. 똑같은 프레임 안에서 똑같은 내용으로 교육받은 사람들과 경쟁하는 삶은 앞으로 전혀 승산이 없다. 기존의 프레임을 벗어나 자신의 잠재력을 발견하고 열정적으로 꿈을 좇아야 한다. 그래야 자기만의 창조성을 발휘할 수 있다.

미래는 전문가를 넘어선 '초전문가hyperspecialization'의 시대가 될 것이라고 한다. 일부 기업과 조직이 주도하는 것이 과거의 시스템이었다면 미래에는 수많은 사람들 각자가 서로 다른 가치를 창출하여 리더가 되고 최고 전문가가 된다는 것이다. 이는 곧 거대한 기업의 작은 톱니바퀴가 될 사람이 아니라 자신만의 독특한 재능과 아이디어로 무장한 자기 분야의 온리원only one 인재가 필요한 시대가 다가오고 있음을 의미한다. 문제는 바로 여기에 있다. 지금까지처럼 무조건 내용을 암기하고 정답을 고르는 요령을 익히는 입시 위주의 교육으로는 이런 초전문가를 키워낼 수 없기 때문이다.

어느 주말 TV 채널을 돌리다 〈1박 2일〉의 '서울대 특집'편을 우연히 보게 되었다. 한국 최고의 명문대생들은 어떻게 대학생활을 하고 있는지 궁금한 마음에 집중해서 봤지만 그들 역시 보통의 청춘들과 다를 바 없었다.

멤버인 데프콘이 "공부를 잘하니 취업 걱정은 안 하겠네요."라고 하니 학생들 모두가 손사래를 치며 "문과는 어딜 가도 취직이 안 돼요.", "문과만이 아니에요. 건축도 암울해요.", "다들 고시 공부하느라 바빠요."라고 대답했고, 한 남학생은 "주변의 시선 때문에 서울대 입학을 목표로 삼았지만 이를 이루고 나니 허무했다."고 털어놓기도 했다.

실제 2013~2014년 통계를 보면 소위 '스카이sky 대학'인 서울대·연세대·고려대의 인문·사회계열 졸업생 3,745명 중 취업한 학생은 1,701명으로 45.4퍼센트의 취업률을 나타냈다. 심지어 서울대 졸업생의 취업률은 이보다 더 낮은 40.5퍼센트였다. 서울대 우수졸업 학점 기준인 3.60을 넘었을 뿐 아니라 토익 950점 이상, 해외 교환학생, 대기업 인턴이라는 스펙을 쌓은 학생들마저 서류전형의 문턱조차 쉽게 넘지 못하고 있다. 서울대라는 간판이 더 이상 취업시장에 먹혀들지 않고 있는 것이다.

왜 이런 현상이 일어나는 걸까? 기업들이 스펙을 중요시하지 않은 지 오래되었기 때문이다. 삼성의 고위 임원은 "우리는 카이스트나 '스카이' 출신을 우선적으로 뽑지 않는다."라고 밝혔다. 명문대생을 뽑아 일을 시켜봐도 '별것 없다'는 사실을 깨달았기 때문이다. 학교를 졸업할 때까지 '정답 맞히기' 훈련만 받아온 이들은 위험한 미션을 피하려 하고, 인지도 낮은 대학 출신 학생들보다 진취성과 도전의식이 떨어지는 경향이 있다고 한다.

고전 중인 것은 명문대생뿐만이 아니다. 우리나라 학부모들이 선망한다는 고소득 전문직종도 난감한 상황에 처해 있다. 2014년 서울 중앙지법의 통계에 따르면 파산으로 일반회생을 신청하는 사람 중 41.4퍼센트가 전문직 종사자이다. 특히 치과 의사, 한의사, 약사 등 의료계 종사자만 25.4퍼센트에 달한다. 매년 3,000여 명에 이르는 의사면허 합격자를 배출하는 의료계는 세 명이 개원할 동안 두 명이 폐업을 신청하는 양상을 보이고 있다. 법조계의 사정도 만만치 않다. 2014년까지 사법연수원 수료생의 취업률은 3년 연속 40퍼센트대로 떨어졌다. 사법고시 합격자도 일반 대졸생처럼 취업을 보장받지 못하는 시대가 되어버린 것이다.

미래의 직업

|

이런 현상은 과연 한시적인 것일까? '앞서 언급한 직종들이 다시 그 명예를 회복할 미래가 오지 않겠냐'고 묻는다면 미안하지만 '아니오'라고 답해야겠다. 미래전문가들이 내놓는 예측들이 우리가 굳게 믿고 있는 성공 상식을 무너뜨리고 있기 때문이다.

우리는 로봇과 인공지능이 만드는 자동화로 '제2의 기계혁명'을 맞이하고 있다. 『톰 피터스의 미래를 경영하라』의 저자이자, 포스트모던 기업의 아버지인 톰 피터스Tom Peters 는 '앞으로 15년 내에 화이트컬러 직종 중 80퍼센트가 완전히 사라질 것'이라 예언했고, 미래학자 토머스 프레이Thomas Frey는 "2030년까지 지구의 80억 명 중 절반은 일자리를 잃을 것이다."라고 했다. 미래학자들이 소멸될 것이라고 예측하는 직업에는 금융업, 대기업, 의사, 교수, 교사, 변호사, 기자, 공무원 등 현재 우리나라의 최고 인기 직종이 다수 포함되어 있다. 세계 유수의 기관과 선문가 들이 내놓는 미래 전망은 다음과 같다.

- 모바일 뱅킹의 확산으로 금융은 앞으로 10년 동안 변화가 가장 큰 산업이 될 것이며 2020년 안에 은행 지점은 대부분 사라질 것이다.

  _싱귤래리티 대학(Singularity University)

- 2025년 대기업이 주도하는 경제는 혁신을 내세운 스타트업start-up의 도전에 밀려 막을 내리고 미국 근로자 34퍼센트는 프리랜서로 일하게 될 것이다.

  _시스코(Cisco), 세계 최대 네트워크 장비회사

- 2030년에는 뉴스의 90퍼센트를 컴퓨터가 쓸 것이다.

  _크리스티안 해먼드(Kristian Hammond), 내러티브 사이언스(Narrative Science) CTO

- 빅데이터가 의사의 80퍼센트를 대체할 것이다.

  _비노드 코슬라(Vinod Khosla),
  전(前) 마이크로시스템즈(Microsystems) 공동창업자이자 벤처투자가

- 앞으로는 공립학교가 없어지고 교육의 공장형 모델이 교체되면서 2030년에는 교사마저 사라질 것이다.

  _세계미래학회(WFS, World Future Society)

- 2020년 수많은 대기업과 기존산업의 붕괴가 시작이 된다. 2030년 공무원들의 업무는 대부분 인공지능로봇이 대체하면서 많은 공무원들이 일자리를 잃는다.

  _박영숙, 사단법인 유엔미래포럼 대표

- 20년 안에 사라지는 직업: 판사, 회계사, 텔레마케터, 부동산 중개인, 자동차 엔지니어, 기계전문가, 비행기 조종사, 항공 공학자, 경제학자, 세무사, 보험심사역 등

  _옥스포드 대학의 칼 프레이(Carl Frey)와
  마이클 오스본(Michael Osborne) 교수의 보고서 「고용의 미래」 중에서

미래의 대학

|

빌 게이츠는 '향후 10년의 변화가 지난 50년의 변화보다 클 것'이라고 이야기했다. 지금 교육받는 학생들의 목표가 대기업 취직이나 전문직에 종사하는 것임을 고려해보면 10~15년 사이에 일어날 변화는 매우 충격적일 것이다. 이러한 대변환기의 초입에 들어선 우리가 반드시 던져야 할 질문이 있다. 여전히 '구시대적인 시스템'을 유지하고 있는 대학이 과연 학생들에게 미래를 제대로 준비시킬 수 있을까?

긍정적인 대답을 얻기는 힘들겠다. 지성인의 양성이라는 본질을 잊은 지 이미 오래인 데다 직업훈련소로 전락한 대학은 이제 직장마저 제대로 얻어주지 못하는 실정에 이르렀다. 대학의 수명도 불분명하다. 미래 전망에 의하면 현재의 전통적인 대학 형태는 짧으면 20년, 길게는 30~50년 뒤 몇 개의 상징적인 곳만 남고 지상에서 소멸할 것으로 보인다. 대학의 위기에 대해 도정일 경희대 후마니타스 칼리지 대학장과 최재천 국립생태원장은 어느 대담 콘서트에서 이런 말을 들려주었다.

도정일 : 지식의 수명이 굉장히 짧아졌다. 대학의 지식은 2~4년이면 끝나고 새로운 지식으로 대체된다. 대학은 앞으로 무엇을 할 것인가? 호텔이나 물류 창고로 바꿔야 할지도 모른다.

최재천 : 대학이 제 기능을 못한다. 에덱스edX, 무크Mooc 등 온라인 강의가 보편화되면 한국 교수들은 학원 강사로 전락할 것이다.

학벌이 성공에 중요한 요소가 되지 못하는 이유로 크게 두 가지를 들수 있다.

첫째, 누구나 장소에 구애받지 않고 대학 지식을 얻을 수 있다. 대규모 온라인 공개수업 무크에서는 MIT, 하버드 대학, 스탠퍼드 대학 등 전 세계 190여 개국 대학과 구글 엔지니어의 강의를 누구나 무료로 들을 수 있다. 다음의 사례를 보면 그 무한한 가능성을 실감할 수 있을 것이다.

2013년 세계경제포럼WEF, World Economic Forum의 스타는 열두 살의 파키스탄 소녀 카디자 니아지Khadija Niazi였다. 니아지는 무크 사이트인 유다시티Udacity에서 '인공지능'을 비롯한 물리학 강좌 100개를 수강한 뒤 최고점수로 물리학 코스를 마쳤다. 포럼에 참석한 그녀는 세계 유명인사들과 무크가 가져올 교육혁명에 대해 토론을 벌였다. 또한 하버드와 MIT가 공동 설립한 에덱스의 '회로이론과 전자공학' 코스를 우수한 성적으로 마친 인도 소년 아몰 바베Amol Bhave는 교수의 추천을 받아 열일곱 살의 나이에 MIT에 입학하기도 했다. 이뿐 아니라 무크를 수료하는 것만으로도 취업이 가능해지고 있는데, 페이스북과 통신업체 에이티앤티AT&T 등 미국 주요 기업이 무크 수료증을 받은 학생을 뽑기 시작한 것이 그 예다. 이런 현상들은 무크가 현재 급격한 성장세에 있음을 보여주는 증거라 할 수 있다.

한편 전통적 대학은 마이크로 칼리지micro college의 형태로 바뀔 것이다. 당장 4~5년 뒤에 필요한 직업 능력이 무엇인지 예측할 수 없을 정도로 일자리와 산업은 급격히 바뀌고 있다. 마이크로 칼리지는 그때마다 필요한 기술을 단기간에 집중적으로 습득할 수 있도록 맞춤형 교육을 제공할 것이다.

둘째, 누구나 아이디어만 있다면 원하는 서비스나 제품을 만들어 창업할 수 있다. 스마트폰이나 웨어러블wearable 기기에 들어갈 앱을 만들기 위해 기업에 들어갈 필요가 없다. 거대 자본을 들여 공장을 설립하지 않아도 집 안에서 3D프린터 한 대로 자신만의 독특한 제품 생산이 가능하다. 미래학자들은 향후 50년을 이끌 최고의 발명으로 3D프린팅을 꼽으며, 3D프린터로 무엇인가를 만들려는 아이들이 새 시대의 영웅이 될 것이라고들 이야기한다.

이렇게 달라질 미래를 위해 우리는 '어떤 학교를 가야 하는가'가 아니라 '어떤 자질을 길러야 하는가'에 대해 고민해야 한다. 인간이 가지고 있던 대부분의 직업을 로봇과 인공지능이 가져가는 시대인 만큼, 이제 경쟁 상대 역시 공부 잘하는 아이들에서 로봇과 기계로 바뀌고 있다. 이들과 겨루기 위해 교육은 어떤 방향으로 가야 할지 미국 MIT 슬론 경영대학원의 앤드류 맥아피Andrew McAfee 교수의 말을 듣고 생각해보자.

기술이 잘 못하는 분야를 교육시켜야 해요. 혁신적이고 창의적인 활동이나 흥미로운 질문을 할 수 있게요. 기술은 절대 할 수 없는 것들이죠. 사람만이 할 수 있어요. 하지만 지금 교육은 반대로 가고 있어요. 창의적인 사람을 없애고 순종적인 사람들을 길러내고 있죠. 그런 사람은 갈 곳이 없을 거예요.

미래의 인재

2011년 '꿈의 연구소'로 불리는 MIT 미디어랩은 새로운 소장으로 이토 조이치伊藤穰一를 임명했다. 언론은 꿈 같은 일이 일어났다고 흥분했다. 세계 최고 수재들이 모여 있는 연구소를 이끌어갈 사람이 그 흔한 학사 학위도, 한 편의 논문도, 직접 쓴 저서도 한 권 없는 대학 중퇴자였기 때문이다. 카이스트 박사이자 미래탐험연구소 대표 이준정은 '미래의 인재가 되려면 이토 소장을 연구해야 한다'고 목소리를 높였다. 대체 이토는 어떤 인물일까?

그가 맡은 MIT 미디어랩은 월드와이드웹www, 전자책, 로봇 기술 등 우리 삶을 바꾼 대표적인 IT기술들이 탄생한 곳이다. 이곳으로의 입성을 선망하는 전 세계 수재들 덕에 입학 경쟁률은 자그마치 250 대 1에 달한다. 이 최첨단 연구소가 대학 졸업장도 없는 이토를 150여 명의 경쟁 학자들 대신 소장으로 발탁한 이유는 아이러니하게도 그가 대학을 나오지 않았기 때문이다. 그의 다양한 사회경험과 특이한 이력에서 미래 사회가 필요로 하는 인재 요건을 모두 갖췄다고 본 것이다.

이토 소장은 판에 박힌 공부가 지겹다는 이유로 대학을 그만뒀다고 말한다.

> 1984년 터프스 대학 컴퓨터공학과에 입학했다. 컴퓨터를 학교에서 배운다는 것 자체가 멍청한 발상이었다. 학교를 그만두고 1986년 시카고 대학 물리학과에 진학했다. 역시 1년을 못 버텼다. 교수님에게 문제를 직관적으로 해결할 방법을 알고 싶다고 물었더니 '공식이나 외우라'고 답하

더라. 뒤돌아보지 않고 그만뒀다.

그 후 그는 미국과 일본에서 나이트클럽 DJ나 영화 제작, 스쿠버다이빙, 인터넷 쇼핑몰 운영 등 다른 사람들은 쉽사리 시작하지 못할 일들을 과감히 해나갔다. 그러다 1990년대 이후 빛을 발하기 시작했다. 그가 초기 투자한 트위터, 플리커Flickr, 위키아Wikia 등이 큰 성공을 거두었기 때문이다.

이토 소장이 부임한 이후 MIT 미디어랩은 여러 면에서 변화하기 시작했다. 기술개발 내용을 내부에서 비공개로 발표하던 이전의 관행을 깨고 인터넷으로 중계하고 있고, 규율은 존재하게 하되 연구원들로 하여금 그 규율을 깨기를 권한다. 미디어랩을 자유로운 연구 분위기의 '평생유치원'처럼 만든 이토 소장은 그 이유를 이렇게 설명한다.

유치원에서는 아이들을 그냥 놀게 놔둔다. 놀이에 집중하고 자유롭게 생각하고 탐험할 시간을 많이 준다. 그러나 학교에 가는 순간 아이들은 구조화되고 박스 안에 갇힌다. 교사와 부모는 아이들이 복종하기를 바란다. 대학에 가면 학위라는 사회적 틀에 맞추기 위한 공부가 진행된다. 학교에선 지식만 가르칠 뿐, 창의력을 가르치진 않는다. 평생에 걸쳐 알게 되는 것을 유치원에서 배운다.

세계경제포럼과 「타임Time」이 뽑은 미래지도자에 단골로 선정되는 그는 2008년 「비즈니스위크Businessweek」가 꼽은 '인터넷에서 가장 영향력 있는 인물' 25명 중 하나이기도 하다. MIT는 학위가 없는 그를 자랑스러워한다. 머리로 계산만 하고 머뭇거리는 다른 리더들과 달리 실패를 두려워하지 않기 때문이다. 학교와 전공이라는 틀에 자신의 능력과 지식을 가두지 않음은 물론, 하고 싶은 일을 마음껏 하며 사는 이토 소장. 그는 "권력에 도전하고 스스로 생각하라."는 하버드 대학 심리학자 티모시 리어리Timothy Leary의 말을 삶의 신조로 삼고 있다고 한다.

학교에 대한 새로운 생각
|
아마도 이 책을 읽는 독자 대다수는 학교는 꼭 다녀야 한다, 학교에서 가르치는 것은 모두 배우고 잘해야 한다는 것을 한 번도 의심해보지 않았을 것이다. 이런 상식이 자신의 창의력을 죽이고 재능을 펼치는 데 가장 큰 장애물이 되었던 것도 모른 채 말이다.

　다행히 지금까지는 창의력 없이도 먹고살 수 있는 시대였지만, 우리 자녀들은 남다른 사고를 기르지 않으면 소소하게 사는 것마저 힘들어지게 될 것이다. 화이트컬러의 직업을 로봇이 대체하면서 중간계층이 사라지기 때문이다. 이를 예견한 하버드 대학의 토니 와그너Tony Wagner 교수는 말한다.

> 기성세대가 편하게 '취직'하던 세대였다면 우리 아이들은 스스로 '창직創職'을 해야 하는 세대다. 우리는 아이들을 더 이상 '입시준비생'으로 만들지 말고 '혁신준비생'으로 키워야 한다.

혁신준비생은 이토 소장처럼 좋아하는 일을 즐기고 도전하고 몰입하는 환경에서 탄생한다. 베스트셀러『공부가 제일 쉬웠어요』로 화제가 되었고 1998년 막노동을 하며 서울대 법대를 수석으로 합격해 많은 이들을 감동시켰던 장승수 변호사는 20대 청년들에게 이런 조언을 건넸다.

> 제가 만일 스무 살 때 잡스라는 분을 알았다면 인생이 확 달라보였을 겁니다. 서울대 가려고 그렇게 죽기 살기로 발버둥치지 않았을 겁니다. 지금의 저와는 완전히 다른 길을 갔을 겁니다.

장승수 변호사는 최고 학벌과 직업을 가진, 대한민국 국민이라면 어렸을 적 한 번쯤 가슴속에 품었을 꿈을 모두 이룬 사람이다. 그런 그가 하는 말이 무엇을 의미하는지 당신은 깨달을 준비가 되었는가.

부모인 당신은 지금 자녀에 대해 어떤 꿈을 꾸고 있는가? 그 꿈이 아이가 진정 원하는 것인지, 아니면 학교와 사회가 욕망하는 것인지 자문해보라. 아직 생각해보지 않았다 해도 좋다. 지금까지 이야기한 내용을 인식한 것만으로도 당신은 아이를 새로운 길로 떠나보낼 준비를 갖춘 셈이다. 앞으로 이 책에서 다룰, 기존 시스템을 거부하고 자신의 인생을 스스로 설계한 혁신적 리더들은 그런 부모의 출발점에 서 있는 당신에게 용기를 주고 방향을 제시할 것이다.

부디 지금부터 소개할 학력파괴자들의 이야기를 읽어보기를, 그리고 학교 교육에 얽매이지 않고 하고 싶은 것을 마음껏 할 수 있는 자유를 가진 이들에게 어떤 일이 일어나는지 확인하고 아이의 미래를 준비하는 시간을 갖길 바란다.

차례

| 4장 | 기준은 내가 만든다

| 5장 | 질문과 의심, 이제껏 학교가 죽여온 것

1장

학력파괴자가
미래를 지배한다

혁명은
'나쁜 학생'들로부터
시작된다

●

"……우리는 나쁜 학생이었어요."
워쇼스키 남매

●

우주에 대한 경외심을 갖게 하는 영화 〈인터스텔라Interstellar〉에는 이런 말이 나온다. "인류의 다음 한 걸음은 가장 위대한 한 걸음이 될 것이다." 이는 영화의 역사에도 적용할 수 있다. 신비롭고 놀라운 우주의 웜홀을 최첨단기술로 표현할 수 있었던 것은 영화기술의 발전 역사에 '위대한 한 걸음'이 된 작품들이 있었기 때문이다. 이전에는 볼 수 없었던 영상을 탄생시킨 작품들 덕에 영화는 비약적인 도약의 발판을 마련하고 혁신적으로 진보할 수 있었다. 기존의 상상력을 뛰어넘으며 영화사에 한 획을 그은 대표적 영화로는 다음과 같은 것들이 있다.

- 〈조스〉(1975): 할리우드 역사상 최초로 1억 달러 이상의 수익을 올리며 '블록버스터blockbuster'라는 영화 용어를 탄생시켰다.
- 〈E.T.〉(1982): 조지 루카스George Lucas의 〈스타워즈〉와 함께 SF영화 시대의 포문을 열었다.
- 〈터미네이터 2〉(1991): CGIcomputer-generated imagery라는 신기술을 이용하여 영화계를 디지털 특수효과 시대로 인도했다.
- 〈매트릭스〉(1999): 평범한 인간의 눈으로 지각할 수 없고 본 적도 없는 액션의 신천지를 스크린에 구현했다.
- 〈반지의 제왕〉(2001): 동명의 원작소설을 환상적으로 재현해 할리우드에 본격적인 판타지 붐을 일으켰다.
- 〈아바타〉(2009): 실질적인 3D 영화의 시작. 탁월한 영상미로 극찬을 받은 작품이다.

이 작품들은 영화가 구현하지 못하는 한계라는 것이 과연 존재하는지 의심하게 만들 정도로 혁명적이었다. 놀라운 사실은 이 영화를 만든 감독들 모두 정규 영화교육을 전혀 받지 않았다는 점이다. 이들은 모두 어린 시절부터 공상과학소설이나 만화, 영화에 심취해 상상력을 키웠고, 그 상상의 세계를 표현하기 위해 오히려 학교를 뛰쳐나왔다. 오직 영화에 모든 것을 바친 거장들, 그들의 열정을 지금부터 따라가보자.

공부에는 관심 없는 영화신동 스필버그

|

"마음속 어린아이를 포기하지 말라." 공상의 나래를 펼치며 꿈을 현실로 만든 영화의 마술사 스티븐 스필버그Steven Spielberg의 말이다. 어린 시절에 못 말리는 개구쟁이였던 그는 상상력과 지나친 호기심으로 늘 엉뚱한 행동을 저질렀다. 학교에 들어간 뒤에도 난독증 때문에 공부에는 취미가 없었고 성적도 엉망이었으며, 유대인이라고 놀리는 친구들 때문에 꾀병을 부려 학교에 가지 않기도 했다. 어느 면으로 보나 '나쁜 학생'이었던 그의 학창시절은 그야말로 지옥 같았다.

그런 스필버그에게 유일한 즐거움은 영화였다. TV에 빠져 살던 그는 네 살 때부터 비디오카메라를 가지고 놀 정도로 영화를 좋아했다. 열세 살이 되었을 때 아버지의 8mm 필름 카메라를 손에 넣은 스필버그는 단편영화를 찍기 시작했고, 다양한 앵글과 기술 등의 연출기법을 스스로 터득해나갔다. 1961년에는 친구들을 주인공 삼아 만든 중편영화 〈도피할 수 없는 탈출Escape To Nowhere〉로 비전문가 영화제Amateur Film Festival에서 1등을 차지했는가 하면, 열여덟 살에는 자신이 찍은 영화를 마을의 작은 극장에서 직접 상영하기도 하면서 동네 사람들로부터 '꼬마 영화감독'이라는 칭찬을 듣곤 했다.

영화를 만들면서 '상상력을 발휘하면 무엇이든 할 수 있다'는 것을 깨달은 스필버그는 대학에서 감독 공부를 하고 싶어 UCLA에 입학원서를 넣었다. 하지만 공부와 담을 쌓았던 그의 성적은 C. 원하는 영화학과에 들어가기에는 터무니없는 점수였다. 성적이 우선인 대학 입학제도 때문에 영화신동은 영화를 전공할 기회조차 갖지 못한 것이다.

UCLA 입학이 좌절된 스필버그는 차선책으로 캘리포니아 주립대학 영문과에 진학했다. 이유는 단 한 가지, 학교가 유니버설 스튜디오 Universal Studio와 가까워서였다. 하지만 대학에서도 수업은 늘 뒷전이었다. 일주일 중 등교하는 날은 겨우 이틀이었고, 나머지는 유니버설 촬영소에 드나들며 그곳 분위기를 익혔다. 경비가 삼엄했음에도 그는 촬영소에 들어가 위험천만하게도 빈 공간을 자신의 사무실처럼 꾸미고 직원인 양 출퇴근했다.

스필버그는 장르를 불문하고 영화를 보았고 주말에는 대학 친구들에게 연기를 시키면서 실험영화를 만들었다. 아버지에게 학교 공부를 소홀히 한다고 혼도 많이 났지만 그의 머릿속에는 온통 영화 생각뿐이었다. 친구들은 카메라를 목에 걸지 않은 그를 본 적이 없을 정도였다. 그는 영화사 간부들을 만나기만 하면 자신이 그간 찍은 영화를 보여주며 일거리를 달라고 졸랐지만 그들은 거들떠보지도 않은 채 "극장용 영화를 만들어 오면 그때 다시 생각해보겠다."고만 할 뿐이었다. 극장용 영화를 촬영하는 데 필요한 16mm 카메라를 대여하기 위해 스필버그는 대학식당에서 아르바이트를 했고, 그렇게 모은 돈으로 자신의 첫 극장용 영화 〈앰블린Amblin〉을 찍었다. 사막을 배경으로 한 대사 한마디 없는 슬프고 감미로운 사랑 이야기에 유니버설 사장은 감탄을 거듭했다.

"정말 대단해! 사람의 감정을 저렇게 잘 담아내다니! 당장 우리와 계약합시다!"

22세의 스필버그는 그렇게, 가장 어린 나이에 감독으로 데뷔한 인물이 되었다. 그토록 원하던 영화감독의 길을 걷게 되자 대학은 더 이상다닐 필요가 없어졌다.

그는 학교를 그만두고 본격적으로 환상과 모험, 미지의 세계를 그려 내기 시작한다. 스필버그는 먼저 해변에 나타난 백상어 이야기인 〈조스Jaws〉를 만들어 대성공을 거뒀다. 그 후 이제까지 괴물로만 그려지던 외계인을 지구인의 친구로 묘사한 〈E.T.〉를 통해 어른까지도 눈물을 흘리게 만들었다. 폭발적 인기를 끈 이 영화의 흥행 성적은 14년 동안 깨지지 않았다. 신문 기사 한 토막에서 힌트를 얻어 만든 〈쥬라기 공원Jurassic Park〉은 9억 1,000만 달러 이상을 벌어들이며 스필버그를 최초의 억만장자 감독으로 만들어주었다(참고로 당시 9억 달러는 우리나라가 158만 대 이상의 자동차를 수출해야 벌 수 있는 금액이었다). 그는 유대인 학살을 다룬 〈쉰들러 리스트 Schindler's List〉와 〈라이언 일병 구하기Saving Private Ryan〉로 아카데미 감독상을 두 차례나 수상하고 〈마이너리티 리포트Minority Report〉 〈인디애나 존스 Indiana Jones〉 〈링컨Lincoln〉 등을 만들며 상업성과 예술성을 모두 갖춘 최고의 감독이 되었다.

하지만 그의 꿈은 여기서 멈추지 않았다. 스필버그는 당시 월트 디즈니 사장이었던 제프리 카젠버그 Jeffrey Katzenberg, 영화·음반업계의 거물이었던 데이비드 게펜David Geffen과 함께 손잡고 종합 엔터테인먼트 제작회사인 드림웍스를 설립했다. 드림웍스는 예쁘고 멋진 왕자와 공주 중심이었던 기존의 줄거리를 과감히 탈피하고 〈슈렉Shrek〉과 〈쿵푸 팬더Kung Fu Panda〉 등 독창적인 캐릭터로 무장한 작품을 선보이며 창작의 새로운 지평을 열었다.

여기서 흥미로운 사실은 스필버그와 함께 드림웍스를 창업한 두 명역시 정규교육을 마치지 않았다는 점이다. 카젠버그는 뉴욕 대학교를 중퇴하고 영화현장에 바로 뛰어들었고, 게펜 역시 브루클린 대학 중퇴 뒤 기획사업을 시작해 할리우드에서 가장 영향력 있는 인물이 되었다. 드림웍스 3인방과 함께 또 한 명의 영화계의 대부라 할 수 있는 인물은 월트 디즈니다. 스필버그가 '나의 창조자'로 칭송하는 그 또한 애니메이션 회사를 설립하기 위해 16세에 학교를 그만두었다. 결국 상상력의 공장 할리우드는 정규교육을 거부한 사람들이 이끌고 있는 셈이다.

우주와 심해에 빠진 시골 소년, 제임스 캐머런
|

"꿈꿀 수 있다면, 당신은 할 수 있다."

영화 100년사에서 전 세계 영화 흥행 순위 1위 작품이 무엇인지 아는가? 바로 〈아바타Avatar〉다. 그리고 2위는 〈타이타닉Titanic〉이다. 놀라운 것은 이 두 영화 모두 한 감독의 작품이라는 점이다. 두 편이나 나란히, 그것도 최고로 히트시킨 주인공은 바로 제임스 캐머런James Cameron이다. 〈타이타닉〉으로 1997년 아카데미에서 감독상과 작품상 등 11개 부문을 휩쓴 그는 수상소감으로 이렇게 소리쳤다. "나는 세상의 왕이다!"

그가 이렇게 오만하게 외칠 수 있었던 이유는 바로 영화에 쏟아부은 평생의 노력 때문이었을 것이다. 10년이 넘는 세월 동안 한 편의 영화에 매달렸던 집념과 열정 말이다.

캐머런은 여러 면에서 스필버그와 다른 삶을 살았다. 스필버그는 학교 성적은 형편없었지만 어릴 때부터 영화에 특출한 재능을 보이며 일찍이 자신의 길을 찾았던 반면 캐머런은 학교에서 무척 똑똑한 학생이었고 다방면에 걸쳐 호기심을 느꼈다. 그는 하고 싶은 것을 모두 시도

해보았고, 그 재능들이 완벽하게 어우러지는 지점에 영화가 있다는 사실을 깨달았다. 그리고 자신의 길을 발견하자 거침없이 질주하여 세기의 감독으로 부상했다.

전기기사인 아버지와 화가인 어머니의 영향 때문인지 캐머런은 예술과 과학 모두에 관심과 재능이 있었다. 어린 시절에는 공상과학소설과 만화에 심취해 우주에 관한 상상의 세계에 빠져 살았고, 바다에 관심이 많아 스쿠버다이버 전문자격증을 땄는가 하면 소설가를 꿈꾸기도 했다. 그림도 꽤나 잘 그려 '위대한 만화가'도 되고 싶어 했던 그는 책에서 본 것은 반드시 이미지로 표현해야 직성이 풀렸다. 〈타이타닉〉에서 남자 주인공 리어나도 디캐프리오Leonardo Dicaprio가 스케치북에 그린 그림들도 그의 작품이었다고 한다.

주말이 되면 영화에 빠져들었다. 열다섯 살에는 스탠리 큐브릭Stanley Kubrick의 SF영화 〈2001 스페이스 오디세이2001: A Space Odyssey〉를 보고 현기증을 느낄 정도로 감명을 받았다. 그는 도대체 어떻게 영화 속 장면들을 만들었는지 궁금해서 견딜 수 없었다. 만드는 거라면 누구에게도 뒤지지 않은 실력을 가졌기에 아버지로부터 16mm 카메라를 빌린 다음 잡동사니로 미니어처를 직접 만들어 특수효과까지 실험해보았다. 한마디로 캐머런은 스토리와 영상, 기술이라는 다양한 분야에 모두 재능을 지닌 '융합형 인재'였다.

이렇게 다방면에 걸친 호기심과 재능 때문에 그는 대학 진학 시에도 전공을 무엇 하나로 정하기가 무척 힘들었다. 캘리포니아 주립대학에 입학해 물리학을 공부하기로 결심했지만, 학교에서는 우주에 대해 그가 궁금했던 점을 제대로 배울 수 없었다. 물리학이 진정으로 자신이 공부하고 싶은 분야인지 확신하기 어려웠던 캐머런은 독서와 글쓰기로 시간을 보내다가 결국 소설가가 되기 위해 학교를 그만둔다.

중퇴 후 그는 낮에는 트럭 운전사로 일하고 밤에는 글을 쓰고 그림을 그렸다. 이런 이중생활은 드디어 1977년에 끝이 난다. 〈스타워즈〉를 보며 스토리와 테크놀로지가 만들어낸 가능성에 감동받은 그는 자신 역시 훌륭한 작품을 만들 수 있다는 자신감이 들었다. 영화감독이 되겠다는 결심을 굳히고 곧바로 친구들과 함께 자신들만의 블록버스터를 만들기 위한 작업에 들어갔다. 시나리오를 쓰고 35mm 카메라와 기타 영화장비를 대여해 필름 끼우는 법부터 익혔으며, 미친 듯이 서점과 도서관을 뒤져 독학으로 특수효과를 터득했다. 작품마다 특수효과를 직접 개발해내는 비결에 대해 그는 영화평론가 케네스 투란Kenneth Turan과의 인터뷰에서 이렇게 말했다.

"나는 영화를 '공부할 대상'이라고 생각하지 않는다. 나에게 영화를 만드는 것은 '내가 보고 싶은 장면'을 만드는 즐거운 일일 뿐이다."

35mm 단편영화 〈제노제네시스Xenogenesis〉를 만든 그는 B급 영화사인 로저 코먼Roger Corman의 뉴월드 픽처스New World Pictures에 들어가 3년간 밑바닥부터 기초를 단단히 다진다. 이곳에서 영화기획부터 미술감독, 특수효과 촬영에 이르기까지 다방면의 경험을 쌓은 것이다. 영화에 모든 것을 건 그는 가장 빨리 승진하며 최고의 실력을 보여주었고, 마침내 누구도 따라올 수 없는 신기술과 상상력으로 무장한 〈어비스Abyss〉〈에이리언 2Aliens 2〉〈터미네이터 1The Terminator〉〈터미네이터 2〉 같은 SF 걸작으로 세상을 놀라게 하기 시작한다.

그는 연출만 할 뿐 아니라 모든 영화의 시나리오를 직접 쓰고, 모두가 불가능하다고 말했던 특수효과도 직접 만들어냈다. 〈어비스〉에서는 영화사상 최초로 CG를 이용해 부드러운 표면의 액체생명체를, 〈터미네이터 2〉에서는 자유자재로 변형 가능한 액체금속인간 T-1000을 창조해내며 전 세계를 흥분시켰다. 〈타이타닉〉으로 〈쥬라기 공원〉의 역대 최고 흥행수익의 2배 이상인 9억 2,000만 달러를 벌어들이며 1위의 자리를 차지했고, 2009년 내놓은 3D 영화 〈아바타〉로 다시 한 번 자신의 기록을 뒤집었다. 〈아바타〉는 캐머런이 상상을 현실로 만들기 위해 심해 4,000미터를 직접 탐험하고 12년이라는 시간을 3D 기술개발에 전념한 끝에 탄생시킨 작품이었다. 손에 잡힐 듯 다양하고 역동적인 화면을 전후좌우에서 느낄 수 있게 한 그의 3D 세계는 기존 관념을 완벽하게 뒤엎는 영화계의 혁명이었다. 그리고 이제 그는 〈아바타〉 2편과 3편으로 세상을 놀라게 할 준비를 하고 있다.

만일 그가 자신을 행복하게 해주지도 않는 전공 공부를 계속하며 재능을 펼쳐볼 기회를 스스로에게 부여하지 않았다면 영상산업의 패러다임을 바꾼 그 작품들이 탄생할 수 있었을까? 캐머런은 '주위의 평가에 휘둘리지 말고 자신을 믿으라'고 말한다.

> "스스로에게 한계를 두지 마세요. 당신이 아니어도 한계를 강요할 사람들은 많으니 스스로 속단하지 마세요. 자기 자신을 의심하지 마세요. 그리고 모험을 하세요."

장르 융합의 귀재, 워쇼스키 남매

|

1999년, 마치 한 세기 영화사의 대미를 장식하듯 전 세계를 뒤흔든 영화 한 편이 세상에 공개되었다. 바로 워쇼스키Wachowski 남매의 〈매트릭스The Matrix〉다.

관객들과 평론가들은 이 낯선 영화에 감탄을 감출 수 없었다. 그 어디서도 볼 수 없었던 시각효과, 100대가 넘는 카메라를 이용한 360도 촬영기술은 그야말로 영상혁명 그 자체였다. 영화 한 편에 액션과 SF, 필름누아르film noir와 쿵푸 등 다양한 장르가 복합적으로 담겨 있어 작품의 정체성조차 파악하기 힘들었다. 영화에 담긴 메시지 또한 그리스 신화와 성경, 선불교, 장 보드리야르Jean Baudrillard, 칼 융Carl Jung 등 동서양의 철학과 사상을 넘나들었다. 비평가들은 〈매트릭스〉를 '21세기의 영화사적·철학사적 사건'이라 일컬었다. 대학에서는 〈매트릭스〉의 철학, 종교, 과학적 측면을 다룬 강좌를 개설했으며 TV 프로그램과 영화 들은 〈매트릭스〉 촬영기법을 따라 하기 시작했다.

어떻게 워쇼스키 남매는 기존 영화에서 볼 수 없던 독특한 스타일로 아무도 상상하지 못한 작품을 창조해낼 수 있었던 것일까? 그것은 그들이 장르를 가리지 않고 동서양의 온갖 대중문화에 심취해 자랐기 때문이다. 남매는 어려서부터 〈마하 고고고マッハ Go Go Go〉〈울트라맨The Ultraman〉 같은 일본 애니메이션에 빠져 만화가를 꿈꾸기도 했고 〈스타워즈〉와 스릴러의 고전 〈사이코Psycho〉를 수백 번 보며 영화적 상상력을 키웠다. 또한 『서유기西遊記』, 쿵푸영화, 우위썬吳宇森 감독의 홍콩누아르 등을 접하며 동양의 사상과 문화에 심취했다.

한마디로 이 남매는 온갖 종류의 대중문화가 혼합되어 탄생한 변종 같은 감독들이라 할 수 있다. 이처럼 자유로운 영혼을 가진 워쇼스키 남매는 대학교를 2년 다니다가 자퇴를 결심했는데, 그 이유를 MBC 〈무릎팍도사〉에 출연해서 이렇게 설명했다.

> 예술가는 돌아다니고 체험하며 배운다고 생각해요. 학교에서 배운다고 될 수 있는 게 아니라는 거죠. 그래서 자퇴했어요.

목수 일을 잠깐 하며 부모님의 집을 지어주던 남매는 '돈을 못 벌어 굶어 죽어도 좋다'는 생각으로 각본가가 되었다. 아이들이 어렸을 때부터 주말이면 하루에 영화를 세 편씩 보여줄 정도로 영화광이었던 부모는 남매의 의지를 격려해주었다. 이런 배경에서 완성된 첫 대본 〈어쌔신Assassin〉이 할리우드에 팔려 실베스터 스탤론Sylvester Stallone 주연의 영화로 만들어지면서 남매는 세상의 주목을 받기 시작한다.

첫 감독 데뷔작 〈바운드Bound〉는 붕어빵처럼 똑같이 찍혀 나오는 장르 영화의 홍수 속에서 '새로운 바람을 불어넣는 영화'라는 극찬과 함께 그해 10대 걸작으로 뽑혔다. 그리고 마침내 〈매트릭스〉를 통해 화려한 미래세계를 폭포처럼 쏟아지는 특수효과와 기발한 아이디어로 창조해 내며 워쇼스키 남매는 21세기를 대표하는 감독으로 거듭난다. 아카데미 시상식에서 시각효과 등 5개 분야의 상을 휩쓴 〈매트릭스〉는 1편으로 약 5,500억 원, 2편과 3편으로는 약 2조 원의 흥행수익을 기록했다.

만약 그들이 보통의 젊은이들처럼 졸업장에 목매달며, 안정적인 삶을 위해 내면의 목소리를 무시했다면 '상상 그 이상'을 보여주는 걸작들을 탄생시킬 수 없었을 것이다.

아홉 살의 자신을 위해 영화를 만든 피터 잭슨
|

"나는 정확히 내가 사랑하는 일을 하고 있다."

스필버그 이후 제임스 캐머런과 더불어 기술의 진보를 바탕으로 혁신적 영화세계를 이끈 감독이 한 명 더 있으니, 바로 판타지소설 『반지의 제왕』을 스크린에 옮겨 세계적인 성공을 거둔 뉴질랜드의 영웅 피터 잭슨Peter Jackson이다.

1961년 할로윈데이에 태어난 잭슨 또한 어릴 때부터 TV와 영화를 보며 영화광으로 자라났다. 특히 그는 움직이는 인형과 괴물이 씨 9 는 〈썬더버드Thunderbird〉나 레이 해리하우젠Ray Harryhausen의 〈신밧드의 대모험The Golden Voyage of Sinbad〉 같은 판타지 어드벤처 장르에 감명을 받았다. 여덟 살부터 8mm 카메라를 들고 다녔고, TV에서 봤던 특수효과를 직접 실험하고 개발하며 친구들과 단편을 찍었다.

아홉 살 때 그는 드디어 자신의 운명을 송두리째 바꾸는 작품과 만난다. 바로 1933년에 제작된 〈킹콩King Kong〉이다. 놀라움 그 자체일 뿐 아니라 마치 다른 세상에 빠진 느낌까지 준 이 영화 덕분에 잭슨은 "반드시 영화감독이 되어 내 손으로 또 다른 〈킹콩〉을 만들겠다."고 굳게 결심했다. 그리고 3년 뒤 어머니의 낡은 모피코트와 철사를 이용해서 킹콩을, 마분지로 엠파이어스테이트 빌딩을 만들어 〈킹콩〉의 첫 번째 리메이크를 시도했지만 아쉽게도 영화를 완성하지는 못했다.

이렇게 영화에만 빠져 있으니 학교 공부에 관심이 있을 리 없었다. 영화감독의 꿈을 이루기 위해 결국 자퇴하고 지역신문사의 사진 조판 견습공으로 취직했다. 오로지 영화 촬영장비 구입비를 마련하기 위해서였다. 부모와 함께 살며 생활비까지 아껴 16mm 카메라를 구입한 잭슨은 친구들과 지역 주민이 대거 출연한 짧은 SF 코미디영화를 만들었다. 제작은 물론 감독, 주연, 각본, 편집, 특수효과까지 모든 역할을 혼자 도맡아 4년 만에 완성시킨 〈고무인간의 최후Bad Taste〉가 그것이다. 〈고무인간의 최후〉는 칸 영화제를 비롯한 주요 영화제에서 비평가와 관객의 호평을 받았다.

차기작을 구상하던 그는 18세에 읽고 '영화로 만들어질 때까지 기다릴 수 없어'라며 흥분하게 했던 『반지의 제왕』을 떠올렸다. 출간된 지 20년이 지났음에도 스케일의 장대함 때문에 아무도 영화화할 엄두를 내지 못하고 있는 소설이었다. 그러나 어릴 때부터 판타지에 빠져 살았던 잭슨은 자신이 해낼 수 있음을 믿었고, 그 결과 열망과 혼신을 다해 스크린에 담아낸 영화 〈반지의 제왕The Lord of The Rings〉은 판타지영화사상 최초로 아카데미 작품상을 비롯한 11개 부문을 휩쓸었다.

영화의 성공은 뉴질랜드의 관광산업에도 호황을 가져왔다. 관광수입 38억 달러와 연간 관광객 400만 이상의 경제효과를 거두고 5만 명의 일자리까지 창출한 것이다. 영화 관련 산업과 관광, 레저 분야가 활황세를 띠자 뉴질랜드 정부는 자국 내 촬영 영화에 대해 세금을 감면하고 보조금을 지급하는 등 적극적으로 영화 부흥 정책을 펼치고 있다. 이것이 정규교육을 거부하고 영화에 인생을 건 중퇴자가 만든 영화 한 편이 한 나라의 경제에 끼친 영향이다. 뉴질랜드 정부는 잭슨에게 2010년 기사작위를, 2012년에는 최고 훈장인 '뉴질랜드 훈장'을 수여했다.

세계적인 감독으로 부상한 잭슨은 평생 마음에 품어왔던 '꿈'을 완성할 시간이 드디어 왔다고 판단했다. 그는 열두 살 때 완성하지 못했던 영화 〈킹콩〉의 제작에 들어갔고 자신의 특기를 모두 쏟아부었다. 한 소년의 꿈은 35년 만에, 디지털 특수효과와 감동적인 스토리가 어우러진 경이로운 작품으로 현실화됐다. 피터 잭슨은 〈킹콩〉을 만든 이유를 이렇게 설명한다.

> 가장 진실된 영화를 만드는 방법은 당신 자신을 위해 만드는 것이다. 나는 이 영화를 단지 아홉 살짜리 피터 잭슨을 위해 만들었다.

학교 교육을 과감히 뿌리치고 자기 자신에게 진실된 삶을 살고자 했던 감독, 자신의 모든 인생을 영화에 걸어 소년 시절의 꿈을 이룬 피터 잭슨은 정말 행복한 사람이다.

미래를 만드는 힘, 상상력
|

영화산업을 변화시킨 네 명의 감독들에게서 우리는 몇 가지 공통점을 찾을 수 있다. 아인슈타인이 "상상력이 지식보다 중요하다."라고 말한 것처럼 그들은 어린 시절부터 학교 수업보다는 SF소설과 만화, 애니메이션, 영화에 빠져서 호기심을 키웠고, 혁명적인 영화기술이나 특수효과는 독학으로 배워나갔다. 그러나 그들에게 있어 가장 중요한 본질은

꿈꿀 수 있는 능력, 상상력이었다.

구글이 인정한 세계 최고 미래학자 토머스 프레이는 "현재가 미래를 만드는 것이 아니라 미래가 현재를 결정한다."라며 상상력의 힘을 강조했다. 상상력은 개인을 넘어 인류와 국가의 미래에까지 막대한 영향을 끼친다. 그 대표적인 사례가 일본이다. 일본은 전 세계에서 인간 모습을 한 휴머노이드humanoid 타입의 로봇공학기술이 세계에서 가장 발달한 나라다. 그런데 그 기술이 단 한 편의 SF만화에서 시작되었다면 믿을 수 있는가? 바로 1957년에 탄생한 데즈카 오사무手塚治虫의 〈우주소년 아톰鐵腕アトム〉이 그 작품이다. 전 국민에게 인기를 얻었던 이 한 편의 만화가 없었다면 세계 최고 수준의 일본 로봇산업도 존재할 수 없었을 것이다. 어디 그뿐인가. 20세기 내에는 실용화가 불가능하다고 여겨졌던 '고휘도高輝度 청색 LED'를 개발해 2014년 노벨물리학상을 받은 나카무라 슈지中村修二 또한 자신을 과학자로 만든 것이 〈우주소년 아톰〉이라고 밝힌 바 있다.

하나의 상상력은 다른 이의 상상력을, 그 상상력은 또다시 누군가의 상상력을 자극한다. 세상을 바꾸는 것은 이러한 '상상력의 선순환'이다. 그러므로 교육제도 또한 상상력을 키워주는 방향으로 설계되어야 옳다. 그런데 우리의 현실은 어떠한가? 상상력의 발휘를 독려하긴커녕 꿈꿀 수 있는 기회마저 박탈하며 세계에서 가장 불행한 아이들을 만들고 있다. 『생각하는 인문학』의 저자 이지성은 한 칼럼에서 '우리 학생들이 꿈꾸거나 행복할 수 없는 이유는 프러시아 교육제도에 뿌리를 둔 한국의 교육 시스템'이라고 강조하며 이렇게 이야기했다.

프러시아 교육제도의 가장 큰 목적은 개인의 인간성과 창의성을 말살하는 것이었습니다. 그래야 사람을 로봇처럼 마음대로 부릴 수 있으니까요. 이를 위해 도입된 게 주입식 교육 시스템과 시험성적으로 학생을 평가하는 시스템이었습니다. (중략) 프러시아의 시험 제도는 학생들에게 열등감을 심어주고, 자기 점수 이상의 미래를 꿈꾸지 못하게 할 의도로 만들어졌습니다. (중략) 당황스러운 사실은 우리가 사람의 영혼을 병들게 하는 프러시아식 교육을 기본적으로 12년 이상 받았다는 것입니다. (중략) 그래서 지금 프러시아식 교육을 받고 있는 십대들의 불행지수가 세계 1위인 것입니다.

억울하겠지만 사실이다. 우리는 그동안 '로봇을 만들 수 있는 사람'이 아니라 '말 잘 듣는 로봇'이 되도록 교육받아왔다. 영화 〈매트릭스〉에서 인간이 컴퓨터에게 조종당하는 것처럼 말이다. 그렇다면 이제부터 해야 할 일은 분명해진다. 우리의 영혼과 상상력을 지키기 위해 아이들을 학교라는 프레임에서 벗어나게 하거나 교육제도를 혁명적으로 바꾸는 것이다.

세스 고딘 또한 저서 『린치핀』에서 이와 같은 맥락의 이야기를 하고 있다. 아이들은 시험과 성적, 입시를 무기로 순응과 공포를 주입시키는 학교의 세뇌를 거치면서 결국 아주 평범한 모습으로 탈바꿈한다. 그러므로 학교 시스템이 요구하는 방식을 거부하는 사람은 성공할 확률이 높을 수밖에 없다는 것이다.

우리 자녀들의 미래는 정답이 있는 교과서, 또는 누군가 이미 발견한 내용을 외우는 식의 학습에 있는 것이 아니다. 아이들의 미래는 그들이 꿈꾸는 대로 만들어진다. 그러니 학교에서 요구하는 학습능력과 타협하는 실수를 저지르지 말라. 부모가 해야 할 일은 아이가 어린 시절에 품었던 상상력과 호기심을 고수하도록 지원하고 지지해주는 것, 그래서 자기 삶의 감독으로 스스로 살게 해주는 것임을 기억하자.

박사보다
박식한
초등학교 중퇴생

•

"학자에게는 학문만 있으면 됐지 다른 건 아무것도 필요치 않다."
마키노 도미타로

•

아이들은 자연이라는 커다란 세계를 접하면서 작은 들꽃이나 벌레에도 이름이 있다는 것을 알게 된다. 그 조그만 것들을 보고 만지며 이름을 불러 자연과 친해지는 것이다. 그런 의미에서 마키노 도미타로牧野富太郎는 식물과 사람이 친근해지게 만든 데 가장 크게 기여한 식물학자일 것이다.

마키노는 평생 무려 50만 점에 달하는 식물을 채집했고, 현재까지 세계적으로 보고된 약 6,000여 종의 식물 중 절반가량에게 이름을 붙여 등록했다. 그중 1,500건은 그가 최초로 발견한 것들이다. '일본 식물학의 아버지' 마키노의 업적은 우리 일상에서도 쉽게 확인할 수 있다. 일

식에서 빼놓을 수 없는 양념인 고추냉이, 즉 와사비わさび도 그가 처음 발견해 붙인 이름이다.

그가 홀로 아시아 곳곳을 돌아다니며 50만 점이라는 어마어마한 종류의 식물을 채집할 수 있었던 것은 초등학교 졸업까지도 기다리지 못하고 교실을 뛰쳐나와 자연으로 향했기 때문이다. 초등학교 2년, 이것이 그가 받은 정규교육의 전부다.

식물이 너무 좋았던 꼬마
|
마키노 도미타로는 1862년 일본 코치高知의 부유한 양조장 집 아들로 태어났으나 그리 행복한 유년 시절을 보내지 못했다. 세 살에 아버지를, 다섯 살에 어머니를 차례로 잃은 뒤 할머니 손에서 자랐기 때문이다. 어린 마키노는 부모님의 빈자리가 주는 슬픔을 견디기 위해 산에 자주 올랐는데, 그때 산에서 바라본 꽃들이 너무나 예뻐 식물을 좋아하게 되었다. 코치의 풍요로운 자연은 외로운 그를 마치 부모처럼 품어주었다. "식물의 세계는 내게 있어 천국이자 극락"이라는 말에서 그가 얼마나 식물을 사랑했는지 알 수 있다.

초등학교에 입학했지만 식물채집이 더 좋았던 마키노는 2년 뒤 학교를 자퇴해버리고 일찌감치 자신의 길을 찾아갔다.

생물학자인 찰스 다윈Charles Darwin 역시 초등학교 저학년 시절부터 자연과학자로서의 가능성을 보였다. 다른 과목에서는 어떤 비범함도 보이지 않았던 다윈이건만 식물의 이름을 알아내고 조개, 파편, 동전, 광물 등 온갖 물건을 수집하는 데에서만큼은 달랐다. 그러나 엄격한 아버지 때문에 의대에 진학해야 했고, 이곳을 중퇴한 뒤에도 신학대에 들어가야만 했다. 결국 스물네 살이 되어서야 자신에게 맞는 길을 개척할 수 있었다. 과연 우리는 아이에게 어떤 부모여야 하는지 고민하게 만드는 부분이다.

시골청년, 박사가 되다

일본 방방곡곡을 돌아다니며 식물을 관찰하고 외국의 식물학 책들을 구해 읽은 그는 열아홉 살에 식물학 논문을 쓸 정도로 전문적 지식을 쌓게 된다. 마키노는 스물한 살까지 고향에서 초등학교 신생님으로 일하다 더 큰 식물의 세계로 나아가기 위해 도쿄로 향했다. 도쿄 대학 식물학 교수인 야타베 료키치矢田部良吉를 찾아가기 위해서였다.

불쑥 찾아온 시골청년이 고향에서 채집한 식물로 만든 식물도감을 보여주자 야타베 교수는 단번에 그의 실력을 알아보고 연구실에 출입할 수 있도록 배려해주었다. 연구실의 기자재와 자료를 실컷 활용할 수 있게 되자 마키노는 눈부신 성과를 내기 시작했다. 러시아 식물학자 카를 막시모비치Karl Maximovich와 서신을 주고받으며 학문 세계를 넓히기도 했다. 막시모비치는 화가 못지않게 아름답고 세밀한 그의 식물 그림을 보며 칭찬을 아끼지 않았다.

마키노는 사비를 털어 식물학 잡지를 창간하고 오랜 연구 결과를 집대성해『미키노 일본 식물도감』을 출판한다. 이 도감에 실린 식물은 마키노 자신이 직접 그린 것이다. 마키노의 도감은 식물학자 및 애호가의 필수서적이 되어 널리 읽혔음은 물론 그의 최대 업적으로 남아 후학의 연구에 큰 도움이 되고 있다.

식물에 대한 그의 호기심은 일본을 넘어 중국, 한국의 산과 들까지 미쳤다. 세 나라를 돌아다니며 식물표본을 채집하고 신종식물을 발표하며 세계 식물학계의 주목을 받기 시작했고, 31세의 나이로 도쿄 대학의 강단에 서게 된다. 조양욱 일본문화연구소장의 『괴짜들, 역사를 쓰다』를 보면 무학력인 마키노를 왜 식물학의 거인이라 부르는지 엿볼 수 있는 에피소드가 나온다.

마키노가 학생들을 데리고 야외 식물관찰을 나갔을 때의 일이다. 한 학생이 잎이 다 시들어 떨어지고 없는 식물의 뿌리를 캐내어 슬그머니 마키노 앞에 내밀었다. '어디 한 번 맞춰보시라'는 짓궂은 장난이었던 셈이다. 학생이 건네주는 식물 뿌리를 잠자코 받아든 그는 태연하게 그것을 입안에 넣고 음미한 뒤 자상하게 일러주었다.

"주로 남쪽 지방에서 자라는 메꽃이군 그래! 이건 고구마처럼 뿌리가 달착지근한 게 특징이야."

잔뜩 호기심 어린 눈으로 스승을 바라보던 학생들은 탄성을 터트릴 수밖에 없었다. 몸으로 직접 체험하며 연구했기에 가능한 일이었다.

65세가 되자 그는 주위 사람들의 추천으로 박사학위를 받게 되었다. 후에 그는 박사학위를 받은 것을 후회했다고 하는데, 그 이유는 '박사학위를 받으니 마치 그냥 평범한 사람이 된 것 같다'는 것이었다. 정말이지 '학력파괴자'다운 생각이 아닐 수 없다. 그에 덧붙여 그는 이런 말을 남겼다.

"학자에게는 학문만 있으면 됐지 다른 건 아무것도 필요치 않다."

94세로 세상을 떠나며 "가장 소중한 보물을 지닌 나는 부도 명예도 바라지 않네."라는 글을 남긴 그는 자신이 느낀 행복을 다른 사람들도 맛볼 수 있도록 '소중한 보물'을 남겨놓았다. 바로 그의 연구 자체라 할 수 있는 '코치현립 마키노식물원'이다. 이제 마키노의 식물원은 세계 여행자들이 꼭 들러봐야 할 명소가 되었다. 방문객들은 사계절 내내 이곳에서 약 3,000종의 식물을 감상할 수 있다.

평생 식물을 연구하며 뛰어난 업적을 남긴 마키노가 세상을 뜨자 일본 정부는 그에게 문화훈장을 수여하고 그가 태어난 5월 22일을 '식물의 날'로 정해 매년 그의 뜻을 기리고 있다.

공부보다 탐험을 해라
|

천재는 노력하는 사람을 이길 수 없고, 노력하는 사람은 즐기는 사람을 이길 수 없다. 산과 들을 교실로, 식물과 꽃을 선생님이자 교과서로 삼았던 마키노의 삶은 명문대 입학을 목표로 하는 오늘날의 아이들과 어떤 점에서 다를까? 그 차이를 극명하게 보여주는 사례가 있다.

2014년 서울대에서 10년 넘게 재직한 교육공학자인 이혜정 박사의 책 한 권이 정치권까지 들쑤셔놓았다. 이류라고밖에 말할 수 없는 우리

교육의 현주소가 적나라하게 드러나 있기 때문이었다. 명문대를 목표로 하는 학생과 학부모 들에게 꼭 일독을 권하고 싶은 그 책은 바로 『서울대에서는 누가 A+를 받는가』다.

우리나라 최고의 인재들만 입학하는 서울대학교. 이 박사는 그곳에서도 학점 4.0 이상을 받는 최우수 학생들이 어떻게 공부하고 어떤 목표를 갖고 사는지 교육탐사 프로젝트를 진행했다. 그들을 인터뷰한 이 박사는 "가장 놀랍고 아쉬웠던 점은 그들에게 설레는 '꿈'이 없다는 것"이라고 이야기했다. 무엇을 진정 하고 싶은지, 자신의 열정을 쏟고자 하는 꿈이 무엇인지 그들은 대답하지 못했던 것이다. 그들의 목표는 그저 고시 합격, 대기업 입사, 또는 대학원 진학 후 교수 임용이라는 세 가지 범주에서 벗어나지 않았고, 졸업 후 하고 싶은 것에 대해 묻자 이렇게 대답했다.

> "어렸을 때부터 저는 하고 싶은 것을 하는 아이가 아니라 해야 하는 걸 잘하려고 노력하는 아이였던 것 같아요. 지금까지 항상 그랬어요."
> "나중에 뭐가 되고 싶은지 아직 잘 모르겠어요. 지금 학점 관리하는 건 그냥 매 학기 저에게 주어진 일을 하는 거죠."
> "큰 욕심은 없고요. (중략) 시간 여유 많고 야근 스트레스 없는 그런 직업이면 좋겠어요."

이것이 학교와 집에서 시키는 대로 충실히, 고분고분 공부해 우리나라 최고의 대학에 들어간 최우수 인재들의 모습이다. 왜 공부를 하는지는 모르지만 언젠가 쓸 데가 있을지 모르니 학점은 일단 관리하고, 자기가 하고 싶은 일 대신 해야 하는 일만 열심히 하느라 자기절제력만 높은 청년들. 그들에게 꿈은 이미 사라지고 없었다. 씁쓸함을 뒤로하고 한국의 열등생으로 살아가던 한 소년의 이야기를 해보려고 한다.

2011년 겨울, 곤충에 대해 17세 소년이 쓴 한 논문이 학계 교수들의 놀라움을 자아냈다. 주인공은 강원도 춘천고 재학생인 차석호 군이었다. 한국의 파브르를 꿈꾸는 석호는 동네 어른들까지도 곤충을 잡으면 그에게 갖다 줄 정도로 초등학교 시절부터 곤충에 빠져 살았다. 그는 곤충의 모든 것이 신기해 시간만 나면 산으로 곤충을 찾아 나섰고, 빛의 자극에 보이는 반응을 관찰하기 위해 새벽 3시가 넘도록 곤충을 채집하곤 했다. 국내에 잘못 알려진 곤충 6종을 찾아내 생물연구학센터에 보고했는가 하면 희귀종도 발견해 세계 유수의 석학들과 연락을 주고받았다. 이미 생물학 전공서적까지도 독파함은 물론 어려운 곤충학 명까지도 줄줄 꿰고 있는 소년의 논문을 본 교수들은 '이미 학부생의 수준을 뛰어넘었다'고 평했다.

그럼 이 곤충소년의 고등학교 내신등급은 어느 정도였을까? 그는 전체 9등급 중 웬만한 지방의 전문대학 입학도 어려운 8등급이었다. 석호가 세상에 알려진 것은 연세대에서 최초로 시행한 창의인재전형 덕분이었다. 마치 마키노의 논문을 접한 야타베 교수가 그의 천재성을 알아본 것처럼, 연세대 교수들은 석호의 특별함을 알아보고 그를 합격시켰다. 연세대에서 최초로 시행한 창의인재전형은 기존 제도가 담지 못하는 학생들을 선발하자는 취지로 만들어졌고, 수능과 내신성적 없이 추천서 및 본인의 창의성을 입증하는 자료만으로 지원이 가능하다. 석호는 교수들로부터 '이 학생은 반드시 뽑아야 한다'는 반응을 얻어내며 내신

8등급으로 연세대에 입학한 최초의 사례가 되었다. 그의 꿈은 『파브르 곤충기』처럼 많은 사람에게 사랑받을 수 있는 고전을 쓰는 것이다.

전 세계적으로 2억 개 이상 판매된 '포켓 몬스터'는 대학 문턱에 가보지도 못한 말썽쟁이가 탄생시킨 게임이다. '창의력 대왕'으로 불리는 일본인 타지리 사토시田尻智는 어린 시절부터 산과 들을 밤낮으로 탐험하고 곤충을 비롯한 생물관찰과 채집에 빠져서 학급 제일의 '곤충박사'로 불렸다. 그때의 경험이 '포켓 몬스터'를 만든 기발한 착상과 상상력의 바탕이 되었다.

2013년 최연소 한국인으로 미국 TED의 무대에 올랐던 16살 장동우는 초등학교 시절 거미에 푹 빠진 말썽쟁이였다. 거미의 진화에 대해 연구하겠다며 방 안에서 거미를 기르다 어머니를 놀라게 하고, 갖다 버리라는 부모의 성화에도 꿋꿋이 버티며 거미 진화론에 대한 보고서를 완성하여 서울시 과학 경진대회에서 수상까지 했다. 그런 그의 학교 성적은 하위권이다. 학교 성적은 여러 과목을 골고루 잘해야 높은 법인데 동우는 그렇지 못했기 때문이다.

성적은 아이의 재능을 증명할 수 없다. 좋아하는 한 분야만 파고들기에도 시간이 모자란데 어떻게 모든 과목에서 골고루 높은 점수를 받을 수 있단 말인가.

중국의 양문공은 『소학』에서 "배움은 쓰고 외우는 데 그칠 것이 아니라, 그 타고난 재능을 길러야 한다."라고 했다. 미래는 전 과목을 잘하는 우등생들이 설 자리가 점점 더 좁아질 것이다. 미래 사회의 핵심 키워드 중 하나가 '협업'이기 때문이다. 평균이 90점인 우등생들은 아무리 힘을 합쳐도 90만큼의 가치밖에 만들지 못한다. 그러나 다른 과목은 모두 낙제하더라도 한 과목에서 만점을 받는 학생들이 서로 도와 일할 때 120점의 가치를 창조할 수 있다는 인식과 환경이 조성되고 있다. 그렇다면 지금 이 시대의 부모와 학교가 해야 할 일도 뚜렷해진다. 교과서 내용을 열심히 외워서 높은 평점을 받아 명문대에 들어갔지만 꿈과 목표도 없이 하고 싶지 않은 일을 억지로 하며 하루하루 살아가는 아이들을 만들어낼 것이 아니라, 재능을 살리고 좋아하는 일을 하도록 북돋는 것이 그것이다. 시험문제를 잘 푸는 우수한 학생이 아니라 재능을 꽃피워 행복한 학생을 만드는 교육, 이것은 바로 국가경쟁력과 직결되는 것이기도 하다.

천재를
둔재로 만드는
학교 교육

●

"시키는 대로만 해서는 절대로 최고가 될 수 없다."
조훈현 9단

●

신안 앞바다에 흩뿌려져 있는 수백 개의 섬들, 그 속에 새가 나는 모양과 닮았다 하여 이름 붙여진 섬 '비금도'가 있다. 고작해야 300호를 헤아릴 정도의 농가가 있고 배편도 하루 한 번밖에 없는 이 섬에서 바닷가를 놀이터로 뛰놀던 섬소년은 도시 아이들이 컴퓨터 게임에 빠지듯 바둑에 빠져들었다. '쎈돌' 이세돌의 이야기다. 그는 다섯 살 코흘리개 꼬마 시절부터 지금까지 바둑 외의 모든 것을 버리고 살았다. 학교 수업은 초등학교 5학년 이후로 들어본 적이 없고, 오로지 가로세로 19줄짜리 바둑판 세계에 어떤 그림을 그려나갈지에 대해서만 연구했다.

열두 살 어린 나이에 고시 합격보다 힘들다는 프로바둑기사 입단에 성공했고, 28세까지 13회에 걸쳐 세계 바둑대회에서 우승을 차지한다. 2010년 광저우 아시안게임에서 금메달을 목에 걸었고 2014년까지 올린 상금 총액은 약 80억 원. 수읽기에 빠르고 남이 생각하지 못하는 독창적인 수를 둔다고 평가받으며 '조훈현 이후 최고의 바둑 천재'라는 찬사를 들음에도 정작 본인은 천재라 불리는 것을 좋아하지 않는다. 그의 실력 뒤에는 학업마저 버리고 한 분야만 파고든 치열한 노력이 숨어 있기 때문이다.

바둑 왕자, 프로기사가 되다

세발자전거를 타던 나섯 살짜리 꼬마를 불러 바둑돌을 쥐어준 사람은 아마추어 5단의 바둑 실력을 가진 아버지였다. 처음 3개월은 바둑이 영어색해 안 하겠다고 몸부림을 쳤지만, 가장 높은 급수의 둘째 형을 이긴 뒤부터 점점 재미를 붙이기 시작했다. 승부욕이 강한 세돌은 2년 후에는 아버지를 능가하는 실력을 보였다. 청출어람_{靑出於藍}이 따로 없었다. 이제 바둑이 가장 즐거운 놀이가 된 그는 내친김에 세계 어린이 바둑대회에 나가 우승까지 거머쥐었다.

1989년 TV를 통해 방송된, 조훈현 9단이 응씨배應氏杯 세계바둑선수권대회에서 우승을 차지하는 모습은 꼬마 세돌의 인생을 바꿔놓았다. '나도 저렇게 멋있어지고 싶다'는 생각에 소년은 프로바둑기사가 되겠다는 꿈을 처음으로 갖게 되었다. 세돌이 아홉 살이 되던 해, 부모는 논과 과수원을 팔아 서울에 있는 권노갑 사범에게 아들을 보냈다. 아버지는 "두고 보라고! 우리 막둥이가 이창호보다 더 성공할 거니까!"라며 아들에게 용기를 심어줬다.

'학업은 프로 입단 후 해도 된다'고 생각했던 세돌은 이때부터 초등학교에도 나가지 않고 아침부터 저녁까지 도장에서 바둑을 공부했다. 당시 목표였던 프로 입단은 결코 쉬운 일이 아니었다. 프로바둑기사는 고작 1년에 몇 명만 선발하기 때문이었다. 그러나 세돌은 권노갑 사범의 관심과 맞춤 교육 그리고 자기주도적인 공부로 열두 살에 프로기사로 입단하는 데 성공했다. 이는 아홉 살에 입단한 조훈현 9단과 열두 살에 입단한 이창호 9단에 이어 역대 세 번째 최연소 기록이었다.

선택과 집중
|

그렇다고 입단이 곧 성공을 의미하는 건 아니었다. 아니, 오히려 그때부터 진정한 공부가 시작된 셈이었다. 초기에는 경험 부족으로 마음만큼 성적이 나오지 않았고, '무서운 아이'가 등장했다며 주시하던 바둑 팬들도 실망감을 감추지 못했다. 중학교 3학년이 되자 세돌은 자퇴를 결심했다. 오로지 바둑에 전념하기 위해서였다. 아버지는 학업을 계속하라며 다그치기는커녕, 현실적으로 프로바둑기사의 길을 걷고 있는 세돌의 앞날을 생각해 아들의 결정을 존중했다. 세돌은 바둑에서 최고가 되는 게 목표였기 때문에 자신의 선택을 후회하지 않았다. 그는 당시의 결심에 대해 자신의 저서 『판을 엎어라』에서 이렇게 말한다.

바둑과 학업을 병행할 자신이 없었다. 바둑조차도 별 독기를 품지 못하고 어영부영하던 시절이었는데 학교 공부까지 할 자신이 없었다. 공부와 바둑을 병행하려면 정말 마음을 독하게 먹고 엄청난 노력을 해야 한다.

2000년이 되자 세돌은 놀라운 성적을 기록하며 날아오르기 시작한다. 갑작스러운 아버지의 죽음 이후였다. 타이틀을 획득하는 모습을 보여드리지 못했다는 후회에 휩싸인 그는 깊이 자신을 돌아보는 시간을 가졌다. 눈앞의 승리에만 집착했지 확실한 목표가 없었다는 것을 깨닫자 바둑에 임하는 자세와 철학도 바뀌었다. 내면의 평정을 찾고 연구를 거듭하며 자신의 스타일을 확립한 18세 소년은 아우토반을 질주하는 재규어처럼 32연승이라는 연간 최다승 대기록을 세우더니 2006년에는 6년간 독주해왔던 이창호 9단을 저지하며 최우수 기사에 선정되었다. 이후 세돌은 세계 랭킹 1위에 올랐고, 세간에서는 '바둑판 세상은 이세돌이 놓는 돌에 지배된다'는 말이 돌았다.

2014년 바둑계의 최대 화제는 누가 뭐래도 68년 만에 부활한 '10번기 +番棋'였다. 10번기는 당대 세계 바둑고수들의 끝장 대결로, 10판을 연속으로 두어 6승을 먼저 거두는 사람이 승리하는 대국방식이었다. 세돌은 이 승부에서 동갑이자 최대 라이벌인 중국의 구리 古力와 맞붙었다. 세계 바둑팬들은 '세기의 경기'라며 한껏 흥분했고, 이 대결에서 세돌은 6 대 2로 승리하며 상금 8억 5,000만 원을 거머쥐었다.

이세돌을 특별하게 만든 두 가지
|

"네 바둑이 늘지 않는 이유를 알려줄까? 너무 규칙과 사례에 얽매여 있
어. 당연히 수는 연구하고 학습해야 하지만 불변의 진리가 있다면 바둑이
그 오랜 세월 살아남을 수 있었겠니?"
"그럼 어떡해야 합니까?"
"격식을 깨야 하는 거야. 파격이지. 격식을 깨지 않으면 고수가 될 수 없어."

_드라마 〈미생〉에서

이세돌은 야생마 같은 행보만큼 바둑에서도 틀 없는 자유로움과 모험
을 즐긴다. 그래서 그의 바둑은 자신감이 넘치고 공격적이며 창의적이
다. 세돌은 말한다.

제가 가장 중요하게 생각하는 감각은 틀을 갖지 않는 것입니다. 처음부터
틀을 배운 바도 없고요.

세돌이 학교 수업을 제대로 들은 기간은 모두 합해도 2년이 채 안 될
것이다. 틀이 무엇인지도 모르는 것은 당연하다. 여기서 우리는 정규교
육을 거의 받지 않은 이세돌이 어떤 점에서 다른 학생들과 다를 수 있
었는지 그 요인을 살펴볼 필요가 있다.
첫째, 이세돌은 분명 얌전한 모범생 스타일은 아니었다. 저돌적인 성
격, 자유로운 발상과 예측불허의 과감함을 가진 그는 오히려 반항아에
가까웠다. 그러므로 학교처럼 획일적인 교육체계에서는 그의 담대한

배짱을 이해하지 못할 뿐 아니라 독특한 발상도 키워줄 수 없었을 것이다. 그렇다면 스승인 권갑용 사범은 이런 세돌을 어떻게 가르치고 키워준 것일까?

권 사범은 먼저 관심을 갖고 제자들을 지켜보며 각각의 스타일과 개성을 파악한 뒤 그에 맞춰 가르쳤다. 세돌은 붙들어 매어두는 게 독이 되는 스타일이었다. 그 점을 파악한 권 사범은 그를 자유롭게 풀어준 뒤 스스로 하나씩 터득해가도록 배려했다. 세돌이 이미 알고 있는 내용의 수업이라면 듣지 않아도 간섭하지 않았고, 세돌이 필요로 하는 것만 알려주며 실전 위주로 스스로 공부하게 했다.

훈육 시에도 권 사범은 그의 특성을 깊이 고려했다. 세돌처럼 자존심이 센 아이들은 일방적으로 지시하며 몰고 가거나 문제점을 지적받으면 그 내용을 차분하고 덤덤하게 받아들이지 못한다. 권 사범은 그런 성향을 고려해 세돌이 가끔 엇나갈 때면 스스로 생각할 시간을 주고 기다렸고, 세돌은 혼자 힘으로 문제를 깨달은 뒤 제자리로 돌아오곤 했다. 연세대 철학과 김형철 교수는 '선생님은 가르치는 사람이 아니라 학생이 스스로 배울 수 있도록 도와주는 사람'이라고 했는데, 이런 점에서 세돌은 권 사범의 도움을 많이 받았다 할 수 있다.

세돌이 다른 아이들과 크게 달랐던 또 한 가지는 어릴 때부터 호기심 대왕이었다는 것이다. 그는 궁금한 것을 알아내지 못하면 참지 못하는 성격 때문에 가족들을 귀찮게 할 때가 많았고, 책을 읽을 때도 내용을 그대로 받아들이기보다 '이 사람은 왜 그랬을까?', '이 상황에서 나라면 어떻게 했을까?' 하는 식의 질문을 계속 떠올리곤 했다. 그래서 그는 요즘 바둑 배우는 아이들을 보면 고개가 갸우뚱해진다. 아이들이 사범의 설명을 잠자코 들으면서 그저 고개만 끄떡거릴 뿐 아무런 질문도 하지 않기 때문이다. 무엇 때문에 우리 아이들이 이렇게 수동적으로 자라고 있는 것일까? 사실 이것은 비단 초등학생에만 국한된 문제가 아니다. 중학교, 고등학교, 대학교에서조차 우리나라에서는 질문하는 학생을 찾아보기 힘들고, 궁금한 점이 있어도 질문하지 않는다는 학생의 비율은 70퍼센트에 달한다고 한다. 질문도 대답도 사라진 이상한 강의실, 강의 내용을 듣고 적기만 하는 데다 취업만을 고민하는 학생들로 인해 대학은 지성이 아닌 침묵의 전당이 되어버렸다.

이세돌은 "질문하지 않고 궁금해하지 않는 수동적인 태도로는 자기만의 바둑 스타일을 만들기가 어렵고, 가르쳐주는 사람의 틀에 갇히기 쉽다. 궁금증을 가지고 물어보는 것은 물론 자신의 의견이 다를 경우에는 그것을 밝히는 마음가짐이 필요하다."라고 말하며 자신만의 생각을 스스로 확립해나갈 것을 강조한다. 이것은 비단 바둑의 세계에만 해당되는 이야기가 아닐 것이다.

크게 버려야 크게 얻는다
|

바둑의 세계에는 '돌을 잘 버릴 줄 알아야 진정한 고수'라는 금언이 있다. 너무 많은 것을 잡으려다 진정 중요한 것을 놓치지는 말라는 의미일 것이다.

바둑계에는 이세돌 9단 외에도 미련 없이 학력을 포기하고 자신의 길에 몰입해 출중한 실력을 뽐낸 기사들이 다수 있다. 목진석 9단, 최명훈

9단, 박지은 9단이 그들이다. 목 9단은 중학교 2학년 중퇴, 최 9단은 초등학교 졸업, 박 9단은 중학교 1학년 중퇴가 학력의 전부다. 특히 박지은 9단은 한국 바둑사상 최초, 세계에서 세 번째로 여류 9단에 올랐으며 2014년 국내 여자기사로서는 최초로 통산 500승이라는 기록을 세웠다. 세계대회 첫 우승도, 최초의 국가대표 여자기사도 그녀 차지였다. 박 9단은 프로기사를 꿈꾸기에는 다소 늦은 11세에 바둑을 시작해 정상에 오른 굉장한 노력가였다. 아버지에게 처음 바둑을 배운 뒤부터 그녀는 피아노, 미술 등의 학원을 그만두는 것은 물론 학교 다니는 시간마저 너무나 아까워 부모의 반대를 무릅쓰고 중퇴했다. 어차피 바둑으로 승부를 볼 거니 학교는 그만두는 편이 낫다고 판단한 것이다. 그리고 2년간 하루도 쉬지 않고 바둑을 두면서 몰두하다가 14세 때 프로로 입단했다. 자신의 강점을 알고 매진하는 것, 평생을 두고 봤을 때 이것은 당장 수능시험 점수를 올리는 데 쏟아붓는 시간이나 노력보다 훨씬 더 가치 있는 자산이 된다. 이세돌은 이렇게 이야기한다.

> 선택과 집중이라는 말이 있다. 어떤 일을 하든지 자신이 할 수 있는 일을 선택한 후에는 집중해서 전력투구하라는 것이다. 흥미도 없고 잘하지도 못할 일에 어설프게 매달려 낭비할 만큼 우리가 가진 시간이 무궁무진한 건 아니지 않는가.

어찌 바둑 하나만 그렇겠는가. 우리 주변에는 어릴 때부터 영재 소리를 듣는 아이들이 많다. 누구로부터 배우지 않았는데도 한글을 깨우치거나 감동적인 시를 쓰고, 세세 각국의 수도를 줄줄 외우는가 하면 어린 피카소처럼 천부적 그림실력을 보이기도 한다. 그런데 어느 순간부터 이런 아이들이 서서히 사라진다. 소질과는 무관한 획일적인 정규교육에 편입되고 다른 아이들에게 뒤질세라 하루에도 서너 개의 학원을 다니면서 천재성을 조금씩 잃어버리기 때문이다. 천재를 보통의 아이로 만들고, 보통의 아이를 더욱 둔재로 만드는 한국 교육의 현실에서 이세돌과 박지은의 선택은 매우 명민해 보인다.

현대 경영학의 아버지라 불리는 피터 드러커Peter Drucker는 "사람은 약점이 아닌 강점을 통해 성과를 올린다."고 했다. 김연아와 박태환 선수에게 수학도 잘하고 과학도 잘해야 한다고 요구한다면 그것이 바람직한 교육이겠는가? 현명한 사람은 자신의 재능을 찾으면 그 하나에 집중하지만, 어리석은 이는 이것저것 건드리면서 '왜 나는 뛰어난 사람이 되지 못할까?' 하고 고민한다. 하지만 박지은 9단처럼 시작 시기가 다소 늦고 평범한 사람이라 해도 자신의 강점을 찾아 그것에 모든 힘과 능력을 집중한다면 어느 것 하나에 집중하지 않는 천재보다 더 큰일을 해낼 수 있다.

하버드 대학의 심리학자인 하워드 가드너Howard Gardner는 "아이의 강점이 반드시 학교 공부에서 발견되는 것은 아니다."라고 했다. 수많은 아이들이 학교에서 배우는 과목으로만 재능을 평가받고, 그렇기에 자신의 진정한 강점을 모른 채 평생을 살아간다. 선행학습에 시간과 에너지를 쏟아붓는 대신 잘할 수 있는 것을 발견하는 기회를 갖게 하고, 그것에 오롯이 집중하게 하는 부모의 지혜는 그래서 더욱 절실히 필요하다.

부모의 뜻을
거역하다

"축하합니다. 당신의 레스토랑이 뉴욕 「미슐랭 가이드Michelin Guide」로부터 별 하나를 받았음을 알려드리게 돼 기쁩니다. 제가 알기로 '단지Danji'는 미슐랭 가이드로부터 별 등급을 받은 첫 번째 한국 레스토랑입니다."

2011년 어느 가을날, 한 통의 전화를 받은 김훈이 셰프는 자신의 귀를 의심했다. '미식가의 성서聖書'로 불릴 만큼 세계적으로 권위를 인정받는 레스토랑 가이드북으로부터 별 등급을 받게 되리라고는 꿈에도 상상한 적이 없었다. 김훈이의 레스토랑은 오픈한 지 10개월밖에 안 된 15평 남짓의 조그마한 곳이었다. 게다가 최고 미식가들의 도시라는 뉴욕에서 전통 한국 요리로 별 등급을 받은 최초의 식당이 되다니!

1년 뒤, 그가 2호점으로 오픈한 주막 '한잔Hanjan'은 「뉴욕타임스The New York Times」가 선정한 '올해 뉴욕 10대 레스토랑' 5위에 오르며 미슐랭의 선택이 옳았음을 다시 한 번 증명했다. 전 세계 최고 셰프들이 한자리에 모인 뉴욕의 치열한 경쟁에서 영화배우 나탈리 포트먼Natalie Portman과 드류 베리모어Drew Barrymore 등 유명인들을 사로잡은 그의 비결은 무엇일까? 그건 아마도 버클리 의대까지도 그만두고 자신을 행복하게 만드는 일을 선택한 그의 용기, 그리고 최고가 되겠다는 집념일 것이다.

뉴욕의 그 남자, 의사 가운 대신 조리복을 입다
|
"어머니, 저는 요리사가 되고 싶습니다. 의대는 그만두겠습니다."

의대 졸업을 1년 남겨둔 시점, 김훈이는 어머니에게 폭탄선언을 했다. 청천벽력과도 같은 소리에 어머니는 필사적으로 아들을 말렸다. 남편을 잃고 두 살 때부터 홀로 키워온 외아들이었다. "안 된다. 넌 지금 실수하고 있는 거야." 하지만 어머니의 말을 듣지 않고 학교에 자퇴서를 내고 곧바로 뉴욕의 요리학교에 등록했다.

김훈이 셰프는 열 살 때 어머니를 따라 뉴욕으로 건너왔다. 지극히 모범생이었던 그는 과학을 좋아해 과학고에 진학했다. 어머니는 미국에 건너온 다른 한국 부모들처럼 아들이 의사나 변호사가 되기를 원했고, 그는 어머니의 뜻도 따르고 본인도 의사가 되어 많은 이를 도와주고 싶어 의대에 진학했다. 하지만 병원에서 일을 해보니 적성에 맞지 않았다. 그에게는 점차 '성공'도, '훌륭한' 의사가 될 자신도 사라져갔다.

지나친 스트레스 탓에 집에 있을 때조차 두려움이 엄습했다. 졸업을 한 학기 앞두고 심한 두통에 시달렸던 그는 마침내 휴학을 택했다. 아무래도 몸을 추스르고 잠시 쉬어야 할 듯싶었다. 그런데 이것이 그에게 제2의 인생을 시작하는 계기가 됐다. 쉬는 동안 평소에 관심이 있던 요리를 배우기 위해 프랑스 요리학교를 다녔는데 신기하게도 두통이 감쪽같이 사라진 것이다. 요리는 힘들지만 즐거웠다. 늘 자신을 엄습하던 두려움이 이제는 식당에 가고 싶다는 설렘으로 바뀌었고, '이게 내가 해야 할 일이구나!'라는 느낌이 왔다.

이참에 현장 경험도 쌓아보고자 「미슐랭 가이드」로부터 별 세 개를 받은 세계적 명성의 프랑스 레스토랑 대니얼Daniel의 문을 두드렸다. 그는 3개월간 임금을 받지 않을 테니 일을 시켜달라고 했고, 대니얼 측은 흔쾌히 받아줬다. 그런데 그의 요리 실력을 본 관리자는 2주가 지나자 '보수를 줄 테니 정식직원으로 일해달라'고 제안해왔다. 대니얼은 무보수 인턴지원자만 수백 명에 이르는 꿈의 레스토랑이다. 그가 기뻐하며 제안을 받아들인 것은 두말 할 나위 없다.

> 하루에 16시간을 서서 하는 일이 바로 요리입니다. 그런 요리 일을 하는데 나 자신이 행복하더라고요. 그런 자신을 발견하고는, 평생 할 일이라면 나 자신이 행복한 일을 해야 한다는 생각이 들었어요.

그는 세상의 의견 대신 내면의 목소리를 따르기로 했다. 주위의 편견은 예상대로 극심했다. 의대를 그만둔다고 하자 어머니는 1년간 아들과 말을 하지 않았다. 게다가 당시 그는 결혼한 지 6개월밖에 안 된 신혼이었는데 사람들은 그의 아내를 두고 혹시 '사기결혼을 당한 것 아니냐'며 수군거렸다. 다행히 대형 로펌의 변호사였던 아내는 그를 이해해주었다. 아내 역시 자신의 직업에 만족하며 살지 못하고 있던 터라 남편만큼은 행복한 일을 하기 바랐던 것이다. 장래가 보장된 의사라는 직업을 그도 쉽게 포기한 것은 아니었다.

> 내가 좋아하는 일을 하지 않으면 내가 행복할 수 없고 결국은 아내도, 가정도 행복해질 수 없어요. 남의 눈을 의식해서, 사회적인 시선 때문에 나의 인생을 희생할 수는 없었어요. 나의 인생이니까.

대니얼에서 일하던 어느 날 어머니가 손님으로 찾아오셨다. 대니얼은 마치 귀족을 대접하듯 고객에게 정중한 서비스를 제공하는 것으로 유명한데, 직원 가족에게는 특히나 서비스가 극진하다. 완벽한 음식과 서비스를 받은 어머니는 '네가 요리를 좀 하는가 보구나' 하며 칭찬과 승낙의 뜻을 비쳤다. 그가 요리를 시작한 이후 가장 행복한 날이었다.

대니얼에서 2년간 통과의례를 거친 후 김훈이는 역시 「미슐랭 가이드」로부터 별 셋을 받은 일식 레스토랑 '마사Masa'에서도 2년간 일했다. 28개 좌석에 요리사만 열 명, 저녁식사 비용이 1인당 500~800달러에 이르는 마사는 미국에서 가장 비싼 레스토랑 중 한 곳이다. 대니얼과 마사를 거치며 김훈이는 세상에서 제일 좋다는 재료들을 모두 만져봄은 물론 요리에 대한 창의력과 빠른 스피드, 섬세함 그리고 정통正統의 중요성까지 배웠다. 이제 자신만의 요리를 세상에 내놓을 때가 오고 있었다.

뉴욕에 한식 별을 띄우다

의사의 길을 접고 요리사가 되기로 한 이상 최고의 자리에 오르고 싶어졌다. 그는 매년 한국의 할머니 댁에 가서 먹는 음식들이 무척 맛있었던 것과 달리 뉴욕에서 먹는 한식은 대개 별맛이 없다는 사실에 안타까움을 느꼈다. 뉴욕의 한식당 대부분이 먹고사는 데 급급해 한식의 본래 맛을 버리고 현지와 타협한 음식을 만들었다. '한국 음식은 양 많고 저렴하다'는 세간의 인식도 마음에 들지 않았던 그는 한식을 고급화해 새롭게 내놓기로 결심했다.

2010년 맨해튼 헬스키친Hell's Kitchen 식당가에 36개 좌석의 아담한 '단지'를 오픈했다. 한국 산골마을에서 된장, 고추장 등 전통 한국 장을 공수해 와 한식 맛을 그대로 살렸다. 메뉴는 잡채, 부대찌개, 은대구 조림 같은 징통한식과 더불어 햄버거 빵에 불고기와 제육볶음을 넣은 요리 등의 퓨전한식으로 나누어 구성했다. 오픈한 지 다섯 달이 지나자 입맛 까다롭기로 유명한 뉴요커들이 식당 앞에 줄을 서서 기다리기 시작했다.

그는 도전을 멈추지 않았다. 2012년에 한국식 주막 '한잔'을 열었다. 놀랍게도 '50세주(백세주와 소주를 섞은 술)'와 막걸리, 어묵탕, 떡볶이, 순대, 짜장라면 같은 한국의 대표 간식에 뉴요커들이 환호를 보냈다. 「뉴욕타임스」는 "한국 음식을 서구화한 음식점으로는 후니 킴의 '한잔'만 한 곳이 없다. 후니 킴의 요리를 탐험한다면 큰 기쁨을 얻을 것."이라며 '한잔'을 뉴욕 10대 레스토랑으로 선정한 이유를 밝혔다. 2013년 한식 세계화 홍보대사로 임명된 김훈이는 케이푸드 월드 페스티벌K-Food World Festival의 신사를 맡고, 케이블 채널의 인기 요리 서바이벌 프로그램 '마스터셰프 코리아'의 심사위원으로 선정되며 엄격하지만 따뜻한 심사로 주목을 받았다.

그는 셰프를 일컬어 '행복을 나누어 주는 직업'이라며 자랑스럽게 이야기한다. 행복한 사람만이 행복을 전할 수 있다. 부모의 뜻이 아닌 자신의 가슴이 이끄는 일을 선택한 그는 진정 행복한 셰프로 보인다.

서울의 그 여자, 수술실 대신 주방에 들어서다
|

2000년 한양대 의대 본과 1학년 해부학 시간, 한 학생이 갑자기 책을 덮더니 가방을 쌌다. 그녀는 강의실을 박차고 나가며 선배들에게 말했다.

"오빠들, 나 학교 안 나올 거야. 나 찾지 마."

그녀의 이름은 이상민. 어렸을 때부터 굉장히 보수적인 집안에서 자랐다. 부모님은 항상 공부를 강조했고, 대학에 가기만 하면 원하는 것은 뭐든지 할 수 있다고 했다. 그것이 정말인 줄 알고 상민은 죽어라 공부했고, 아버지가 원했던 의사가 되기 위해 의대에 들어갔다. 하지만 실제 대학은 부모님의 말씀과 달랐다. 끝없는 의대 공부는 재미도 없었고, 어느 순간부터 '이 공부를 끝내고 의사가 되면 행복하게 살 수 있을까?' 하는 의문도 들기 시작했다.

이상민은 펄쩍 뛰는 부모님을 뒤로하고 달랑 만 원짜리 한 장과 함께 집을 나와 먹고살기 위한 '알바 인생'을 시작했다. 전단지와 인터넷을 뒤져 새벽에는 신문배달, 오후에는 일당이 높다는 고깃집 불판 닦기, 저녁에는 호프집 서빙, 주말에는 영어 과외를 했다. 공부만 하던 대학생이 무단가출을 해서 이렇게 많은 아르바이트를 하는 동안 어떤 기분이 들었을까? 힘들어 집으로 돌아가고 싶어지진 않았을까?

> 너무 행복했어요. 엄마의 눈이 아닌 내 눈으로 세상을 바라볼 수 있게 되어서였죠. 다양한 사람들의 삶을 보며 인생의 즐거움을 알았어요. 밥을 못 먹어도 될 정도로 행복했어요.

요리에서 자유를 보다
|

2년이 지나자 그녀는 그동안 모은 종잣돈으로 액세서리 노점을 열어 대박을 터트리기도 했다. 그러다 2005년 어느 날 우연히 TV에서 접한 영국 요리사 제이미 올리버Jamie Oliver의 요리쇼가 그녀의 운명을 바꾸어놓았다. 셰프복 대신 청바지에 티셔츠 차림으로 다양한 허브를 양도 재지 않고 툭툭 던져 넣는 자유로운 그의 모습에 상민은 전율을 느꼈다.

"진짜 멋있다. 그래, 이거야!"

곧바로 인터넷에서 조리학과를 검색한 그녀는 한국관광대학에 등록했다. 학내에는 '의대에서 온 또라이가 한 명 있다'는 소문이 퍼졌다. 조리고등학교를 졸업한 어린 친구들을 따라잡기 위해 밤낮을 가리지 않고 양배추, 무를 썰며 칼질 연습을 했고, 6개월이 지나니 실력이 쌓이는 걸 느낄 수 있었다. 기분이 너무 좋았다. "의대생 시절 해부학을 하려면 몸이 굳었는데, 요리 재료들을 매만질 때는 가슴이 충만해져요."라는 말에서 그녀가 느낀 짜릿함이 어떤 것이었을지 짐작 가능하다.

2006년에 교수님 추천으로 SBS 서바이벌 프로그램인 〈내일은 요리왕〉에 나간 이상민은 거침없는 입담과 빼어난 실력으로 1,500 대 1의 경쟁률을 뚫고 1등을 차지하며 요리사의 길로 급가속 페달을 밟았다. 이때 비로소 부모님의 인정도 받을 수 있었다. 그녀는 더 많은 도전을 하기 위해 아랍 에미리트의 7성급 호텔에 취직했다. 월급은 28만 원밖에 안됐지만 그녀에게는 상관없었다. 세계 어디에서도 볼 수 없는 최고급 식자재를 사용한 수준 높은 음식을 조리해볼 수 있는 기회였기 때문이다. 그리고 이듬해에는 스위스로 건너가 프랑스어를 배우며 조리경영학 학사학위를 받았다. 쉼 없이 앞을 향해 달리던 상민은 잠깐의 휴식을 위해 귀국했는데 오히려 러브콜이 쏟아졌고, 그간의 경험을 살려 2010년 노보텔에 입사했다.

이제 이름난 셰프가 된 그녀의 이야기는 중학교 가정교과서에도 실렸고, 여러 기관과 학교 들로부터 강의 요청도 쇄도하고 있다. 〈제이미 올리버 쇼〉 같은 자신만의 쇼를 해보고 싶고, 교수가 되어 학생들이 창의적인 레시피를 개발하도록 돕고 싶다는 그녀는 학생들에게 달걀 한 판을 주면서 "만들고 싶은 음식을 만들어봐."라고 주문하는 식의 독특한 수업방식을 선보인다. 규격화된 삶의 형식에 얽매이지 않던 그녀는 남이 만들어놓은 레시피가 아닌, 단 하나뿐인 독창적인 요리를 만들어가는 도전적 자세로 세상에 빛을 발하고 있다.

통 크고 자유로운 요리를 보여주고 싶어요. '3분의 1 티스푼', '2분의 1 작은 술' 이런 것 말고요. 사람마다 간이 다르잖아요. 그걸 일률적으로 계량할 수 있나요?

원하는 것을 하지 못하는 사회

|

"부모가 가라는 길을 가지 마세요!"

미국 변호사이자 한인방송국 토크쇼의 진행을 맡고 있는 이채영의 저서 『꿈을 이뤄드립니다』에 나오는 에피소드다. 그녀는 세계 최대 사모펀드 칼라일Carlyle 그룹의 설립자 데이비드 루벤스타인David Rubenstein의 강연에 참석했다가 이 말을 듣고 깜짝 놀랐다. 성공비결을 묻자 그가 들려준 대답이 그것이었기 때문이다. "어머니가 그토록 바라셨던 직업은 치과의사였죠. 내가 만약 부모님의 말을 들었다면 지금 이 자리에 절대 있지 못했을 겁니다." 작은 투자회사 설립을 시작으로 수십억 달러의 부를 축적한 그는 미국에서 가장 존경받는 CEO 중 한 사람이다.

2008년 방영 후 센세이션을 일으켰던 EBS 다큐프라임 〈아이의 사생활〉을 보면 부모의 욕심이 얼마나 자녀의 인생을 낭비시키는지 현실적으로 확인할 수 있다. 프로그램은 성인 2,700명을 대상으로 직업 만족도를 조사하고, 그중 자신의 직업에 불만이 있어 이직을 준비 중인 여덟 명을 뽑았다. 그들의 직업은 대부분의 부모가 선호하는 교사, 의대생, 국가정책연구원, 금융인, 마케팅 전문가 등이었다. 신기한 것은 그들에게 왜 좋아하는 일이 아닌 현재의 직업을 선택했는지 묻자 모두 하나같이 '부모가 원하는 것을 선택할 수밖에 없었기 때문'이었다고 답했다는 점이다(참고로 한국 직업능력개발원에서 발표한 직업 만족도에서 의사는 170개 직업 중 169위를 차지했다. 대한민국 부모들은 자녀가 가장 불행한 직업을 갖지 못해 안달하고 있는 셈이다).

많은 젊은이들이 '하고 싶은 일을 하지 못한 채' 부모와 사회가 원하는 직업을 얻은 뒤 방황하고 있다. 하지만 이런 영혼 없는 삶을 박차고 나와 성공을 거둔 사람들을 발견하는 것 또한 그리 어렵지는 않다.

전 세계 168개국 73개 언어로 번역되어 1억 3,500만 부가 넘게 판매된 세계적인 베스트셀러『연금술사』의 파울로 코엘료Paulo Coelho는 부모가 강요했던 법대를 그만두고 존경받는 작가가 되었고,『마담 보바리』의 작가 귀스타브 플로베르Gustave Flaubert는 의대에 가라는 부모의 뜻은 물론 입시마저 거부했지만 작가로서 성공을 거두었다.

영화 〈친구〉의 곽경택 감독은 의사 집안에서 태어나 의대에 진학했지만 중퇴하고 영화감독의 길을 가고 있고, 서울대 화학공학과 출신으로 로잔 연방공과대학 대학원 생명공학 박사이자 스위스화학회에서 최우수 논문발표상을 받았던 루시드 폴은 공학자로서의 모든 연구를 접고 한국에 들어와 자신이 사랑하는 음악만 하며 하루하루 선물 같은 삶을 살고 있다.

MBC 〈무한도전〉에 나와 화제가 되며 젊은이들 사이에서 학력파괴의 롤모델이 된 반도네온bandoneón 연주자 고상지는 국악을 공부하고 싶었지만 부모의 반대로 포기하고 카이스트에 진학했다. 그러나 끝내는 학교를 중퇴한 뒤 한국을 대표하는 반도네온 연주자가 되어 뮤지션의 길을 걷는 중이다. 그녀는 "좋아하는 음악도 하고 또래보다 돈도 많이 버는 삶에 만족한다."고 말한다.

대학을 6개월 만에 중퇴하고 억만장자가 된 실리콘밸리의 대부 스티브 블랭크Steve Blank는 한 인터뷰에서 "미국에서도 유독 실리콘밸리가 혁신의 중심이 된 이유가 뭐라고 생각하는가?"라는 질문에 "젊은이들이 대개 부모와 멀리 있어 간섭을 덜 받고 자유분방한 생활을 한다. 모험이 많은 생활, 그게 혁신을 가능케 했다."는 뼈 있는 대답을 들려주었다.

우리나라의 대표 행복학교인 거창고등학교의 직업 선택 10계명 중 하나가 '부모나 아내, 약혼자가 결사반대하는 곳이면 틀림없다. 의심치 말고 가라'인 것도 이 같은 맥락일 것이다. 아무리 좋은 대학교를 나온다 해도, 안정적인 삶을 산다 해도 꿈이 없다면 무슨 소용이겠는가?

학벌을 놓으면 아이들은 자신의 꿈을 발견할 수 있다. 학력이라는 제한된 프레임에서 벗어나면 오로지 하나의 길이 아니라 1,000개의 길이 열려 있음을 깨닫게 된다. 우리 아이들은 껍데기뿐인 학벌보다 자신이 하고 싶은 일에 도전하며 자기가 진정 살아 있다고 느낄 수 있는 삶을 살아야 한다. 가슴 뛰는 일을 찾아 행복한 삶을 살고 있는 젊은이들의 넘치는 에너지. 그것을 우리 아이들도 찾고, 가지고, 느끼며 살아야 한다.

우리 모두 자신의 보물을 찾아 전보다 더 나은 삶을 살아가는 것, 그게 연금술인 거지.

_파울로 코엘료, 『연금술사』에서

"졸업 5년 뒤, 당신은 루저가 됩니다."

실리콘밸리에는 갖가지 기행과 튀는 행동으로 '실리콘밸리의 악동'이라 불리는 IT 거물이 한 명 있다. 마이크로소프트의 부도덕성을 밝혀내겠다며 사설탐정을 고용해 쓰레기통을 뒤지기도 하고, 영화 〈아이언 맨 2〉에 깜짝 출연해 화제를 모으기도 한 그는 바로 세계적인 소프트웨어 업체 오라클의 창업자인 래리 엘리슨이다. 열아홉 살 미혼모에게서 태어나 생후 9개월에 먼 친척에게 입양된 엘리슨은 시카고 대학을 1학기 다니다 중퇴하고 IT 사업에 뛰어들었다. 현재 오라클은 마이크로소프트, IBM 다음으로 최고의 매출을 기록하고 있다.

엘리슨이 세계 2위 억만장자에 올랐던 2000년 당시, 그가 예일 대학교 졸업식에서 도발적인 축사를 하다가 연단에서 끌려 내려왔다는 이야기가 인터넷에 퍼지기 시작했다. 대학교육의 문제점을 신랄하게 비난한 이 축사에 사람들은 공감과 함께 통쾌함을 느끼며 환호를 보냈다. 이후 이 축사는 「포천(Fortune)」과 「워싱턴포스트(Washington Post)」 등에 위트 넘치는 글을 기고하는 작가 앤드류 말랫(Andrew Marlatt)이 풍자사이트 'SatireWire.com'에 올린 가상의 기사였음이 밝혀졌다. 비록 픽션이지만 메시지에 담긴 의미 때문에 지금도 각종 사이트로 퍼져나가고 있다. '잡스의 스탠포드 축사보다 더 좋다', '세기의 연설이다', '속시원하다'는 평을 듣는 이 축사를 한번 감상해보자. 대학과 졸업장이 과연 우리 아이의 인생에 무엇을 줄 수 있을지 생각해볼 기회가 될 것이다.

친애하는 예일 대학교의 졸업생 여러분!

죄송하지만 잠깐만 제가 시키는 대로 해주세요.

지금 여러분의 오른쪽에 있는 동기생을 한번 봐주시겠습니까?

그리고 이번에는 왼쪽에 있는 동기생을 돌아봐주세요.

그리고 이렇게 생각해보세요.

앞으로 5년, 10년, 30년이 지난 후, 여러분의 왼쪽에 있는 사람은 실패자가 될 확률이 높습니다. 또한 오른쪽에 있는 사람도 마찬가지입니다. 그럼 중간에 있는 당신은? 무엇을 기대하시는 겁니까? 당신도 실패자, 실패자의 표상이 될 것입니다.

사실 저는 이 졸업식장에 있는 수천 명에게서 밝은 미래를 보시 못합니다.

제게는 미래의 지도자가 아닌, 그저 수천 명의 실패자들만 보일 뿐입니다.

여러분은 아마 지금 화가 나 있을 겁니다. 충분히 이해할 수 있습니다. 대학을 중퇴한 이 래리 엘리슨이 감히 이 나라에서 가장 권위 있는 대학의 졸업식에서 이런 말을 내뱉으니까요.

이제 그 이유를 말씀드리겠습니다.

왜냐하면 이 지구상에서 두 번째로 부자인 나, 래리 엘리슨은 대학 중퇴자이지만 여러분은 아니기 때문입니다. 또 지구에서 가장 부자인 빌 게이츠는 대학 중퇴자이지만 여러분은 아니기 때문입니다. 세 번째 부자인 폴 앨런(Paul Allen, 마이크로소프트 창업자)은 대학 중퇴자이지만 여러분은 아니기 때문입니다. 그리고 아홉 번째로 부자인 젊은 마이클 델(델 컴퓨터 창업자)도 역시 대학 중퇴자이지만 여러분은 아니기 때문입니다.

흠……. 아까보다 더 기분이 나빠지셨죠? 저도 충분히 압니다. 그럼 잠시 여러분의 자존심을 어루만져드리겠습니다.

제가 이렇게 말했다 해서 여러분의 졸업장이 전혀 쓸모없는 것은 아닙니다. 여러분은 지난 4~5년간 일하는 습관, 사회적 인맥, 인내력 등 여러 유용한 것들을 얻었습니다. 이것들은 앞으로 사회생활에서 중요한 자산이 될 겁니다. 여러분에게는 그렇게 부지런히 일하는 습관과 인내심이 반드시 필요합니다. 왜냐하면 대학 중퇴자가 아니기 때문에, 그리고 세계에서 가장 성공한 사람들의 대열에는 아예 낄 수 없기 때문입니다.

아, 어쩌면 10위나 11위는 오를 수도 있겠네요. 스티브 발머(Steve Ballmer, 당시 마이크로소프트 CEO)처럼 말입니다. 물론 그가 대학 중퇴자를 위해서 일했다는 점은 제가 굳이 말하지 않아도 모두 알고 계시겠죠? 하긴, 그도 약간 늦은 감은 있지만 중퇴자이긴 합니다. 대학원을 도중에 관뒀으니까요.

아마 여러분들은 속으로 이런 질문을 하고 계실 겁니다.

'그럼 내가 할 수 있는 일은 없나? 내겐 아무런 희망이 없는 걸까?'

사실, 없습니다. 너무 늦었죠.

여러분은 이미 너무 많은 것을 흡수했고, 스스로 너무 많은 것을 알고 있다고 생각하기 때문입니다. 여러분은 더 이상 열아홉 살이 아니고, 머리 위엔 이미 꽉 짜인 사각모가 올라가 있으며, 머릿속에는 이미 시멘트가 발라져 있습니다.

흠……. 갈수록 기분이 안 좋아지죠? 물론 이해가 갑니다.

그럼 이번엔 좀 더 희망적인 말씀을 하나 드리겠습니다.

그렇지만 졸업생들을 위한 것은 아닙니다. 조금 전에도 말씀드렸지만 졸업생 여러분들은 이미 끝났습니다. 여러분들은 성공한 연봉 20만 달러짜리 직장인으로 만족하십시오. 물론 그 월급은 여러분의 동기인 대학 중퇴자들이 나눠 주는 것이겠지만 말이죠.

대신 저는 여기 참석한 학부생들에게 희망적인 말을 하고 싶습니다.

정말 중요한 말이니 반드시 실천하셔야 합니다.

지금 당장 여러분의 짐과 아이디어를 챙겨서 여기를 떠나십시오.

그리고 돌아오지 마십시오.

자퇴하십시오.

그리고 새롭게 시작하십시오.

지금 이 경비원들이 저를 단상에서 끌어내리는 것처럼

여러분이 쓰고 있는 사각모와 가운이 여러분을 평생 끌어내릴…….

(이때 래리 엘리슨은 강연대에서 끌려 내려왔다.)

2장

온리원 인재를 만드는 '리얼' 공부

미래를
읽는 눈

●

"석사나 박사 타이틀을 갖고 있으면 모든 분야에서
성공할 수 있다는 것은 이론적으로만 가능한 일이다."
리카싱 회장

●

2015년 1월 일본의 「니혼게이자이日本經濟」신문은 일본 100대 기업을 대
상으로 한 설문조사에서 '일본 경영자들이 가장 존경하는 한국 경영자
는 삼성 이건희 회장'이라는 결과를 얻었다고 보도했다. 그렇다면 이건
희 회장이 가장 존경하는 인물은 누구일까? 바로 '경영의 신'으로 불리
며 전 세계 경영인의 귀감이 되고 있는 마쓰시타 고노스케松下幸之助다. 그
의 이름이 생소한 이라도 '나쇼날National'이나 '파나소닉Panasonic'이라는
브랜드는 한 번쯤 들어봤을 것이다. 마쓰시타 고노스케는 바로 이 브랜
드들을 세계적으로 히트시킴은 물론, 매출액 80조 원을 돌파하고 전 세
계에 570여 개가 넘는 지사를 둔 세계 20위권 다국적 기업의 총수다.

여러모로 봤을 때 그는 위대한 인물보다는 평범한 사람 같다. 너무 가난해 초등학교 4학년 때 중퇴를 했고 성인이 된 후에는 몸이 병약해져서 회사에 매일 출근할 수 없을 정도였다. 165센티미터의 키에 체중은 60킬로그램이 넘지 않았으며, 대중 연설도 잘하지 못하는 데다 카리스마마저 전혀 느껴지지 않았다고 한다. 그럼에도 하버드 대학원은 그런 그의 삶을 연구하고, 일본은 그를 '지난 1,000년 동안의 가장 위대한 경제인'이라고 칭송하고 있다.

동물원 같은 직장을 떠나다
|

> 무조건 나이가 어리다고 청춘이 아닙니다. 청춘이라는 이름에 걸맞은 생각과 행동을 해야 청춘이지요. 일본 최고의 대학을 나온 사람들 중에 의외로 꿈이 없는 사람이 많습니다. 그들은 명문대를 나왔다는 것만으로 만족합니다. 졸업장이 무엇이든 이루어줄 거라는 착각 속에 빠져 있습니다. 그는 이미 청춘이 아닙니다. 스무 살 노인이지요.
>
> _명로진 저, 『20부자가 20청춘에게』에서

마쓰시타가 청춘의 꿈에 대해 위와 같은 말을 남긴 이유를 우리는 그의 삶에서 찾아볼 수 있다. 그는 어릴 때 아버지의 사업이 파산하자 초등학교 4학년을 다니다 중퇴하고 고향을 떠나 오사카의 자전거 점포에서 먹고 자며 심부름꾼으로 일했다. 그는 어렸을 때 누나들, 형 그리고 아버지를 병으로 떠나보내야 했다. 어린 마쓰시타는 밤이 되면 어머니가 보고 싶은 마음에 하염없이 눈물을 흘렸다.

그래도 다행히 자전거를 수리하는 일은 매우 즐거웠다. 돈이 없어 어릴 때부터 일해야 했던 경험은 그에게 역경이 아닌 기회로 작용했다. 상점에서 일한 덕분에 상인의 몸가짐을 익혔고, 세상의 쓴맛을 남들보다 일찍 맛보면서 창업의 기회도 더 빨리 포착할 수 있었다.

열일곱 살이 되자 그에게는 벌써 미래를 읽는 눈이 생겼다. 오사카에서 운행되는 전차를 본 그는 '앞으로는 자전거 수요가 줄어들고 그 대신 전기사업이 유망해지겠다'는 데 생각이 미쳤다. 이에 마쓰시타는 전기를 다루는 전등회사에 견습공으로 들어갔고, 열심히 일한 덕분에 석 달 만에 직공으로 승진했다. 여유 시간이 생기자 학업을 계속하기 위해 간사이 상공학교에 입학했지만 학교생활에 흥미를 느끼지 못하자 다시 중퇴했다. 회사에서는 역량을 인정받아 어린 나이에 검사원으로 승진했다. 이전보다 일은 더 편했다. 어느 날, 쉬는 시간에 그는 더 오래가는 전구를 연구하다 문득 이런 생각이 들었다.

하루에 두세 시간만 일했고 월급도 두둑했지만, 나는 뭔가 불안했다. 마치 우리에 갇힌 동물 같다고나 할까? 직장은 동물원 같았다. 동물원의 동물들은 먹이에 대해 걱정하지 않아도 된다. 다른 동물에게 습격당할 염려도 없다. 그런데 그들은 정말 행복한 것일까?

_명로진 저, 같은 책에서

직원 시절 무리한 노동의 후유증으로 건강이 악화되자 결국 그는 '동물원'을 뛰쳐나왔고 스물네 살에 셋집을 개조해 마쓰시타 전기기구 제작소를 설립한다. 전등을 켜고도 다른 전자제품을 같이 연결하여 사용할 수 있게 만든 '2구 연결 플러그'를 개발해 히트를 쳤고, 자전거 가게와 전등회사에서 일했던 경험을 모두 살려 30시간 동안 점등되는 자전거램프를 개발하는 데 성공한다. 당시 주로 사용되었던 전지램프는 겨우 2시간만 불빛이 유지되었다. 그 탓에 밤에 자전거를 타던 도중 불이 꺼지면 매번 넘어졌던 경험에 착안하여 개발한 제품이었다.

판매 초기에 도매상들은 마쓰시타의 램프에 싸늘한 반응을 보였다. 기존 램프에 대한 불신이 깊었던 탓이었다. 그러나 그는 실망하지 않고 당시로서는 획기적인 무료 체험행사를 벌였고 그것이 입소문을 타면서 대성공을 거둔다. 특별히 마케팅 기법을 배웠을 리 없던 그가 일찌감치 테스트 마케팅과 입소문 마케팅으로 시장을 개척한 셈이다.

그는 이때의 성공을 발판으로 사업을 확장하며 TV, 냉장고, 전기 청소기 등 다양한 제품을 생산하기 시작한다. '고장 없는 전자제품을 누구나 사용할 수 있도록 저렴하게 보급하여 사람들을 행복하게 하자'는 그의 경영이념은 회사가 업계 1위로 도약하는 근간으로 작용했다. 그는 일본에서 가장 많은 소득세를 내는 사람이 되었고, 그의 제품은 세계로 전파되기 시작했으며, 그의 기업은 수십억 인구에게 가전제품을 공급하기에 이르렀다.

살아 있는 경영학 교과서
|

그는 자신의 기업에 대해 "마쓰시타 전기는 인간을 만드는 회사입니다. 그리고 전기제품도 만듭니다."라고 설명한다. 이 말에서 알 수 있듯 그는 경영을 단순한 돈벌이가 아니라 사람들의 행복에 기여하는 가치 있는 창조적 활동으로 여겼다.

1929년 10월, 세계 대공황의 여파가 일본에도 밀려오기 시작할 때의 일이다. 도산하는 기업이 줄을 이었고 마쓰시타 전기의 매출도 절반으로 줄었다. 임원들은 마쓰시타에게 다른 기업들처럼 인원감축 외에는 방법이 없다고 제안했다. 하지만 그는 전 직원을 불러놓고 이렇게 이야기했다.

> 오늘부터 근무시간과 생산량을 기존의 절반으로 줄이겠습니다. 그러나 직원은 한 명도 해고하지 않고 월급 또한 그대로 지급할 것입니다. 그러니 함께 힘을 모아 창고에 있는 재고를 최선을 다해 판매해주십시오.

대량해고와 임금삭감을 예상했던 직원들은 눈물을 흘리며 감격했고 휴일을 반납해가며 판매에 힘을 쏟았다. 다행히 두 달 만에 재고는 모두 소진되고 공장도 다시 정상적으로 가동되었다. 일본 전역에 감원바람이 불 때 마쓰시타의 직원은 오히려 두 배로 늘어났다. 경기가 좋아지면 직원을 고용하고 나빠지면 다시 해고하는 방법으로는 장기적으로 기업을 키울 수 없다는 것이 그의 생각이었다.

이 회사가 발전하든가 안 하든가 또한 이 사회에 공헌하는가 하지 않는가
는 직원들의 생각 하나하나에 따라 결정되는 것이라고 생각합니다. 그러
므로 직원들을 성장시키는 일은 반드시 필요합니다.

그의 '인간 존중 감동경영'은 1965년 주 5일제 실시로 이어진다. 우리
나라가 2004년에 주 5일제를 최초로 시행한 것과 비교하면 그의 경영
철학이 얼마나 앞서갔는지 알 수 있다. 또한 '임금 5개년 계획'을 실시
하여 종업원들의 임금을 당시 유럽에서 가장 높았던 독일과 비슷한 수
준으로 끌어올렸고, 재벌기업으로서는 유일하게 노동조합을 세워주기
도 했다. 마쓰시타는 경영권을 가족에게 승계하지 않고 임원들 중 서열
이 낮고 나이가 어렸던 이를 새로운 사장으로 임명해 그가 추진하는 개
혁을 칭찬하고 격려했다. 이러한 마쓰시타 전기의 직원들은 그 어느 회
사보다 충성도가 높았고, 마쓰시타를 일컬어 아버지라 하곤 했다. 삼성
의 창업자 이병철 회장이 마쓰시타와 곧잘 비교되지만 이병철은 노동
조합의 설립을 원칙적으로 막았고 아들에게 경영권을 물려줬다는 점
에서 근본적으로 마쓰시타와 경영철학이 같았다고는 볼 수 없다.

가슴으로 울리다
|

마쓰시타에게는 눈물을 감추지 못하는 순수함도 있었다. 그를 이야기
할 때 빼놓을 수 없는 일화가 그 유명한 '아타미熱海 회담'이다.

1964년은 일본에 다시 불황이 불어닥친 시기였다. 일본 전국의 170여

개 마쓰시타 전기 대리점 중 150여 개가 적자에 허덕이면서 본사에 대한 원성이 높아졌다. 마쓰시타는 전국의 대리점 주인을 온천 관광지 아타미의 한 호텔로 불러 모은 뒤 참석자들에게 기탄없이 문제점을 털어놓으라며 회의의 문을 열었다. 3일간 이어진 회의에서 대리점주들은 "디자인이 엉망이다.", "본사 사원들이 관료적이다."라며 본사 잘못만 탓했고 본사는 대리점이 최선을 다하지 않는다고 맞섰다. 회의장은 마치 전쟁터 같았다. 3일째 되는 날, 마쓰시타는 잠시 눈을 감고 30년 전 창업 당시, 처음으로 그의 전구를 팔아주던 대리점주들의 모습을 떠올렸다. 그리고 단상에 올라 마이크를 잡았다.

> 오늘날 여러 가지 문제로 대리점 여러분에게 고민을 끼치게 한 것은 제 신념의 부족과 생각의 부족이 원인이 되어 일어난 일이라고 생각합니다. 업계가 이렇게까지 힘들어진 것도 알았으니 지금까지 마쓰시타 전기의 경험을 바탕으로 적절하게 행동해서, 할 수 있는 데까지 온 힘을 다하겠습니다.

마쓰시타는 목소리는 떨렸고 눈에는 눈물이 고여 있었다. 간담회장은 쥐죽은 듯 고요해졌다. 그의 진심을 느낀 사람들은 손수건을 꺼내 눈물을 훔쳐냈다.

이렇게 마쓰시타가 회사 측의 잘못을 인정하자 아타미 회담은 대리점과 본사의 극적인 화합으로 끝났다. 마쓰시타는 판매점들의 불만과 의견을 수렴해 새로운 판매제도를 도입했고, 회담 3년 후 모든 대리점들은 적자를 벗어났다. 전국의 판매점들은 하늘로 날아오르는 천마상^{天馬}

像에 감사의 뜻을 담아 마쓰시타 전기에 기증했다.

마쓰시타는 은퇴 후에도 쉬지 않고 차세대 최고 리더를 키워내기 위해 사재私財 100억 엔을 털어 '마쓰시타 정경숙政經塾'이라는 사설교육기관을 설립, 인재양성에 이바지했다. 또한 수많은 학습단체와 사회복지재단에 재산을 기부하는 자선사업에 몰두했고, 인간의 본성을 탐구하는 저술가의 길을 걸으며 많은 책을 남겼다. 1962년에는 「타임」의 표지를 장식했고, 미국의 시사 사진잡지 「라이프Life」는 마쓰시타를 '경영자를 넘어선 당대의 교육자이자 철학자'로 소개했다. 1989년 향년 94세를 일기로 그가 세상을 떠나자 2만 명이 넘는 조문객이 장례식장을 찾았고 당시 미국 대통령이었던 조지 부시George Bush는 그를 '전 세계인들을 감동시킨 사람'이라고 추모했다.

아시아의 거상, 차를 끓이며 세상을 배우다
|

그럼 이제 중국 기업인들이 가장 닮고 싶어 하는 인물을 만나보자. '아시아 기업인의 영웅'이라 불리는 그는 바로 알리바바Alibaba 그룹의 마윈馬云 회장과 아시아 최고 부자 자리를 놓고 다투는 리카싱李嘉誠 회장이다. 그는 이건희 회장의 재산인 137억 달러의 두 배를 훌쩍 넘는 320억 달러의 자산을 보유하고 있다.

그가 이끄는 청쿵長江 그룹은 54개국에 진출, 500여 기업과 20만 명의 종업원을 둔 홍콩 최대의 다국적 기업이다. 홍콩 상장기업의 25퍼센트, 홍콩 주식의 26퍼센트가 청쿵 그룹 소유이기 때문에 홍콩 경제에서 리카싱이 차지하는 비율은 어마어마하다. 그렇기에 혹자는 홍콩을 가리켜 '리카싱의 도시'라고도 한다.

리카싱은 마쓰시타처럼 가난 때문에 학교를 중퇴하고 일찍이 세상과 부딪치며 아시아에서 가장 영향력 있는 인물이 되었다. 투명하고 바른 기업경영, 사회에 대한 막대한 공헌과 자선사업으로 세계인들의 존경을 받고 있다는 점에서 마쓰시타와 닮은 점이 많은 경영인이기도 하다. 그런 그가 학교 공부에 대해 남긴 말이다.

> 여러분은 아마도 학교에서 배우는 것이 공부의 전부라고 생각할지 모르겠습니다. 그러나 학교를 졸업하고 나서야 진짜 공부가 시작됩니다. 대학을 졸업하고 대학원에 다니면서도 학교를 졸업하면 뭘 해야 할지 생각하지 않는 학생들이 많습니다. 그것만큼 위험한 투자도 없지요. 나는 대학은커녕 고등학교도 제대로 나오지 못했지만 현장에서 많은 것을 배웠습니다.
>
> _명로진 저, 같은 책에서

1928년 광둥성에서 태어난 리카싱은 1940년에 일본이 중국을 침략하자 부모와 함께 홍콩으로 이주했다. 2년 후 아버지가 세상을 뜨자 장남이었던 그는 어머니와 세 동생의 생계를 떠맡아야 했기에 중학교를 그만두고 찻집 종업원이 되었다. 그에게 찻집은 작은 사회와도 같았다. 그는 가장 먼저 가게에 출근해서 가장 늦게 퇴근했고, 천차만별인 손님들의 기호를 일일이 파악해 그들이 주문하기도 전에 좋아하는 차를 내놓았다. 이런 센스와 성실함 때문에 찻집의 마스코트가 된 그는 다양한 사람들을 접하며 손님들의 소비심리를 미리 짐작하는 감각을 기를 수 있었다.

> 세상을 살아가는 데 필요한 지식은 학교에서 가르쳐주지 않는다. 아동심리학과 교수가 아이를 가장 잘 키우는 것도 아니다. (중략) 사람과 세상 물정을 알아야 사업에 성공할 수 있다. 경영학을 배웠다고 해서 제품을 잘 팔 수 있는 것은 아니다. 내가 열네 살 때부터 찻집 종업원으로 일하면서 다양한 손님들에게 얻어들은 무수한 이야기는 후에 내가 사회와 세상을 이해할 수 있는 자양분이 됐다. 찻집은 나에게 세상을 상대로 장사할 수 있는 방법을 가르쳐준 살아 있는 교과서였다.
>
> _명로진 저, 같은 책에서

리카싱은 찻집을 그만둔 뒤 외삼촌이 운영하는 시계회사에 들어가 심부름을 하면서 시계 조립 및 수리 기술을 배웠고, 틈틈이 홍콩 시내를 돌아다니며 사람들이 좋아하는 시계가 무엇인지 연구했다. 이런 호기심과 공부 덕에 그는 시장을 분석하는 눈을 갖게 되었고, 한발 더 나아가 '고가 시계 시장은 스위스, 중가 시계 시장은 일본이 점령하고 있으니 홍콩제 시계는 앞으로 중저가 시장을 노려야 한다'는 판단을 하기에 이른다. 그는 자신의 예측을 삼촌에게 알려준 뒤 좀 더 도전적인 일을 하기 위해 플라스틱 제조업체에 영업사원으로 들어갔다. 그리고 질 좋은 중저가 시계 생산에 주력한 삼촌의 회사는 훗날 홍콩 시계업계의 정상에 선다.

발품을 팔아 얻어내는 정보력과 마음을 사로잡는 리카싱의 판매방식은 2년간 일했던 플라스틱 회사에서도 빛을 발했다. 다른 판매원들의 100배에 달할 정도로 엄청난 판매능력을 보인 그는 18세에 과장으로 승진했고 2년 뒤에는 비록 월급쟁이이긴 했지만 사장의 자리에까지 올랐다. 그럼에도 현장을 중심으로 하는 자세를 잊지 않았기에 그는 책상 앞에 있기보다는 생산 현장으로 달려가 생산 직원들과 함께 플라스틱을 절단하고 포장했다. 그렇게 몇 달을 보낸 뒤 그는 생산의 모든 과정을 꿰뚫을 수 있었다. 3년간 일하며 플라스틱 사업의 장래성에 대한 확신이 든 리카싱은 사회생활을 시작한 지 7년이 되는 22세에 플라스틱 기업을 세우게 되었다.

독서로 세상을 통찰한 청렴의 화신
|

중학교 중퇴가 학력의 전부임에도 리카싱은 유창한 영어를 구사한다. 홍콩에 뿌리를 내리려면 영어를 구사할 줄 알아야 했기 때문이다. 그는 손에서 단어장을 놓지 않고 길을 걸으면서도 회화를 연습했다. 또한 지독한 독서광이었던 리카싱은 쉬는 날이면 헌책방에 들렀고, 책과 잡지는 종류를 불문하고 읽었다. 이러한 독서를 통해 얻은 발 빠른 정보와 아이디어는 사업의 성공으로 이어졌다.

그 대표적 예가 플라스틱 조화造花 사업이다. 매일 잠자리에 들기 전 잡지를 정독하는 습관 덕에 그는 많은 지식과 정보를 습득하고 있었다. 그러던 어느 날 외국잡지를 읽던 그의 눈에 '플라스틱 조화가 유망산업이 될 것'이라는 기사가 확 들어왔다. 그 기사에 근거해 사람들의 생활수준이 높아져 중산층이 성장하면 플라스틱 조화를 찾는 사람이 많아질 것이라 예측한 리카싱은 이 사업을 시작으로 엄청난 돈을 벌어들인다. 외국계 기업인 허치슨 왐포아Hutchison Whampoa의 인수에 성공한 그는 이를 바탕으로 유럽, 오스트레일리아 등지로 비즈니스를 확장해나갔다. 그 후 그는 부동산, 해운업, 대형 슈퍼마켓, 정보통신, 호텔, 보험 등 다양한 업종에 진출하며 다국적 기업의 황제가 된다.

"홍콩에서 1달러를 쓰면 그중 5센트는 리카싱의 주머니로 들어간다." 리카싱을 설명할 때 빼놓지 않고 듣게 되는 말이다. 700만 명의 홍콩인들은 태어나는 순간부터 리카싱 제국에서 생활한다고 해도 과언이 아니다. 그가 지은 집에서 살고, 그가 발전한 전기를 쓰며, 그가 생산한 물을 마시고 그의 통신업체를 통해 전화 및 인터넷을 사용하는 등 생활의 모든 면에서 리카싱의 기업과 닿을 수밖에 없기 때문이다. 우리나라 같으면 '독점재벌의 횡포 아니냐'는 반발도 있을 법하지만 홍콩인들은 "정정당당하게 번 돈이라면 부자도 존경받는 게 마땅하다. 우리는 리카싱을 존경한다."라며 매년 그를 '홍콩인이 가장 존경하는 인물'로 꼽는 데 주저하지 않는다. 낮은 자세로 직원을 보살피며, 청렴하고 정정당당하게 번 돈을 사회에 가치 있게 환원하기 때문이다. 일과의 30퍼센트를 공익활동에 할애하는 그는 "스물일곱에 이미 평생 먹고살 돈을 벌었지만 사회에 관심을 갖고 어려운 사람을 돕는 게 의무이자 책임이라는 것을 깨닫고 사업에 더욱 몰두하게 됐다."라고 밝히기도 했다.

근검절약으로 유명해 늘 10만 원도 안 되는 저가의 낡은 검정색 양복만 입고 다니며 회사에서 직원들과 함께 급식대에서 줄을 서서 밥을 타먹는 리카싱은 이웃집 아저씨처럼 보이기도 한다. 그러나 그렇게 수수

하고 평범한 리카싱은 1조 원 이상을 쏟아부어 빈곤지역에 아파트를 지어주었는가 하면 병원과 체육시설 건립, 장학금 수여 등 공공의 이익을 위해 열심히 활동했다. 교육·의료·학술 지원 등을 목표로 그가 만든 '리카싱 기금회'는 홍콩의 자랑이다. 또한 그는 은퇴할 때 자기 재산의 3분의 1을 기부하겠다고 약속했는데, 그가 이미 홍콩 대학에 기부한 10억 홍콩달러는 개인이 낸 대학 기부금 사상 최고액이었다.

직원을 중시하는 경영방식 역시 마쓰시타와 다르지 않다. 오늘날 한국과 마찬가지로 홍콩의 회사들도 나이든 직원을 쫓아내는 일이 다반사인데 리카싱은 그들을 껴안아주고 있다. "왜 나이 든 직원들을 아직까지 돌보는 것이냐?"라는 사람들의 질문에 리카싱은 이렇게 대답한다.

> 회사는 가정과 마찬가지다. 그들은 회사에 많은 공헌을 했으므로 마땅히 대접을 받아야 한다. 그들은 이제 늙었으므로 우리가 그들을 돌봐야 할 의무가 있다.

이제 우리는 그가 왜 '맘씨 좋은 경영인'으로 불리는지, 또 왜 아시아인들에게 존경을 받는지 어렴풋이나마 알 수 있다. 가난하고 배우지 못한 소년 마쓰시타와 리카싱이 어떻게 세계에서 손꼽히는 기업을 세워 성공할 수 있었는지까지도 함께 말이다.

학교는 부자가 되는 법을 가르쳐주지 않는다

|

왜 정말로 인생에서 중요한 것들은

학교에서 가르쳐주지 않는 것일까요?

예를 들어,

요리, 운전, 돈 관리법, 체중 조절법, 연애하는 법,

인간관계 처신법, 잘 듣는 대화의 기술,

실패한 후 일어서는 법, 마음을 가만히 들여다보는 법 등등.

_혜민스님, 『멈추면 비로소 보이는 것들』에서

2015년 1월, 독일의 한 학생이 트위터에 단 '두 문장'을 올렸다. 그런데 이 문장들은 곧바로 독일을 뜨겁게 달군 것에 이어 세계저으로도 교육 논쟁을 확산시켰다. 독일 쾰른Köln의 한 김나지움Gymnasium, 인문계 중등교육기관에 재학 중인 이 소녀가 게재한 글은 독일어로 단 22자에 불과했다.

"나는 곧 18세가 된다. 하지만 세금, 집세, 보험 등에 대해 아는 바가 없다. 그러나 시를 분석하는 데는 능하다. 그것도 4개국 언어(독일어, 영어, 프랑스어, 스페인어)로⋯⋯."

학교에서는 사회생활에 필요한 산 지식을 배울 수 없다는 여학생의 하소연은 5일간 무려 1만 5,000여 회에 걸쳐 리트윗되며 쓰나미 같은 반응을 일으켰고, 소녀는 '트위터 스타'가 되었다. 이 트위터에 대한 독일 학생들의 반응은 뜨거웠다.

"딱 맞는 말이다. 인생에 도움이 안 되는 물리, 화학, 생물, 수학 같은 것들이 학과목의 95퍼센트 정도를 차지하고 있다."

"100퍼센트 공감한다. 태양의 직경이 얼마인지는 아는데, 은행거래나 주택전세법 같은 것에 대해선 깜깜하다. 학교 교육이 미래 인생에 너무 무관심하다."

상황이 이에 이르자 독일의 연방교육장관과 주교육장관은 직접 나서서 이 논란을 긍정적으로 검토하고 일상생활에 관한 교육을 늘리겠다고 발표했다.

독일은 학생들이 학원이 무엇인지도 모르고 방과 후 자기가 하고 싶은 것을 찾아 즐기는 나라다. 이런 독일에서조차 현실을 무시한 교육이 이슈에 오르는데 학교와 학원밖에 모르는 한국 학생들은 어떤 상황에 처해 있는 셈이겠는가. 자수성가한 자산 20억 원 이상의 젊은 부자 176명을 심층분석한 『한국의 젊은 부자들』을 보면 젊은 나이에 부자가 된 사람들은 모두 '세금 박사'이며 투자 전문가였다. 하지만 우리의 학창시절을 생각해봐도 미분, 적분은 배웠지만 현실 세계에 반드시 필요한 상식인 세금이나 부동산거래법에 대해 배운 기억은 없다.

'부자가 되려면 학교에 가지 말라'고 주장했던 『부자 아빠 가난한 아빠』의 저자 로버트 기요사키는 『왜 A학생은 C학생 밑에서 일하게 되는가. 그리고 왜 B학생은 공무원이 되는가』라는 흥미로운 제목의 책에서 다음과 같이 말하고 있다.

선생님들은 매일 우리 머릿속에 다음과 같은 내용을 주입시키려 애썼다. "일자리를 얻으려면 학교에 다녀야 한다. 학교에 다니지 않으면 좋은 직업을 가질 수 없다." 나는 선생님들께 묻곤 했다. "직업을 갖는 것은 돈을 벌기 위한 게 아닌가요? 그렇다면 차라리 바로 요점으로 들어가서 돈에

대해 가르치는 게 낫지 않은가요?" 이 질문에 시원하게 답해주는 선생님
은 없었다.

그는 그 이유를 학교 시스템이 우리 아이들을 'A academics, 학자형 학생'이
나 'B bureaucrats, 관료형 학생', 즉 피고용인이 되도록 훈련시킬 뿐 'C capitalists, 자
본가형 학생'을 키워내는 데는 관심이 없기 때문이라고 지적한다. 좋은 학
교에 가는 이유는 안정된 고임금 일자리를 '얻기' 위함이지 '창출'하는
법을 배우기 위함이 아니라는 뜻이다. 그래서 대부분의 학생은 조직의
일원이 되고, 마쓰시타나 리카싱처럼 주도적으로 인생과 사업을 이끌
어갈 생각을 하기는커녕 평생 '일자리를 잃을까봐' 전전긍긍하는 삶을
이어간다.

『집 없어도 땅은 사라』의 저자이며 3,000만 원의 종잣돈으로 억대 연
봉의 부동산 전문 CEO가 된 김혜경은 30세가 되도록 부동산을 몰랐
던 게 너무 억울하다고 했다. 80만 원짜리 지하 단칸방에서 살다 600만
원을 종잣돈 삼아 4년 만에 10억 원의 자산을 모은 경매 재테크의 달인
박수진은 『부자 아빠 가난한 아빠』라는 책을 읽고 경매에 발을 들이게
되었다. 악동뮤지션을 발굴한 '프로튜어먼트'의 송준호 대표가 취업이
아닌 음악 관련 사업을 하기로 결심한 것 역시 군대 시절에 읽었던 『부
자 아빠 가난한 아빠』 때문이었다고 한다.

기요사키는 우리의 인생이 '쥐 경주'의 삶이라고 표현했다. 명문대에
들어가기 위해 스펙을 쌓고, 스트레스 받아가며 회사에 청춘을 바치며,
쥐꼬리 같은 돈으로 결혼자금과 집을 마련하고 자녀양육비를 대며, 평
생을 대출과 빚에 얽혀살고서도 또다시 자녀에게 똑같은 삶을 살라고

하는 쳇바퀴 인생.『월급쟁이 부자는 없다』의 저자 김수영은 평생을 돈의 노예로 살아야 하는 '쥐 경주'의 덫에 빠지고 싶지 않아 21세에 투자에 눈뜨면서 28세 나이에 18억 자산가가 되었다고 한다.

'속옷은 패션'이라는 파격적 사고로 명품 브랜드가 된 빅토리아 시크릿Victoria's Secret의 창업자 레슬리 웩스너Leslie Wexner는 대학에서 법학과 경영학을 전공했지만 자신이 왜 계속 가난한 것인지 궁금증이 풀리지 않아 대학을 중퇴했다. 이모에게 빌린 5,000달러로 작은 가게를 시작한 그는 파산 직전의 빅토리아 시크릿을 인수해 매출 100억 달러를 올리며「포천」이 선정한 500대 기업에 들었다.

젊어서 부자가 된 그 누구도 학교 교육 덕분에 꿈을 이루고 부를 쌓았다고 말하지 않는다. 그들을 성공하게 만든 것은 진실을 알려주는 책들, 그리고 실전에서 부딪힌 경험이었다.

기요사키에 따르면「포브스Forbes」가 선정한 세계 최고 부자 400명 중 33퍼센트는 대학을 다니지 않았거나 중퇴한 이들이라 한다. 대졸자들의 평균 순자산은 15억 달러였지만 중퇴자들의 평균 순자산은 48억 달러에 이르렀다.

자, 그렇다면 이제 우리는 심각하게 질문하지 않을 수 없다. 아이들에게 '학교에서 시키는 대로 열심히 공부하고 우수한 성적으로 졸업해 좋은 회사에 들어가라'고 얘기하는 것이 과연 현명한 조언일까? 이것이 혹시 기요사키가 표현한 '쥐 경주'의 삶으로 아이들을 몰아넣는 결과를 초래하지는 않을까?

쓰레기장에서
탄생한
과학자

•

"나는 시도했고, 만들었어요."
윌리엄 캄쾀바

•

2007년 「월스트리트 저널Wall Street Journal」 전면을 장식한 기사 하나가 사람들의 이목을 집중시켰다. 한 아프리카 소년의 이야기였다. TED 컨퍼런스의 코디네이터인 톰 릴리Tom Rielly는 이 기사를 접하고 급히 비행기에 올랐다. 사람들에게 강력한 영감을 줄 수 있는 강연자를 찾고 있던 그가 향한 목적지는 아프리카에 위치한 세계에서 가장 가난한 나라, 말라위였다. 너무 가난해서 학교를 그만둔 열아홉 살 소년을 만나 10분간 이야기를 나눈 그는 이렇게 말했다.

"네 이야기를 TED 무대에 올려야겠어."

집을 떠나본 적도 없고 할 줄 아는 영어 단어도 겨우 몇 개밖에 없었던 아프리카 소년은 빌 클린턴Biil Clinton 미국 전 대통령과 앨 고어Al Gore 부통령이 섰던 TED 무대에 올랐다. 난생처음 백인들에 둘러싸여 잔뜩 긴장한 소년이 몇 분 뒤 형편없는 영어 몇 마디를 끝마치자 강연장은 박수와 환호로 뒤덮였다. 어떤 이들은 객석에서 눈물을 훔치고 있었다. 앨 고어와 세스 고딘 등 세계 명사들이 찬사를 보냈고 감동한 벤처투자가들의 후원이 이어졌다. 초등학교 졸업이 학력의 전부였던 그는 2014년 미국 명문인 다트머스 대학을 졸업했고 현재 고국 말라위에서 차기 과학기술부 장관으로 떠오르고 있다.

소년의 이름은 윌리엄 캄쾀바William Kamkwamba. 이 모든 기적은 쓰레기장 고물을 뒤져서 만든 5미터짜리 풍차 하나에서 시작되었다. 작고 허름한 풍차 하나에 이토록 세계가 흥분한 이유는 도대체 무엇이었을까?

호기심 소년, 과학자를 꿈꾸다

|

열세 살 캄쾀바에게는 궁금한 것, 신기한 것이 참 많았다. 어떻게 라디오가 DJ 목소리를 실어 나르는지, CD에 음악을 넣는 방법은 무엇인지, 트럭 휘발유는 어떻게 자동차 엔진을 움직이게 하는지 등 소년을 궁금하게 만드는 것은 너무나 많았다. 어른들을 붙들고 물어봤지만 돌아오는 대답은 "알 게 뭐야?"가 전부였다.

캄쾀바는 아무도 궁금해하지 않는 그 비밀을 알아내고 싶었다. 먼저 삼촌, 고모, 이웃들의 라디오를 몰래 하나씩 분해하며 원리를 터득했다. 새로운 생각이 떠오르면 바로 실험해보았다. 실수를 통해 배운 덕분에 사람들은 라디오가 고장 나면 캄쾀바를 찾았다.

말라위는 하루 소득이 1달러가 채 되지 않고, 1년 1인당 국민소득이 27만 원에 불과한 세계 최빈민국이다. 북한의 1인당 국민소득이 63만 원으로 말라위의 2.5배니 이 나라의 현실이 얼마나 비참할지 우리로서는 상상할 수 없을 정도다. 이곳에서 캄쾀바는 쓰레기 더미의 전선과 건전지를 주워 실험하며 과학자의 꿈을 키웠다.

초등학교를 마치고 중학교에 진학할 무렵이 되었다. 캄쾀바는 중학교에서는 과학수업을 더 많이 하고 최고의 선생님과 실험을 한다는 말을 듣고 가슴이 설렜다. 중학교에 가는 아이가 드문 말라위였지만 입학을 위해서는 시험을 치러야 했다. 우수한 성적으로 시험을 통과하면 기숙사가 있는 국립중등학교에 진학할 수 있었다. 캄쾀바는 몇 달간 밤늦도록 석유램프를 켜놓고 지금까지 배운 내용을 복습했다.

석 달 후 성적이 발표되었다. 결과는 참담했다. 꿈꾸던 기숙사가 있는 학교가 아니라 집에서 5킬로미터나 떨어진, 그 지역에서 가장 나쁜 중학교에 가게 된 것이다. 수학과 기초과학 및 영어는 C, 사회는 D 등 시험성적은 엉망이었다. 하지만 실망감을 이겨낸 캄쾀바는 곧 그 중학교에서 제일가는 학생이 되겠다고, 그리고 정말로 위대한 과학자가 되겠다고 마음먹었다.

이 무렵 말라위에는 전국적인 대기근이 덮쳐 모든 이들이 굶주림에 처했다. 70명 학생들 중 20명만이 학교에 나왔고, 사람들은 바로 옆집의 이웃이 굶어 죽어가는 모습을 지켜봐야 했다. 캄쾀바의 가족 역시 아버지의 담배 농사가 망하면서 하루에 저녁 한 끼만 먹었다. 한 끼라 해봤자 옥수수 가루로 만든 음식을 세 숟가락 먹는 것이 전부다. 그런 캄쾀바에게 1년에 80달러라는 학비는 감당하기 힘든 큰돈이었다. 수업료를 내지 못한 캄쾀바는 교실 창밖을 기웃거리며 수업을 몰래 듣다가 교사들에게 들켜 쫓겨났고, 끝내는 자퇴해야 했다.

도서관에서 찾은 기적
|

캄쾀바는 마을의 작은 도서관으로 향했고, 미국 정부가 기증한 책이 잔뜩 있는 곳에서 온종일 책을 읽었다. 그러던 어느 날 표지에 이상한 그림이 그려진 미국 초등학교 교과서를 발견했다. 책 제목은 '에너지 이용Using Energy'이었다. 캄쾀바의 운명이 바뀌기 시작한 순간이었다. 자리에 선 채로 단숨에 책을 읽어 내려갔다.

> 에너지는 언제나 우리 주위에 있다. 그것은 다른 형태로 바뀌어야 유용한 것이 될 수 있다. 어떻게 에너지의 형태를 바꿀 수 있을까?

캄쾀바는 책을 읽고 난 후에야 그 이상한 그림이 풍차라는 것을 알았다. 초등학교 5학년 수준의 그 책에는 풍차를 이용해 에너지를 만들면 물을 퍼 올리고 전기를 만들 수 있다고 적혀 있었다.

말라위는 국민의 2퍼센트만이 전기를 사용하는 나라다. 전깃불이 없어 7시만 되면 모두 잠자리에 든다. 하지만 풍차로 펌프를 돌리면 1년 내내 농작물을 재배할 수 있고, 또 전기를 만들어 불을 켤 수 있다. 굶주림과 어둠으로부터 자유로워지는 것이다. 게다가 밤이든 낮이든 나무

꼭대기에서 불어오는 바람은 신이 말라위에 주신 몇 안 되는 선물이 아니던가. 풍차는 캄쾀바에게 단순한 동력이 아니었다.

캄쾀바는 혼자 힘으로 풍차를 만들어보기로 했다. 하지만 재료를 구할 돈이 없었다. 그래서 달려간 곳이 쓰레기장이었다. 매일 쓰레기장을 뒤지고 부품들을 가져와 부엌에서 달구고 두드리고 구멍을 냈다. 고철 쓰레기장에 가느라 바쁘다 보니 마음속에서 학교는 점점 사라졌다. 쓰레기장은 캄쾀바에게 매일 새로운 것을 배우는 또 다른 학교가 되었다. 못 보던 물건을 보면 어디에 쓰는 것일까 알아내려 상상의 나래를 폈다. 루소Jean-Jacques Rousseau는 "어린이에게 과학을 가르쳐서는 안 된다. 단지 과학에 대한 호기심을 주는 것으로 족하다."라고 했다. 캄쾀바는 수업보다 더 소중한 것을 고철 더미 속에서 배우고 있었다.

하지만 캄쾀바의 이상한 행동을 본 마을 사람들은 "저기 좀 봐. 저 애가 또 쓰레기를 뒤지고 있어. 드디어 미쳤나봐."라며 저마다 수군거렸다. 보다 못한 어머니가 캄쾀바에게 물었다.

"대체 이게 다 뭐니?"

"뭘 좀 만들고 있어요."

"그게 뭔데?"

"미래를 위한 거예요."

이해할 수 없는 아이의 대답에 어머니마저 캄쾀바가 미쳤다고 생각했다. 하지만 학교를 보내지 못해 미안했던 아버지는 달랐다. 그는 아들에게 뭔가 생각이 있을 거라 믿고 묵묵히 지켜보았다. 드디어 두 달 후 풍차가 모양을 갖추자 사람들이 캄쾀바의 집 마당으로 모여들기 시작했나.

"저 애가 얼마나 미쳤는지 보자고."

마당에는 고무나무를 얼기설기 이어 쌓은 탑이 있었다. 그 위에는 고장난 자전거 바퀴와 체인, 발전기, 그리고 어머니가 빨랫줄로 쓰던 전선, 녹슨 트랙터에서 떼낸 송풍팬이 서로 엮인 채 바람을 기다리고 있었다. 순간 갑자기 강한 바람이 불어왔고, 전구가 깜빡거리더니 곧이어 밝은 빛을 내기 시작했다. 캄쾀바는 가슴이 터질 것 같았다. 이제껏 그의 말을 믿지 않았던 사람들 사이에서는 탄성이 터져 나왔다. 기쁨에 겨워 박수를 치는 이들도 있었다. 캄쾀바 덕에 60가구 마을에 처음으로 전깃불이 들어온 것이다. 시간이 지날수록 더 많은 사람들이 말라위에 세워진 최초의 풍차를 보기 위해 모여 캄쾀바의 집은 문전성시를 이루었다. 어린 소년이 굶주리고 비참한 아프리카 땅을 바꾸고 있었다.

나는 시도했고, 만들었어요
|

풍차로 전깃불을 밝힌 캄쾀바는 두 번째 풍차로 펌프를 돌려 물을 퍼 올리는 데도 성공했다. 지하수를 끌어올릴 수 있게 함으로써 가뭄의 재앙으로부터 마을을 구한 것이다. 학교 선생님은 풍차 제작법을 다른 학생들에게 가르쳐달라고 캄쾀바에게 부탁했다.

"학생들이 널 우러러본단다. 네 과학기술은 아이들의 두뇌에 큰 자극이 될 거야."

중퇴생 캄쾀바는 그렇게 학교 과학클럽의 리더가 되었다. 도서관에서 책을 발견한 지 4년 만에 마을에는 다섯 개의 풍차가 세워졌다. 마을의

밤은 밝은 빛으로 빛났고 땅에서는 깨끗한 물이 솟아났다. 마을 사람들은 풍차가 생산하는 전기를 이용해 이모작을 하고, 라디오를 듣고, 휴대전화를 사용하기 시작했다.

2006년 그의 이야기는 마치 나비의 날갯짓이 지구 반대편에 거대한 폭풍을 일으키듯 기적처럼 퍼져갔다. 교육당국은 마을의 초등학교를 사찰하던 중에 운동장에 서 있는 풍차를 발견했고, 자초지종을 들은 책임관은 캄쾀바를 정부 장학금으로 좋은 학교에 입학시키기 위해 도움을 받고자 기자들을 마을로 초청했다. 말라위 전 국민이 캄쾀바를 알게 되었음은 물론 기사를 접한 블로거들도 이야기를 퍼날랐고 BBC, CNN, 「월스트리트 저널」 등의 언론매체들은 말라위를 샅샅이 뒤져 중퇴 소년을 찾아왔다. "앞으로 풍차를 가지고 뭘 할 거니?"라는 기자들의 질문에 캄쾀바는 이렇게 대답했다.

"말라위의 모든 마을에 이걸 놓아 사람들이 불을 켜고 펌프로 물을 긷게 하고 싶어요."

에너지를 이용해 스스로 가난을 벗어나고자 하는 열아홉 살 아프리카 소년의 의지는 TED를 통해 전 세계로 퍼져나갔다. 겨우 몇 분간 영어로 더듬거렸을 뿐이지만 그의 메시지가 주는 힘은 강렬했다. "나는 시도했고, 만들었어요 I tried and made it."라는 말은 듣는 이들에게 감동과 흥분을 안겼다.

후원자들의 도움으로 캄쾀바는 뉴욕과 캘리포니아를 여행하며 자기 집 뒤뜰의 삐걱거리는 풍차와는 비교할 수 없을 정도로 거대한 에너지의 세계를 실감했고, '에너지로 아프리카를 구하겠다'는 의지는 더욱 단단해졌다. 그는 이후 아프리카 53개국의 뛰어난 젊은이들과 남아프리카 리더십아카데미에서 차세대 지도자 교육을 받고, 다트머스 대학에 진학해 에너지를 전공했다.

졸업 후 고향으로 돌아온 캄콰바는 태양광 패널을 갖춘 학교를 세우고, 동물의 배설물로 생성한 바이오가스를 이용해 생활에너지를 만들며, 학생들에게 컴퓨터를 제공하고 사용법을 가르치는 등 새로운 아프리카를 탄생시키기 위한 활동을 활발히 벌이고 있다. 정부에 의존하지 않고 사람들이 스스로 설 수 있게 함으로써 아프리카를 피해자들의 땅이 아닌 지도자들의 땅으로, 자선의 땅이 아닌 혁신의 땅으로 만드는 것이다. 그의 프로젝트는 지금부터 시작이다.

내 인생을 누가 움직이는가
|

캄콰바는 정치적 부패와 기아가 심각한 말라위의 실상을 어릴 때부터 생생히 지켜보며 자랐다. 모든 국민에게 새 신발을 선물하겠다던 대통령 후보자는 당선된 뒤에 "여러분, 내가 어떻게 말라위 국민 모두의 신발 사이즈를 알 수 있겠습니까? 난 그런 약속은 한 적이 없습니다."라고 말했다. 캄콰바는 이렇게 부조리한 어른들을 바라보며, 누군가 아프리카를 구해주기를 기다릴 것이 아니라 자신이 무언가 해야겠다는 포부를 품게 된다.

환경과 제도에 순응하며 살아가는 아버지의 모습 또한 캄콰바에게 자극이 되었다. 평생 농사를 지으면서도 가난을 벗어나지 못한 아버지는 캄쾀바의 남은 인생이 어떨지 간접적으로 보여주고 있었다. 그는 자신의 미래가 이미 결정되어 있는 것이 아닐까 하는 생각이 들어 너무나 두려웠다.

> 내가 무엇보다 두려워하던 일이 실현되고 있었다. 내가 아빠와 같은 생을 살게 되는 것, 그것은 죽어라 흙과 싸우는 또 한 사람의 말라위 농부가 되는 것이었다. 마르고 흙투성이에, 동물 가죽처럼 거친 손, 신발을 신어본 적이 없는 발. 난 아빠를 사랑하고 깊이 존경했지만 아빠처럼 살기는 싫었다. 그렇게 되면 내가 내 인생을 움직이는 대신 비와 비료값과 씨앗값이 나를 움직이기 때문이었다.
>
> _캄쾀바 외, 『바람을 길들인 풍차소년』에서

나의 삶은 내가 움직이는 것이다. 이것은 어느 철학자가 말했듯 1,000년 전에도 없었고 1,000년 후에도 없을, 세상에 하나뿐인 내 인생에서 반드시 가져야 할 기본 자세다. 캄쾀바는 어린 나이에도 하늘에서 내리는 비가 자신의 인생을 움직이게 두지 않겠다고 결심했다.

사회학자 오찬호 교수는 저서 『진격의 대학교』에서 기업의 노예가 된 대학의 자화상을 보여준다. 그는 어느 대학교 강의실에서 벌어지는 수업에서 충격을 받아 그 책을 저술하게 되었노라고 밝혔다. 우연히 창문 너머로 지켜본 그 강의실의 스크린에는 기차를 탈 때 상사가 위치해야 할 곳, 엘리베이터에서 상사를 마중하는 법은 물론 상사에게 반론하지 말아야 한다는 내용의 PPT가 띄워져 있었다. 심지어 학생들은 그 내용으로 시험을 보고 학점을 받는다고 했다.

스스로 사고할 수 있는 능력을 키워주고 살아갈 지혜를 터득하게 해 줘야 하는 대학이 취업 요령을 배우는 취업공장이 되었다. 상사의 기분과 취향이 내 삶의 중심으로 들어오고, 학생들은 이런 현실을 아무 반문 없이 받아들인다. 언제나 그랬던 태도 덕분에 대학에 들어온 것처럼, 앞으로 내 인생이 가야 할 길을 결정짓는 것도 사회와 기업이라고 생각하는 듯하다. 그들에게 '삶의 주인으로서의 나'는 없다.

수만 명이 병들고 배곯아 죽어가는 나라에서 중학교도 마치지 못한 캄쾀바마저 어른들이 만들어놓은 세계에 의문을 던졌다. 그는 이미 만들어진 세계의 허상을 꿰뚫었고 외부의 제도와 환경이 자신을 넘어뜨리도록 두지 않았다. 주체적으로 사고하고, 나와 이웃, 그리고 아프리카를 다른 나라의 도움 없이 스스로 서게 하겠다는 비전을 가졌다. 우리 아이들이 하루빨리 갖춰야 하는 것은 영어나 수학 실력이 아닌, 바로 이러한 마음가짐과 자세다.

아프리카의 미래를 만들겠다고 반짝이는 눈으로 이야기하는 캄쾀바를 보면 스티브 잡스가 1995년 산타클라라밸리 역사협회Santa Clara Valley Historical Association와의 인터뷰에서 인생의 비밀에 대해 들려준 이야기가 생각난다.

여러분은 자라면서 이런 말을 듣습니다. 세상은 원래 그런 것이니 그냥 이 세상의 테두리 안에서 당신의 인생을 살라. 그 벽에 부딪히려 너무 애쓰지 마라. 좋은 가정을 꾸리고, 즐기고, 돈이나 좀 모아라.

그건 굉장히 제한된 삶입니다. 당신이 한 가지 단순한 사실만 발견한다면 삶은 훨씬 장대해질 수 있습니다. 그것은 당신이 인생이라 부르는 당신을 둘러싼 모든 것이 당신보다 똑똑하지 않은 사람들에 의해 만들어졌다는 사실입니다. 그리고 당신은 그걸 바꿀 수 있고, 영향을 미칠 수 있고, 다른 사람도 사용할 수 있는 당신 자신만의 것을 만들 수도 있습니다.

당신이 인생을 쿡 찌르면 무슨 일인가가 일어나지요. 당신은 압니다. 만약 당신이 밀어 넣으면, 반대편에서 무언가가 튀어나올 것이고, 그 순간 당신은 그것을 바꿀 수 있고, 빚을 수 있는 겁니다. 아마 그것이 가장 중요한 사실일 겁니다. 삶은 원래 그런 것이고 당신은 그냥 그 속에서 인생을 살게 될 거란 이상한 생각을 떨쳐내고, 그것을 받아들이는 대신 변화시키고, 발전시키고, 그 위에 당신의 흔적을 만들어낼 겁니다.

나는 이것이 매우 중요하다고 생각합니다. 그러나 당신이 이걸 알게 되면, 한 번이라도 이 사실을 알게 된다면, 당신은 인생을 변화시키고, 더 나아지게 만들고 싶어질 겁니다. 인생이란 건 많은 면에서 엉망진창이기 때문입니다. 당신이 그것을 한 번 알게 되면, 절대 이전으로 되돌아갈 수 없을 겁니다.

충격적인 인터뷰다. 그리고 잡스가 위대할 수밖에 없던 이유, 그가 어떻게 세상을 변화시킬 힘을 가질 수 있었는지도 온전히 이해할 수 있는 이야기다. 잡스가 세상을 리드하고 캄쾀바가 아프리카를 변혁시킬 수 있는 건 세상이 자신보다 덜 똑똑한 사람들이 만들어놓은 것이라는 사실, 그리고 자신에게 세상의 변화를 가져올 힘이 있다는 사실을 깨달았기 때문이다.

빌 게이츠는 가장 두려운 상대가 누구냐는 질문에 그 어떤 글로벌 기업이 아니라 '허름한 차고에서 무언가를 개발하고 있을 대학 중퇴생'

이라고 대답했다. 세상의 리더들이 두려워하는 존재는 학교에서 시키는 대로 지식을 쌓고 명문대를 나온 헛똑똑이들이 아니라, 그들이 만들어놓은 틀을 부수고 나와 자기의 목소리를 내면서 길을 만들어 전진하는 자들이다. 우리 아이들에게도 그런 힘이 있다. 세상이 만들어놓은 이상한 개념을 한 번쯤 의심해보고, 그것을 흔들 수 있는 힘이. 그 힘을, 그 엄청난 가능성을 키워줄 준비가 우리는 되어 있는가?

4년이면
강산이
변한다

●

"제가 말하고 싶은 것은 '교육이 미래와 안전을 보장한다'고 생각하지 말라는 것입니다."
피터 틸

●

실리콘밸리에는 'IT로 성공하려면 일단 대학을 중퇴해야 한다'는 우스갯소리가 있다. 이미 '4년이면 강산이 변하는' 시대다. 하루가 다르게 변화하는 IT 환경에서 4년이라는 기간을 흘려보낸다는 것은 그만큼 새로운 사업을 선점할 기회를 놓친다는 것을 뜻한다. 실제 실리콘밸리에서는 빌 게이츠, 래리 엘리슨, 스티브 잡스 같은 1세대 IT 기업가들 이후에도 안드로이드나 애플 iOS 등의 플랫폼을 이용한 스타트업을 창업해 억만장자가 된 2세대 IT 거물들의 학력이 화제가 되면서 '대학이 과연 창업에 도움이 되는가?'라는 논쟁을 불러일으키고 있다. 통계를 보면 2000년 이후 탄생한 새로운 IT 부자 열 명 중 절반이 대학 중퇴자다. 페이스북의 마크 저커버그를 비롯해 트위터 회장 겸 스퀘어 Square CEO인 잭 도시Jack Dorsey, 스냅챗Snapchat 창업자 에번 스피겔Evan Spiegel, 왓츠앱WhatsApp의 얀 쿰Jan Koum, 우버Uber의 트래비스 칼라닉Travis Kalanick이 그들이다.

트위터와 페이스북의 경우 창립멤버 대부분이 대학을 뛰쳐나왔다. 트위터는 공동창업자인 잭 도시와 에번 윌리엄스Evan Williams, 비즈 스톤 Biz Stone 세 명 모두가 일이 너무 하고 싶어 자퇴를 했고, 페이스북의 초대 최고기술책임자CIO이자 저커버그의 대학 룸메이트였던 더스틴 모스코비츠Dustin Moskovitz와 초대회장 숀 파커Sean Parker 역시 학교 대신 사업을 택해 2015년 「포천」 선정 '40세 미만 젊은 억만장자'에 모두 이름을 올렸다.

왓츠앱의 창업자 얀 쿰은 우크라이나 출신으로 캘리포니아로 이주한 뒤 고등학교를 간신히 졸업하고 대학을 들어갔으나 자퇴했다. 그는 고향에 남겨진 가족들과 연락하고 싶어 카카오톡 같은 무료 모바일 메신저앱을 만들었는데 페이스북이 이것을 220억 달러에 인수함에 따라 억만장자가 되었다.

UCLA 컴퓨터공학과를 중퇴한 트래비스 칼라닉은 30분 이상 택시를 기다려야 하는 것을 참지 못해 스마트폰 앱을 통한 차량 공유 서비스인 우버를 만들어 38억 자산가가 되었으며 「포브스」가 선정한 400대 부호에 진입했다. 소유차량 한 대 없이 소프트웨어만 제공하는 우버의 기업가치는 연간 500만 대를 판매하는 현대자동차와 맞먹는 54조 원이다. 고등학교 시절 이미 사업을 시작한 칼라닉은 "말도 안 되는 불편과 싸우는 것에서부터 창업과 혁신이 시작된다."라고 말한다.

스탠퍼드 대학을 중퇴하고 천문학적 금액을 제시한 페이스북과 구글의 인수 제안을 당차게 거절해 화제가 된 25세의 스냅챗 창업자 에번 스피겔은 메시지가 10초 내외에 자동으로 사라지는 SNS를 성공시켜 세계에서 가장 어린 억만장자가 되었다.

이 외에도 실리콘밸리에서는 잡스의 후예들을 쉽게 발견할 수 있다. 잡스가 생전 탐냈던 클라우드 서비스를 제공하는 드롭박스Dropbox를 드류 하우스턴Drew Houston과 함께 공동창업한 아라시 페르도시Arash Ferdowsi는 졸업을 6개월 앞두고 MIT를 중퇴했다. 그는 스티브 잡스를 영웅으로 생각했으나 그의 인수 제안은 거절했고 3억 명 이상이 사용하는 세계적 파일 공유 서비스로 드롭박스를 성장시켰다.

빌 게이츠처럼 하버드 대학 컴퓨터공학과를 중퇴한 30대 한국계 청년 제임스 박James Park은 닌텐도 게임기 '위Wii'에서 이이디어를 얻은 손목형 웨어러블 건강기기 '핏비트Fitbit'를 만들었고, 회사가 뉴욕증시에 상장되며 6,000억 원 자산가가 되었다. 그는 "창업 결심을 굳히자 졸업까지 걸리는 시간이 너무 아까웠다."고 한다.

잡스를 존경한다는 리트모터스Lit Motors 창업자 한국인 대니얼 킴은 잡스와 동문으로, 리드 대학을 중퇴하고 1년간 28개 나라의 106개 도시를 돌아다녔다. 그리고 여행을 하며 "많은 사람이 혼자 차를 타는데 왜 큰 차가 필요할까?"라는 질문에서 '나만의 자동차를 만들자'는 답을 얻고 모터사이클 크기의 1인용 전기자동차를 개발했다. 그가 개발한 자동차는 세계 최대 가전쇼인 'CES 2014'에서 큰 주목을 받았고 하버드 비즈니스 스쿨의 투자를 받아 현재 출시를 앞두고 있는데, 대기자가 이미 1,000명을 넘어섰다고 한다.

중퇴자를 선호하는 IT 기업들
|

얼마 전 미국 언론에는 '대학 졸업장이 종이 한 장의 가치로 전락하고 있다'는 기사가 나왔다. 유엔미래포럼의 박영숙 대표는 이런 현상이 '대학교 1학년 때 배운 것은 2학년이 되면 무용지물이 될 수 있고 4년은 너무 길며, 새로운 것을 가르쳐주는 곳이 아니라 새로운 것을 못 하도록 막는 곳이 바로 대학이라는 생각에서 비롯된 것'이라고 말한다.

실리콘밸리의 창업자들은 중퇴를 부끄러워하기는커녕 성공을 향한 '명예훈장'으로 여긴다. 콩나물시루 같은 강의실에서 자신의 이름조차 모르는 교수들로부터 일방적인 수업을 받는 데 염증을 느끼는 그들은 대학이 성공의 유일한 통로라는 고정관념보다 '대학 중퇴가 내 인생의 최고의 결정'이라는 잡스의 스탠퍼드대 연설에 더 열광한다. 대학 중퇴자들로만 구성된 회사들이 존재하는 것은 그 때문일지도 모른다.

대학 중퇴자들로만 꾸려진 라이브파이어LiveFyre라는 소셜 소프트웨어 업체 직원들은 돈을 벌며 실생활에 관련된 수업을 받는다는 것을 자랑스러워하고, 프린스턴을 중퇴하고 모바일앱 제조사 언드립Undrip을 창업한 믹 헤이전Mick Hagen은 신입사원을 대학 중퇴자들로만 뽑고 있다. 그들은 생각이 자유롭고 위험을 감수할 줄 알며 집단적 사고에 물들지 않기 때문이다. 헤이전은 '대학은 개인이 할 수 있는 일과 없는 일에 지나치게 제한을 가한다'는 생각 때문에 대학교육에 대단히 비판적인 태도를 보인다.

이런 생각은 IT 공룡들도 마찬가지다. 페이스북은 틀에 갇힌 사고를 방지하기 위해 대학 중퇴자를 우대하는 정책을 운영 중이고, 스탠퍼드 대학원을 중퇴한 세르게이 브린_{Sergey Brin}과 래리 페이지_{Larry Page}가 공동창업한 구글은 면접 시 학교 성적뿐 아니라 전문성조차 거의 고려하지 않는다. 구글 채용팀 수석 부사장인 라즐로 복_{Laszlo Bock}의 말을 들어보자.

> 학교 성적이나 그 밖의 시험 점수들은 구글 채용기준에는 아무런 의미가 없습니다. 그것들은 우리에게 아무것도 알려주지 못합니다. 지난 수년간 구글에는 대학 졸업장이 없는 직원의 수가 꾸준히 늘고 있으며, 어떤 팀은 그 비율이 14퍼센트가 됩니다.
>
> _이준영, 『구글은 SKY를 모른다』에서

 구글은 즐길 줄 아는지, 양심적인지, 겸손한지, 무엇이든 배우려는 호기심이 많은지 등의 자질을 중시한다. 한국의 지방대를 졸업하고도 구글 최초 한국인 엔지니어가 된 이준영은 자신의 책 『구글은 SKY를 모른다』에서 "구글에서 면접을 하는 약 5시간 동안 어느 누구도 학교나 학력에 대해서는 단 한마디도 언급하지 않는다."라고 했다. MIT 수석을 했든 고졸이든 전혀 상관하지 않으며, 자격증조차 확인하지 않는다는 것이다. 세계 최고의 회사를 가기 위해 우리 아이들은 이제 더 이상 좋은 학교를 갈 필요도, 좋은 성적을 받을 필요도 없다. 부모인 우리는 아이들이 호기심과 인성, 잠재력을 키워주는 것에 더 몰두해야 한다.

독특한 장학금 틸 펠로십
|

인기 미국 드라마 〈실리콘밸리Silicon Valley〉에는 천재적인 투자가가 한 명 등장한다. 그는 극 중 TED 무대에서 "실리콘밸리는 대학 중퇴자 덕분에 혁신의 요람이 되었습니다. 대학은 빚쟁이 실업자를 찍어내고 있어요. 우리는 이 의심스러운 가치를 제공하는 대학 시스템보다 우리 자신을 더 믿어야 합니다."라며 청년들에게 "대학에 가는 대신 버거킹에 가서 일을 하고, 숲에 가서 견과랑 산딸기를 채집하세요."라고 힘주어 말한다. 대학에 대해 지나치게 회의적인 모습이 희극적으로 과장되긴 했지만 틀린 말은 아니다. 이 캐릭터의 모델이 된 사람은 일론 머스크Elon Musk와 함께 페이팔Paypal을 창업했으며『제로 투 원』의 저자이기도 한 피터 틸Peter Thiel이다.

2004년 아무도 페이스북의 가능성을 알아주지 않을 때 마크 저커버그에게 최초로 50만 달러를 투자하는 등 투자의 귀재로 불리는 그는 벤처사업에 뛰어드는 20세 이하 청년들 중 우수한 아이디어를 가진 이들을 선발해 2년간 10만 달러의 장학금을 지급하는 '틸 펠로십Thiel fellowship'이라는 장학 제도를 운영하고 있다. 그런데 이 장학금을 받기 위한 독특한 조건이 있으니, 바로 학교를 그만두어야 한다는 것이다.

2010년, 20명의 장학생을 뽑겠다고 처음 발표했을 때 그는 '학교 교육 시스템을 무시하는 제도'라는 거센 반발에 부딪혀야 했다. 하지만 4년 만에 그 평가는 완벽히 뒤집혔다. 틸 펠로십은 요즘 '왜 20명밖에 혜택을 안 주는가', '프로그램을 확대해야 한다'는 비판을 받고 있을 정도다. 다행히 2015년에는 장학생이 100명에 이를 것이라고 한다.

그가 젊은이들에게 돈을 주면서까지 학교를 그만두게 만드는 이유는 현재의 교육 시스템이 혁신과 기업가 정신, 일차리 창출을 저해하는 순응주의만 장려하고 있다고 믿기 때문이다. 그는 명문대의 MBA나 하버드 비즈니스 스쿨 등을 나온 사람과는 대화를 하지 않는다. 자기만의 아이디어가 없고 하나같이 똑같은 생각을 하는 그들은 실전에서 백전백패하기 때문이다.

쉬어가는 의미로 잠시 재미있는 이야기를 하나 살펴보자. 무디스 Moodys 신용평가에서 최고 등급을 받고, 「포천」의 설문조사를 통해 세계에서 가장 존경받는 보험회사로 뽑힌 미국의 노스웨스턴 뮤추얼 Northwestern Mutual은 다년간의 연구를 통해 '기업가 정신 테스트'라는 프로그램을 개발했다. 이 테스트 항목들 중 특이한 것은 학창시절 학업성취도가 높으면 마이너스 점수를, 낮으면 플러스 점수를 준다는 것이다. 그것도 아주 높은 점수를 준다. 열심히 그룹 활동을 했던 사람은 1점, 어릴 때 사업을 시작한 사람이라면 2점을 받는 것에 비해 학업성취 능력이 열등한 사람이 받는 점수는 4점이다. 다시 말해 학교 교육을 제대로 따라가지 못했던 것을 오히려 더 인정하는, 예전 기준으로서는 믿기 힘든 상황인 것이다.

피터 틸은 "여전히 많은 사람들은 성공적인 삶을 위해선 대학 졸업장이 필요하다는 번드르르한 속임수에 속아 넘어가고 있다."면서 2015년 내한 당시 이런 이야기를 들려주었다.

제가 말하고 싶은 것은 '교육이 미래와 안전을 보장한다'고 생각하지 말라는 것입니다. 학생과 학부모 모두 학교에 가지 않으면 인생이 망가진다는 공포에 사로잡혀 있습니다. 이건 공포체제나 다름없습니다. 마치 16세기 교회와 비슷합니다. (중략) 우리는 졸업장을 받으면 안전하고 졸업장이 없으면 위험하다고 생각합니다. 모두가 창업가가 돼야 한다는 것도 아니고, 모두 학교를 관둬야 한다는 것도 아닙니다. 대학에 가는 것도 반대하지 않습니다. 다만, 다른 길을 걸을 수 있게 해야 합니다.

또한 기상천외한 아이디어를 우선적으로 지원하는 피터 틸은 해상도시와 해상국가를 만드는 프로젝트에 수십억을 투자하고 있다. 그의 친구이며 환경오염을 피해 2030년 안에 8만 명의 지구인을 화성에 이주시키겠다는 프로젝트를 진행중인 미국의 민간 우주기업 '스페이스 X$_{Space\ X}$'의 CEO 일론 머스크가 화성으로 떠나기 전인 2020년쯤, 우리는 먼저 바다 한가운데의 해상도시로 이주하는 사람들을 목격하게 될지도 모른다.

초등생부터 기업가로 키우다
|

실리콘밸리 창업주들의 연령은 점점 더 어려지고 있다. 반도체기업 인텔은 열세 살 소년이 창업한 점자 프린터 회사에 수십만 달러를 투자하기로 했다. 이 회사는 인도계 이민 2세인 슈브함 바네르제$_{Shubham\ Banerjee}$가 레고블록 원리를 이용해 개발해 만든 시각장애인용 점자 프린터로 학교 과학경진대회에서 대상을 받은 후 부모에게 지원을 받아 설립되었다. 야후는 영국 고등학생 닉 댈로이시오$_{Nick\ D'aloisio}$가 열다섯

살 때 만든 온라인뉴스 요약 앱 '섬리Summly'를 3,000만 달러에 인수했다. 열한 살 때 만든 앱을 TED에서 발표해 세상을 놀라게 한 토머스 수아레즈Thomas Suarez는 같은 해 회사를 창업하여 일찌감치 구글 글래스 앱 개발을 시작했고 열다섯 살이 된 2014년에는 지금보다 10배 빠른 3D 프린터 개발에 착수해 벌써 관련 특허까지 신청해두었다.

이렇게 나이 어린 디지털 세대가 창의성과 도전정신을 무기로 미래 국가 경쟁력의 핵심으로 떠오르자 기업가 육성을 목표로 한 혁신학교 설립 움직임도 일어나고 있다. LA에 위치한 '인큐베이터 스쿨Incubator School'은 LA 통합교육구LAUSD에서 시도하는 파일럿pilot 스쿨(소규모로 운영되는 실험학교)로 2013년 개교해 11~13세 학생들에게 기업가가 되는 길을 가르치고 있다. 졸업 전까지 자신의 스타트업을 창업하는 것이 목표인 이 학생들은 수업 시간에 사업 아이디어를 발표하고 친구들과 토론한다. 학생들은 커서도 자신의 회사를 경영할 거라며 "따분한 교과서보다 직접 보고 배우는 것이 즐겁고 학교에 오는 것이 신나고 기다려진다."고 말한다. 학교 설립자는 제2, 제3의 구글 창업자와 스티브 잡스를 배출하기 위해 기존의 교육을 탈피한 새로운 교육법을 만들게 되었다고 밝혔다. 이 학교의 철학은 '세계를 바라보며 풀어야 할 문제를 발견하고, 더 나은 세상을 위해 이 문제를 해결할 방법이 무엇인지 질문하는' 인재를 만드는 것이다.

이에 반해 늦은 밤까지 공부하고 대입과 취업이라는 목표만 쫓아가며 가장 열정적이어야 할 시기를 보내고 있는 한국 청소년들을 떠올리니 답답함이 하늘을 찌른다. 지금 우리가 어떤 교육을 펼치느냐에 따라 아이들이 만들어갈 세상의 깊이와 넓이는 어마어마하게 달라질 것이다.

아직도 체감하기 어려운가? 한국 아이들이 강남의 고급 아파트와 멋진 외제 자동차를 사기 위해 모든 젊음을 바쳐 공부해야 한다고 믿고 있을 때, 지구 반대편의 소년 소녀 창업가들은 인류의 행복을 위해 화성에 인류를 실어 나를 우주선과 그곳에서 함께 살아갈 거주지를 만들어나 가고 있다는 것을 말이다.

바다를 지키는
스무 살의 CEO

1997년 미국 해양 환경운동가인 찰스 무어(Charles Moore)는 요트로 태평양을 건너다 믿지 못할 광경을 목격했다. 거대한 쓰레기 더미들이 바다를 뒤덮어 하나의 섬을 이루고 있었기 때문이다. 그 뒤 이 '쓰레기 섬'의 면적이 한국의 14배에 이르고, 전 세계 대양에 분포해 있는 양을 모두 합치면 지구 표면의 25퍼센트를 차지한다는 사실이 속속 밝혀졌다. 이 쓰레기들의 90퍼센트는 플라스틱이었다.

전문가들은 이 '재앙'을 어떻게 풀어야 할지를 두고 고민에 빠졌지만 어떤 뚜렷한 해결책도 내놓지 못했다. 환경에 관심 많은 열여섯 살 네덜란드 소년이 혁신적인 아이디어를 제안하기 전까지 말이다.

소년의 이름은 보얀 슬랫(Boyan Slat)이다. 2011년 그리스에서 스쿠버다이빙을 하던 그는 바닷속에서 물고기보다 더 많은 쓰레기 더미를 발견하게 된다. 이 끔찍한 광경을 마주한 소년은 "우리는 왜 이걸 못 치우는 걸까?"라는 의문이 들었고, 그때부터 그의 관심은 온통 '바다 쓰레기 청소'에 쏠렸다. 자료를 수집하던 소년은 플라스틱 쓰레기를 청소하지 못하는 이유가 플라스틱이 한 곳에 머물러 있지 않고 계속 움직이기 때문이라는 사실을 알게 됐다.

그는 "우리가 쓰레기를 청소하지 못하는 원인을 역으로 활용해서 플라스틱이 저절로 우리에게 흘러오게 하면 어떨까?"라는 역발상의 질문을 던졌다. 2012년 답을 찾은 그는 2013년 항공우주공학과를 중퇴하고 비영리단체이자 최대의 해양쓰레기 청소기업인 '오션클린업(The Ocean Cleanup)'을 창립했다.

그가 고안한 청소방식은 플라스틱 막대를 거대한 브이(V) 모양으로 바다에 설치한 뒤 해류를 따라 이동해온 플라스틱이 이 막대에 저절로 붙게 하는 것이다. 사람 대신 해류가 플라스틱을 모으는 일을 하게 만든 셈이다. 그의 방식은 태양광 에너지를 이용하기 때문에 스스로 자가발전이 가능하다. 이렇게 수거한 플라스틱은 되팔아서 수천억 단위의 수익을 창출하게 된다.

이 혁신적 아이디어로 오션클린업은 크라우드 펀딩(crowd funding) 캠페인을 통해 뜻을 같이하는 3만 6,000여 명으로부터 220만 달러의 자금을 모았다. '역사상 최대의 쓰레기 청소 프로젝트'는 10년 이내에 태평양 쓰레기 섬의 절반을 청소할 수 있다는 사실을 2014년에 과학적으로 입증해냈다. 배를 타고 바다로 나가 쓰레기를 수거하는 기존의 방식과 비교해보면 비용은 33분의 1에 불과하고, 속도는 무려 7,900배 더 빠른 방식이다.

그는 '인텔 아이 50(Intel EYE 50)'의 '가장 유망한 젊은 기업가 20인'에 선정되었고 2014년에는 환경 분야에서 유엔 최고의 권위를 자랑하는 '지구환경대상'의 역대 최연소 수상자로 뽑혔다. 보얀 슬랫이 마음껏 하고 싶은 일을 해나갈 수 있는 배경에는 오션클린업 창업 당시 300유로의 자금을 지원해줌은 물론 6개월 만에 대학을 중퇴할 때도 아들의 결정을 응원해준 부모님이 있었다. 학업을 그만둔 것에 대해 그는 2015년 서울 디지털포럼 '혁신가' 부문의 연사로 참석해 이렇게 이야기했다.

> 대부분 사람에게 대학은 좋은 도구와 수단이 될 수 있지만, 자신이 해야 하는 일이 굳이 대학교육 없이도 가능하다면 바로 시작하는 것이 좋다고 봅니다.

이제 겨우 20세인 그는 현재 15명의 직원과 120명의 자원봉사자를 이끌고 있다. 사람들은 "오션클린업의 CEO라는 직무는 내가 앞으로 원하는 목표를 이루고자 하는 수단일 뿐 미래에는 다른 환경 문제에 몰두해 있을 것 같다."고 말하는 그를 두고 조심스럽게 일론 머스크 못지않은 인물이 될 것이라 기대하고 있다.

3장

성적표가
말해주지 않는 것들

난독증
=
직관력·문제해결력·상상력·단순화 능력

"나는 내가 대학을 가거나 학구적 삶을 살 운명이 아니라는 것을 깨달았다."

리처드 브랜슨

재미있는 상상을 한번 해보자. 만약 삼성을 가수 싸이가 경영한다면 어떨까? 모범적으로 엘리트 코스를 밟은 근엄한 경영인이 아니라 재미를 추구하고 기행을 일삼는 괴짜 회장이라면 과연 삼성은 어떤 기업이 될까? 혹시 강남역 사거리에서 말춤을 추며 신형 갤럭시의 출시를 알리지 않을까? 그가 만들어낼 독특한 '삼성 스타일'이 궁금해진다.

실제로 영국에서는 싸이를 능가하는 괴짜 CEO가 운영하는 글로벌 기업이 존재한다. 바로 전 세계 400여 개의 자회사, 직원 5만 명의 규모로 유럽에서 가장 큰 기업이며 「타임」이 롤스로이스Rolls-Royce 이래 영국 최고 브랜드로 평가한 버진Virgin 그룹이다. 버진 그룹의 창업주는 고등학교를 중퇴하고 기존의 경영전략과 마케팅 불문율을 깨며 42억 달러 자산가가 된 리처드 브랜슨Richard Branson이다. 즐거움과 재미라는 '버진 스타일'을 확고하게 구축한 그를 사람들은 '세상에서 가장 창의적인 괴짜 기업가', '엔터테이너 CEO'라고 부른다.

　그는 선천성 난독증 때문에 글을 읽거나 쓸 줄 모르고, 학창시절엔 늘 꼴찌를 맴돌았으며, 회사 경영의 가장 기본적 요소인 재무제표도 읽지 못한다. 그러나 그런 그에게 엘리자베스 2세 여왕은 영국 경제에 기여한 공로로 기사작위를 주었고, 세계적인 경영컨설팅 그룹 액센추어Accenture는 '50대 경영 구루'로 선정했다. 왜일까? '포스트 잡스Post Jobs' 시대를 이끌 인물로 손꼽히는 그의 남다른 생각과 반항아 기질, 그리고 도전정신 때문이다.

하고 싶으면 당장 시작하라
|

한 젊은 사업가가 버진 아일랜드에 여행을 갔다가 다음 여행지인 푸에르토리코 행 비행기를 기다리던 중 황당한 일을 겪는다. 항공사가 비행편을 일방적으로 취소한 것이다. 사람들은 어찌할 바를 몰라 안절부절 못했고 항공사는 승객들을 위한 아무런 조치도 취하지 않은 채 수수방관하고 있었다. 그때 그 젊은이는 태연자약하게 공항 데스크로 가서 비행기 한 대를 빌리는 비용이 얼마인지 물어봤다. 그리고 그 금액을 1인당 비용으로 나눈 뒤 휴대용 칠판을 빌려 이렇게 썼다.

"버진 항공사. 푸에르토리코 행 좌석 있음. 가격은 39달러!"

그는 금세 비행기 임대비를 충당할 만큼 좌석을 팔았다. 기지를 발휘해 곤경에 처한 승객들을 구한 그 젊은 사업가가 바로 리처드 브랜슨이다.

브랜슨의 모험가 기질은 어머니에게서 물려받은 것이다. 어머니는 비행기 조종사가 되고 싶다는 꿈을 갖고 있었지만 당시에는 남자만 파일럿이 될 수 있었다. 그러나 하고 싶은 일은 '그냥 해버리는' 어머니는 남장까지 해가며 마침내 영국의 초창기 비행기 조종사가 되었다. 그녀는 아들을 독립적으로 키우기 위해 브랜슨이 네 살밖에 안 되었을 때에도 그를 집과 8킬로미터나 떨어진 들판에 데려다 놓고 집까지 찾아오라고 했는가 하면, 열두 살에는 어느 추운 겨울날 아침에 지도 한 장만 달랑 들고 자전거로 50마일을 달려 친척집에 다녀오게 하기도 했다.

어머니 덕분에 자립심과 자신감을 키운 브랜슨은 아홉 살 때부터 사업을 시작했다. 어린 묘목을 길러 크리스마스 트리로 파는 사업이었다. 그는 400그루의 묘목을 우편으로 주문해 친구와 함께 앞마당에 심었지만, 속상하게도 한창 키우던 묘목을 토끼들이 먹어치우고 말았다. 그러나 덕분에 그는 '수학을 못해도 손익계산은 잘할 수 있다'는 교훈을 얻었다.

브랜슨에게는 난독증이 있었다. 단어들이 뒤죽박죽 섞여서 의미를 도저히 알 수 없었기에 학교에서는 수업을 전혀 따라갈 수 없었다. 당연히 그는 모든 시험에서 낙제했고 선생님에게 회초리로 맞고 또 맞았다. 선생님들은 그가 게으르다며 핀잔을 줬고, 배우는 데 재능이 없다고 여겼다. 하지만 그는 나름대로 끊임없이 규칙과 권위에 저항했다. 고정관념에 도전하는 것을 즐겼던 그는 호기심도 많아 교사들과 잦은 문제를 일으켰다. 교장은 그를 두고 '저 아이는 백만장자가 되거나 감옥에 가게 될 것'이라고까지 이야기했다.

공부로는 자신이 빛날 수 없다는 사실을 알면서도 브랜슨은 결코 기죽지 않았다. 난독증에 굴하지 않고 전 세계를 돌아다니는 저널리스트가 되고 싶어 스스로 「스튜던트Student」라는 잡지를 발행했다. 미국의 베트남 참전 등 세상 돌아가는 방식이 마음에 들지 않았던 그는 「스튜던트」를 학교 전통과 부조리에 저항하는 혁명적인 '변절자'들의 잡지로 만들고자 했다.

열다섯 살에 친구의 집 지하실에서 꿈을 키우던 그를 지인들은 비웃었다. 하지만 언제나 "네가 좋아하고 잘할 수 있는 일을 하렴." 하고 말하며 그를 격려해주던 어머니는 사업에는 투자가 필요하다며 4파운드를 그에게 건네주었다.

뛰어난 친화력과 집요함을 가진 브랜슨은 인터뷰이들이 질릴 정도로 편지를 쓰고 전화를 해 철학자 장 폴 사르트르Jean-Paul Sartre, 가수 존 레넌John Lennon, 믹 재거Mick Jagger 같은 유명인들과 인터뷰를 성사시켰다. 잡지 기사 때문에 전화를 걸고 사람들을 만나는 것이 그에게는 학교에서 라틴어 수업을 듣는 것보다 훨씬 재밌었기에 점점 잡지 만드는 일에 빠져들었다. 흥미가 없는 것은 아예 거들떠보지도 않는 성격이었던 그는 거기에서 한 발 더 나아가 학교를 그만두기로 결심한다.

> 나는 내가 대학을 가거나 학구적 삶을 살 운명이 아니라는 것을 깨달았다. 대학에 가지 않고도 최고로 멋진 삶을 살 자신이 있었고, 무엇보다 사업가로서 살아가겠다고 결심했다.

거침없는 청년 사업가가 되다

|

　브랜슨은 잡지사 대표였기에 그 누구의 눈치도 보지 않고 하고 싶은 것을 시도할 수 있었다. 이 때의 경험은 그에게 있어 기업가 교육과정과도 같았다. 학교 교육에서는 실패를 용납하지 않지만 잡지사에서는 상사의 허락이나 꾸중을 두려워할 필요가 없었기에 그는 어린 나이에 마음껏 실패를 허용하는 현장에서 값진 경험을 쌓았다.

　1971년, 스무 살이 되자 브랜슨은 '버진 레코드Virgin Record'라는 작은 음반 가게를 열었다. '버진virgin'은 사업의 '초짜'라는 의미에서 만든 이름이었지만, 이 작은 가게가 40년 후 세계적 대기업의 시초가 되리라고 예상한 사람은 아무도 없었다.

　스타벅스Starbucks 경영자 하워드 슐츠Howard Schultz는 '우리는 커피만이 아니라 문화도 함께 판다'고 말했지만, 그보다 훨씬 전부터 브랜슨은 창조경영의 아이콘답게 '음반'이 아닌 '즐거움'을 파는 비즈니스 모델을 버진 레코드에 적용했다. 음반을 사기 전에 음악을 직접 듣게 해주었고, 안락한 소파를 두어 편안한 분위기에서 음악에 대한 이야기를 나눌 수 있게 한 것이다. 이곳이 입소문을 타면서 매장은 학생들의 아지트가 되었다.

　음반 매장에서 사람들의 생활패턴을 지켜보던 브랜슨의 머릿속에서는 또 하나의 사업 아이템이 떠올랐다. 그는 즉각 '비싼 가격의 음반을 우편으로 주문할 시에는 저렴하게 판매한다'는 광고를 잡지에 실었다. 반응은 믿을 수 없을 만큼 열광적이었다.

　어느 날 오후, 22세의 브랜슨은 직원들과 회의를 시작했다. 당시 브랜슨은 무명인 15세 음악 천재 마이크 올드필드Mike Oldfield의 노래에 푹 빠져 그의 데모 테이프를 만들어 음반회사에 보냈는데, 모두 앨범 제작을 거부했던 것이다. 이를 두고 직원들 사이에서 열띤 토론이 벌어졌다.

"이렇게 흥미진진한 음악을 왜 만들지 않겠다는 거지? 아예 들으려고도 하지 않잖아."

"그럼 우리가 직접 해보지, 뭐!"

일단 흥미를 느끼면 포기를 모르고 추진하는 성격인 그는 직접 '버진 뮤직Virgin Music'이라는 음반회사를 차려 올드필드의 앨범을 발표했고, 결과는 대성공이었다. 올드필드의 앨범은 5년간 음반차트에 올라 영국에서만 200만 장이 팔렸다. 버진 뮤직은 음반업계를 뒤흔든 섹스 피스톨스Sex Pistols, 롤링 스톤스The Rolling Stones, 스팅Sting, 필 콜린스Phil Collins같이 쟁쟁한 뮤지션들과 잇따라 계약을 맺으며 세계 최대 음반사로 발돋움하여 주체할 수 없을 정도로 많은 돈을 벌어들였다.

땅에서 하늘로, 그리고 우주까지

|

"항공사업에 진출하겠습니다."

푸에르토리코 여행에서의 경험을 기억하고 있던 브랜슨은 이사들을 모아놓고 폭탄선언을 했다. '버진 항공Virgin Airline'을 만든 것이다. 이사들은 그가 미쳤다고 생각했다. 그들의 상식으로는 음반회사가 항공회사를 만든다는 것이 절대 불가능한 일이었기 때문이다. 하지만 브랜슨은 그런 구태의연한 경영방식에는 관심이 없었다.

우선 그는 기존 항공사의 기내 서비스가 엉망이어서 불쾌했던 경험에 착안, 서비스를 대폭 개선했다. 비행은 지루하다는 편견을 깨기 위해 기내에 스탠드바stand bar를 설치해 대화하고 즐길 수 있는 공간을 만들었다. 또한 저가항공사임에도 700명의 네일 아티스트와 마사지사를 고용해 비디오, 음악, 게임, 목욕, 미용, 안마 등 혁신적인 서비스를 제공했다. 1년 이상 버티기 힘들 거라는 세간의 예상을 깨고 버진 항공은 지금도 전 세계에서 300개 노선을 운항하고 있다.

그는 미국의 하늘에도 '버진 아메리카'를 띄웠다. 만일 이 비행기를 타게 된다면 여러분은 가장 신나는 비행을 경험하게 될 것이다. 기내 안전수칙을 설명하는 승무원들이 비트 있는 음악에 맞춰 춤을 추며 기내를 누비는, 참으로 '싸이스러운' 광경을 목격할 수 있기 때문이다. 이 모든 것은 '즐겁지 않은 것은 의미가 없다'는 브랜슨의 철학이 있었기에 가능한 것이었다. 가장 유쾌한 기내 서비스를 제공하는 버진 아메리카는 2015년 애플, 알리바바, 구글, 인스타그램Instagram 같은 회사들을 누르고 미국 경영 월간지 「패스트컴퍼니Fast Company」가 선정한 '가장 혁신적인 회사' 8위에 올랐으며 2014년 미국 최고의 항공사로 선정되었다.

호기심과 아이디어가 넘치는 브랜슨이 즐거움을 추구하며 대담하게 확장시킨 사업 분야는 항공 이외에도 고속열차, 은행, 음료, 호텔, 영화, 이동통신, 친환경연료 등 400개가 넘는다. 영국에서 버진의 로고가 없는 비즈니스는 찾기가 어려울 정도다. 그는 자신의 성공비결을 이렇게 이야기한다.

자신을 짜증나게 하는 뭔가를 떠올려보세요. 이걸 더 잘 만들 수 없을까?

본인이 직접 개선할 방법을 생각해보세요. 작은 거라도 상관없어요. 개선할 방법이 보이면 사업을 하면 됩니다.

_배기홍, 『스타트업 바이블 2』에서

 비즈니스로 땅과 하늘을 접수한 그는 우주로 시선을 돌렸다. 일론 머스크가 미래 인류의 생존을 위해 '스페이스 X'를 세웠다면 그는 경이로운 우주여행을 위해 2004년 '버진 갤럭틱Virgin Galactic'을 창립했다. 이어 세계 최초로 민간 우주여객선을 공개했고 2억 3,000만 원이라는 고가의 티켓임에도 스티븐 호킹Stephen Hawking, 패리스 힐튼Paris Hilton, 마돈나Madonna 등 450명이 우주여행 예약을 마쳤다. 첫 탑승객은 그와 그의 부모, 부인과 자녀들이 될 예정이다.

기상천외한 마케팅과 도전정신
|
브랜슨은 난독증 때문에 사업 시작 후 34년이 지난 50세가 될 때까지 순이익net profit과 총이익gross profit의 차이를 몰랐다고 당당히 밝혔다. 2007년, 그는 TED에서 이 이야기를 털어놓았는데, 그 과정도 마치 코미디영화의 한 장면을 보는 것처럼 유쾌했다.

 이사회 회의가 한창이었죠. 누군가 나를 회의실 밖으로 데리고 나가더니 '리처드, 이걸 봐요. 그림을 그려줄게요. 여기 바다에 그물net이 있죠? 물고기들이 그물에 걸려 있는 거예요. 이 그물에 남아 있는 물고기들이 사람들이 다 먹고 난 순이익이에요.' 그래서 이해했어요.

앨빈 토플러Alvin Toffler 이후 최고의 미래학자로 평가받는 다니엘 핑크Daniel Pink는 저서 『새로운 미래가 온다』에서 자수성가한 백만장자들은 일반인들보다 네 배나 많은 난독증을 갖고 있다고 언급한다. 남과 다르게 생각하는 능력이 있다는 것이다. 직관력과 문제해결력, 상상력, 단순화하는 능력이 뛰어나며 큰 그림을 볼 줄 안다. 스웨덴 가구업체 이케아IKEA의 창업자인 잉바르 캄프라드Ingvar Kamprad를 비롯해 에디슨, 피카소Pablo Picasso, 다빈치Leonardo da Vinci, 월트 디즈니에게도 난독증이 있었다. 우리나라 대표 연예기획사인 YG엔터테인먼트의 양현석 대표는 자신이 난독증에 IQ가 100 이하라고 밝히기도 했다. 이들에게 난독증은 장애가 아니라 성공의 원동력이었다. 브랜슨 역시 난독증을 가진 것이 오히려 사업의 성공요인이었다고 밝히며 난독증을 가진 아이들에게 열등감을 느끼지 말 것을 강조한다.

남과 다르다는 것을 받아들일 줄 아는 용기도 필요하다. 남이 못하는 분야에서 내 강점을 뽐낼 수 있다는 걸 알아야 한다.

그는 마케팅에서도 자신의 강점인 도발적 상상력을 적극 활용한다. 전문가들이 신성시하는 법칙을 다 깨버리고 기상천외한 마케팅을 펼치며 신문 1면을 장식한 것이 한두 번이 아니다. 버진 콜라Virgin Cola를 출시할 때는 뉴욕 한복판에 탱크를 몰고 나타나 코카콜라 광고판에 기관총을 발사하는 퍼포먼스를 벌였고, 웨딩숍인 버진 브라이드Virgin Brides 홍보 시에는 여장 차림으로 직접 웨딩드레스를 입고 등장했으며, 버진 트레인Virgin Trains을 알릴 때는 반라의 여자들과 함께 산타클로스 복장을 하고 나타났다. 심지어 버진 모바일Virgin Mobile을 홍보할 때는 중요 부위만 휴대전화로 가린 전라의 모습으로 뉴욕 타임스퀘어에 나타났다. 서열과 규율을 중시하는 양복 차림의 근엄한 기업인과는 전혀 달랐다. 사람들은 '뻔한 것'을 넘어 즐거움을 창조하는 그의 홍보방식에 열광했다.

'아드레날린 중독자'인 그는 일곱 개의 기네스 기록 보유자이기도 하다. 보트로 가장 짧은 시간에 대서양을 횡단하며 바다를 정복했고, 열기구를 이용해 하늘로 대서양을 가로지르는 최초의 기록도 세웠다. 그의 도전은 이제 사람과 지구를 향하고 있다. 인류를 좀 더 행복하게 하기 위해 기후변화, 아프리카 인권과 교육, 마약 등에 관한 사회운동을 확장하며 기업의 사회적 책임을 다하고 있기 때문이나.

브랜슨은 창조경제를 시도하려는 모든 이가 벤치마킹하는 인물이 되었고 많은 청년기업가의 롤모델이 되었으며, 영국인이 가장 닮고 싶은 인물로 선정되었다. 글도 제대로 읽고 못하고 고등학교마저 중퇴했지만 '지구와 인류를 위해 최선의 것을 행한다'는 경영철학으로 세상을 돕는 그를 「타임」은 '지구를 구할 영웅'으로 추켜세웠다.

우등생의 비밀
|

무한한 에너지, 호기심 많은 천성, 그리고 때로는 고집스러운 구석 같은, 위대한 기업가를 만드는 자질들은 교실 속 우등생들이 보여주는 자질과

다르다. 그러니 세계의 많은 위대한 기업가와 비즈니스 리더 들이 정규교육에 어려움을 겪었던 것도 별로 놀라운 일은 아니다.

리처드 브랜슨은 기업가와 우등생의 자질은 전혀 다르다고 말한다. 참을성 있고 학교에 복종하며 열심히 교과목을 암기하는 우등생들과 달리 위대한 기업가의 자질을 가진 아이들은 꿈과 열망으로 가득 차 있다. 이는 학교에서 종종 문제아적 기질로 오해받는다.

많은 전문가들이 이처럼 학교에서 어려운 이론을 배우고 학위를 받지만 실제 현장에서는 그 이론에 갇혀 새로운 생각과 도전을 하지 못한다. 이런 모습은 이혜정 박사의 『서울대에서는 누가 A+를 받는가』에 등장하는 명문대 학생들의 모습에서 다시 한 번 확인할 수 있다.

서울대 최우등생들의 특징은 강의 시간에 맨 앞자리에 앉아 교수의 말을 한마디도 놓치지 않고 받아 적는다는 것이다. 시험지에는 필기한 내용을 무비판적으로 외워 그대로 옮겨 쓴다. 그래야 높은 학점을 받기 때문이다. 자신의 의견을 내는 데는 서투르고 학교 안에서 제일 중요한 기준이 되는 교수의 말은 그대로 믿고 받아들인다. 그 이유에 대해 서울대 최고 학점자들은 이렇게 말한다.

"제가 뭐 대단한 발견을 새로 할 수 있는 것도 아니니까 저는 그냥 교수님 말씀을 수용해요."
"교수님이 저보다 경험도 많고 연구도 많이 했으니까 교수님 의견이 더 타당한 게 당연하잖아요?"

이런 수동적 학습 방식으로 대학 4년을 거치면 어떤 결과가 빚어질까? 가장 비판적이고 창의적인 인재가 되어야 할 최고 명문대의 최우등생들은 창의성의 싹이 잘린 채 그저 '틀에 박힌 모범생'이 되어 졸업을 하게 된다. 대기업 임원들 중 '스카이' 출신을 점점 찾아보기 힘들어지는 이유가 이해되는 대목이다. 이혜정 박사는 이 책에서 우리나라 교육이 진심으로 걱정된다고 털어놓고 있다.

예일대 교수였던 윌리엄 데레저위츠William Deresiewicz 또한 저서『공부의 배신』을 통해 명문대생들이 "자신이 이미 잘 알고 있고, 또 잘하는 것이 아니면 시도조차 하지 않는다. 새로운 능력은 물론이고 새로운 길을 시험하고 탐구하고 발견하려는 노력은 한쪽 구석으로 밀려났다."라고 말하며 교육을 비판하고 있다.

왜 이런 일이 일어나는 것일까? 그 이유에 대해 서강대 철학과 최진석 교수의 말에 귀 기울일 필요가 있다. 최 교수는 KBS의 한 인문학 프로그램에서 사람들의 도전정신과 모험심이 사라지는 이유를 영국의 철학자이자 사회학자인 버트런트 러셀Bertrand Russell의 말을 인용해 다음과 같이 설명하고 있다.

> 지적모험심이 나이가 들면서 희귀해지는 까닭은 모든 교육과정이 그것을 말살하는 방향으로 이루어지기 때문이다. 생각할 줄 아는 능력을 배양하는 것이 아니라 생각해낸 결과를 배우기 때문이다.

무릎을 저절로 치게 되는 말이다. 우리는 교육을 받을수록 호기심이나 궁금증을 갖고 새로운 방법을 찾아 나서기보다는 기존에 배운 이론에 근거해 판단을 내리게 된다. 이미 정해진 것을 믿고 수용하는 데 더 익숙해져버리는 것이다.

맹자는 "무조건 책을 믿는 것은 책이 없는 것만 못하다."라고 이야기 했다. 리처드 브랜슨은 사업과 마케팅을 배운 적도 없지만 기존의 불문 율을 모두 깨버리면서 자기만의 색깔이 뚜렷한 경영 스타일을 만들었 다. 전문지식으로 무장한 고학력 임원진들은 그가 새로운 사업을 시도 할 때마다 '실패할 것', '불가능할 것'이라며 반대하곤 했다. 오션클린 업의 CEO 보얀 슬랫 또한 바다 청소 아이디어를 내놓았을 때 전문가들 로부터 이 문제는 해결이 불가능하다는 말만 들어야 했다. 16세의 슬랫 은 "여태껏 시도해본 적도 없으면서 왜 불가능하다는 거죠?"라며 전문 가들에게 되물었다. 자, 이쯤에서 다시 한 번 생각해보자. 과연 우리 아 이들을 위한 '진정한 배움'이란 무엇일까?

발달장애, 난산증, 왕따
=
다양성·독창성·열정

●

"학습장애는 '장애'가 아닌 '능력'입니다."
루이스 바넷

●

한 영국 소년이 부모와 함께 웨이트로즈Waitrose 사무실을 찾았다. 웨이트로즈는 고객만족도 1위인 영국의 고급 슈퍼마켓 체인이다. 이들은 소년이 만든 초콜릿을 영국의 전 웨이트로즈 매장에 납품할 수 있을지를 결정지을 중요한 만남을 앞두고 있었다. 그런데 소년의 부모는 웨이트로즈 바이어들과 만나 악수를 나눈 뒤 바로 사무실을 나가버렸다. 한 매니저가 의아해서 소년에게 물었다.

"부모님이 차에 뭘 놓고 오셨니?"

"아니요. 제가 회사 대표거든요."

그들은 깜짝 놀랐다. 어렸을 때부터 어른들과 시간을 많이 보낸 소년은 바이어들과의 미팅에서도 주눅 들지 않고 자신감이 넘쳤다. 그는 자신이 만든 초콜릿으로 바이어들의 마음을 단박에 사로잡고 웨이트로즈 최연소 제품공급업자라는 기록을 세운다. 그는 '초콜릿계의 저스틴 비버Justin Bieber'라 불리는 'Chokolit'의 CEO 루이스 바넷Louis Barnett이다. 학습장애 때문에 열한 살에 학교를 그만둔 그는 다음 해 사업을 시작해 영국에서 가장 성공한 초콜릿 회사를 만들었다.

로알드 달Roald Dahl의 동화『찰리와 초콜릿 공장』의 윌리 웡카Willy Wonka처럼 어린 시절 누구나 한 번쯤 꿈꿔봤을 자신의 초콜릿 공장을 운영하는 그는 어린 나이임에도 초콜릿 산업에서 가장 위대한 혁신가로 인정받고 있으며, 초콜릿 산업의 노벨상이라 할 수 있는 '세계 초콜릿 대사World Chocolate Ambassador'로 임명되어 차세대 초콜릿 산업 발전을 위해 활동하고 있다. 그는 자신의 성공에 대해 이렇게 말한다.

> 만일 학교에 그대로 있었다면 나는 사업을 하지 못했을 거예요. 교육은 취업에 중요한 역할을 한다고 생각해요. 하지만 교육이 기업가 정신entrepreneurship을 가르칠 수 있을지는 잘 모르겠어요.

이쯤 되면 그가 만든 초콜릿이 궁금해지지 않을 수 없다. 영화 속 찰리가 그토록 찾던 황금빛 초대장은 없어도 된다. 그의 초콜릿 공장이 세워진 이야기 속으로 들어가 보자.

왕따소년, 쇼콜라티에가 되다

1992년생인 바넷은 너덧 살 때부터 어머니와 함께 빵과 쿠키를 구웠고 음식을 먹을 때마다 그것들이 어떻게 만들어졌는지 궁금해했다. 하지만 학교에 입학하고부터는 선생님의 기대에 부응하느라 힘든 학창시절을 겪었다. 어휘나 일반 상식은 만족할 만했으나 수학과 작문이 취약해 계속 지적을 받았던 것이다.

학교 친구들에게조차 이해받지 못했던 소년은 싸움에 휘말리거나 따돌림을 당하기 일쑤였고, 이런 생활은 수년간 지속되었다. 열한 살이 되자 정규 학교 시스템으로는 그를 교육시키기 힘들다고 판단한 바넷의 부모는 학교에서 아들을 해방시켰다. 자퇴 후 난독증과 난산증難算症, 발달장애를 진단받은 뒤에야 바넷과 부모는 바넷에게 왜 그렇게도 학교 공부가 힘들었는지 알 수 있었다.

> 나는 전통적인 학습의 길이 맞지 않다는 것을 알았다. 그래서 벗어나야만 했다.

바넷은 부모와 홈스쿨링을 시작했다. 처음 석 달간은 책을 읽고 일상에서 접하는 현상과 사물에 대해 이야기하며 생활 속 모든 것을 수업으로 만들었다. 부모는 바넷에게 세상에 적응할 시간을 주었고 이 시기 덕분에 지금의 바넷이 있을 수 있다고 믿고 있다. 부모는 가정교사를 고용해 항상 바넷과 함께하며 그가 흥미로워하는 것이 무엇인지 발견하도록 했다. 학교는 끊임없이 그가 뒤떨어진 과목에 주목했지만 홈스쿨링 환경에서 바넷은 자신의 관심사가 무엇인지에 더 집중하며 탐험할 수 있었다.

바넷은 자신이 동물을 아끼고 요리를 좋아한다는 것을 깨달았다. 그는 새를 좋아해 근처 매 사육장에 가서 매를 돌보며 훈련시켰는가 하면 부엌에서 어머니와 함께 음식을 만들기도 했다. 바넷은 특히 초콜릿 연구하는 것을 무척 좋아했고, 부모는 아들의 열정을 응원하고 북돋아주었다. 어느 날 밤 부모와 함께 차를 마시던 바넷은 이렇게 말했다.

"엄마, 아빠, 나는 쇼콜라티에가 되고 싶어요."

쇼콜라티에chocolatier는 프랑스어로 초콜릿 아티스트를 일컫는다. 우리나라에는 전문가가 많지 않지만 유럽에서는 이미 400년이 넘는 역사를 자랑하는 직업이다. 농장에서 재배된 카카오콩을 가공해 초콜릿을 제조하거나, 최초 가공된 초콜릿을 원료로 각종 초콜릿 과자나 예술품을 만드는 사람, 초콜릿과 어울리는 음료 및 음식과 함께 포장하는 최종 단계를 디자인하는 사람 모두를 쇼콜라티에라고 부른다. 바넷은 초콜릿에 관한 책을 읽으며 다양한 초콜릿의 세계로 빠져들었다.

차고에서 탄생한 또 하나의 신화
|

바넷이 새로운 미래를 맞이하는 데는 그리 오랜 기간이 걸리지 않았다. 50번째 생일을 맞이한 친척 아줌마에게 초콜릿 케이크를 만들어 선물했는데 그것이 히트를 친 것이다. 케이크를 맛본 친구와 가족 들로부터 계속 만들어달라는 요청이 쏟아지더니 급기야는 근처 식당과 빵집에

서까지 주문이 쇄도하기 시작했다. 부엌에서 가족과 초콜릿을 만들던 바넷은 수요를 맞추기 위해 차고로 작업장을 옮겨야 했다.

그리고 지역센터에서 5,000유로의 보조금을, 조부모로부터 500유로를 지원받아 생애 첫 회사를 설립하기에 이른다. 지원금으로는 초콜릿 온도를 조절하는 특수기계를 샀다. 이때 지은 회사명인 'Chokolit'은 난독증인 그가 초콜릿chocolate의 본래 철자를 잘못 썼을 때를 떠올려 지은 이름이다. 그는 자신이 난독증임을 부끄러워하지 않고 당당히 밝혔다.

바넷은 점점 늘어나는 주문을 차고에서 처리하지 못하게 되자 새로운 공장을 설립하기로 결심했다. 소년 윌리 윙카가 탄생하는 순간이었다. 열세 살에 웨이트로즈에 초콜릿 납품을 성공한 그는 마찬가지로 중퇴자인 '슈퍼잼Super Jam'의 CEO 프레이저 도허티Fraser Doherty가 세운 기록인 18세를 갱신하며 최연소 공급업자가 되었다. 그 누가 이 기록이 이렇게 빨리 깨질 것이라 예상했을까? 그것도 또 다시 학교를 중퇴한 소년이 말이다.

웨이트로즈에서 판매를 시작하며 더욱 유명해진 바넷의 초콜릿은 다음 해엔 영국의 4대 슈퍼마켓 체인 중 하나인 세인즈버리Sainsbury's에, 그 이듬해에는 셀프리지Selfridge 백화점에 공급되기에 이르렀다.

세인즈버리와 계약을 체결할 때의 일이다. 바넷은 한 통의 이메일을 받았다. 세계식품박람회라는 행사에 그를 초대한다는 내용이었는데 세인즈베리 이사회 앞에서 프레젠테이션을 해달라는 부탁도 같이 들어 있었다. 바넷은 5분간의 프레젠테이션을 준비해서 박람회에서 발표했는데, 발표가 끝나자 세인즈버리 이사회 인원들은 그에게 잠시 나가 있어달라고 부탁했다. 그리고 얼마 후 그를 다시 불러 이렇게 말했다.

"두 가지 소식이 있단다. 하나는 네가 우리 회사의 역대 최연소 공급 업자가 되었다는 것이고, 또 하나는 지금까지 세인즈버리가 평가한 모든 프레젠테이션 중 네가 한 것이 가장 높은 점수를 받았다는 거야."

바넷은 지금도 여전히 그 기록을 보유하고 있다.

독특한 관점

|

바넷의 초콜릿 사업은 2013년 영국 내 초콜릿 시장이 위축되면서 위기를 맞는다. 그는 열세 살 때부터 멘토가 되어준 영국 지방의회 의원을 찾아가 조언을 구했다. 멘토는 "초콜릿은 영국 사람들만 먹는 것이 아니란다."라는, 바넷이 평생 잊지 못할 조언을 해주었다. 그는 재빨리 세계로 눈을 돌렸다. 프랑스와 이탈리아 등 몇몇 유럽 국가를 제외한 해외 초콜릿 시장에는 막강한 경쟁 브랜드가 없었다. 큰 기회라 생각한 그는 미국과 멕시코, 오스트레일리아, 폴란드, 중동 국가들과의 수출 계약을 성공시켰고, 현재는 미국 13개주를 비롯해 세계 22개국에 초콜릿을 공급하고 있다.

루이스 바넷의 초콜릿이 세계 시장에서 인정받을 수밖에 없는 이유에는 크게 두 가지가 있다. 하나는 그의 초콜릿에는 다른 브랜드에서는 볼 수 없는 독특한 재료와 아이디어가 넘친다는 것이다. 바넷은 그 이유를 난독증과 난산증이 사물을 다르게 보는 능력을 주었기 때문이라고 믿는다. 남들과는 다른 방법으로 정보를 습득하고 학습하기 때문에 그는 자신이 "아무도 생각해내지 못하는 아이디어를 떠올리는 걸 잘한다."고 이야기한다.

　루이스가 만든 초콜릿 중 베스트셀러는 '먹을 수 있는 초콜릿 박스'
다. 그는 초콜릿을 포장하는 상자도 초콜릿으로 만들어 먹을 수 있게
했다. 또한 그는 이국적인 재료를 초콜릿에 첨가하는 것을 두려워하지
않는다. 바넷은 끊임없는 실험을 통해 레몬라임 초콜릿, 생강 초콜릿,
카카오떡잎 초콜릿, 송로버섯 초콜릿 등 이색적인 제품을 탄생시켰다.
더불어 초콜릿 핸드백, 초콜릿 샴페인잔, 초콜릿 가구까지 만듦으로써
초콜릿 산업에 혁신을 가져왔다는 평을 받고 있다. 그는 자신의 삶에
긍정적인 영향을 끼친 난독증을 이렇게 해석한다.

　　학습장애는 '장애'가 아닌 '능력'입니다. 머릿속으로 계산을 하거나 손으
　　로 글씨를 쓰는 것은 내게 어려운 일이지만, 대부분의 사람들보다 더 수
　　월하게 다른 무언가를 하기도 합니다. 무언가에 대한 결핍이 있으면, 그
　　빈자리가 또 다른 능력으로 채워지는 것이 삶의 균형이에요.

　바넷은 초콜릿에 대한 과학적 지식을 쌓기 위해 100년의 역사를 간직
한 벨기에의 세계적인 초콜릿 제조회사 칼리바우트Callebaut가 운영하는
아카데미에서 15세 때 고급과정을 수료했다. 바넷은 이 과정을 통해 어
떤 맛의 조합이 가장 훌륭한지 완벽히 이해하게 된다.

사람과 자연을 생각하는 초콜릿을 만들다

|

바넷의 초콜릿이 세계 시장에서 성공하게 된 두 번째 요인은 건강에 좋은 최고의 재료만을 고집하기 때문이다. "중요한 것은 '무엇을 넣을 것인가'가 아니라 '무엇을 뺄 것인가'다." 이는 바넷이 초콜릿을 만들 때의 기본 원칙이다. 그는 거의 대부분의 초콜릿 제품에 함유된 야자유를 제조과정에서 과감히 퇴출시켰다.

야자나무에서 얻는 기름인 야자유는 커피 프림의 주성분이다. 값싸고 제품을 오래 보존할 수 있어 슈퍼마켓 선반 위에 있는 제품 80퍼센트에 함유되어 있는 포화지방산인 야자유는 건강에 좋지 않을뿐더러, 초콜릿에 야자유를 섞는 것은 마치 최고급 샴페인에 물을 붓는 것과 같다. 야자유로 인해 코코아 함량이 떨어진다는 뜻이다. 게다가 야자유는 환경파괴의 주범이기도 하다. 소비량이 많은 야자나무를 재배하느라 열대우림이 파괴되고 있기 때문이다. 초콜릿 때문에 동물들의 서식지가 파괴되고 있는 셈이다. 이렇게 지구에 해를 끼치는 사업을 바넷은 할 수 없었다. 그는 누구보다도 동물을 사랑하기 때문이었다.

그는 멕시코에서 윤리적으로 재배된 최고 품질의 '착한' 카카오콩을 공급받고 있다. 먹을 수 있는 초콜릿 포장을 만든 것 역시 환경에 미칠 영향을 최소화하기 위해서였다. 그는 동물을 보호하기 위해 2008년부터 '오랑우탄 초콜릿 바'를 만들어 캠페인을 벌이고 있다. 열대우림 손실로 동물이 멸종되는 것을 막기 위해 초콜릿 바 포장지에 관련 정보를 인쇄하고 그것을 통해 기금을 마련하고 있는 것이다.

그는 전 영국 총리 고든 브라운Gordon Brown과 현 총리인 데이비드 캐머런David Cameron을 만나 야자유에 대한 그의 견해를 밝히고 법적으로 변화를 일으켜주기를 호소했다. 데이비드 캐머런은 이런 그를 '차세대 가장 중요한 기업가가 될 놀라운 젊은이'라고 칭했다. 2011년 '올해의 떠오르는 기업가' 상을 받은 바넷은 식품산업에서 괄목할 만한 업적을 세운 기업에게 수여하는 로드 카터 기념상Lord Carter Memorial Award도 수상했고, 수출 노하우를 기업가들에게 알려주기 위해 영국의 무역투자청과 영국의회 소속 고문이자 자문위원으로도 활동하고 있다. 그는 "나이는 장벽이 아닙니다. 어떤 면에서는 더 나아요. 어릴수록 감수해야 할 위험은 줄어들거든요."라며 어릴 때 사업에 도전해볼 것을 조언하고 있다.

"인생은 초콜릿보다 달콤하나." 영화 〈찰리와 초콜릿 공장〉의 낭내사다. 그럼 루이스 바넷의 인생도 초콜릿처럼 달콤할까?

처음에는 취미였던 초콜릿이 나를 힘든 시간에서 구해줬어요. 지금은 세계를 다니며 강연을 하고 제 사업을 운영하고 있죠. 초콜릿에서 지루한 날은 절대 없답니다.

중요한 것을 가르치지 않는 학교
|

아카데미와 골든 글로브에 수차례 누미네이트된 영화배우 윌 스미스Will Smith는 대학에 진학하지 않았고, 두 명의 자녀 역시 모두 학교에 보내

지 않고 홈스쿨링으로 교육시켰다. 그는 교사를 고용해 인생에 중요하다고 생각하는 과목을 가르쳤는데, 그 이유를 다음과 같이 밝혔다.

> 저는 가장 소중한 것은 학교에서 배우지 않았습니다. 전통적인 교육의 주된 목적은 사실 숫자를 배우고 시험에 합격하는 것이지, 어떤 것을 이해하고 그것을 생활에 응용하려는 것이 아닙니다. 아내와 저는 아이들을 집에서 가르치고 있습니다. 보스턴 차 사건이 발생한 날짜 따위를 배우는 것은 그리 중요하지 않다고 생각하기 때문입니다.

대광고등학교 역사 교사이자 국내 최고의 교사로 선정된 최태성 선생은 "역사를 배우는 이유는 우리 그리고 나를 알기 위해서, 또 어떻게 살아야 할지에 대한 교훈을 얻기 위해서다."라고 말했다. 하지만 이것이 어찌 국사라는 과목에만 한정되겠는가. 공부를 하는 근본적 목적은 자신을 알고, 자신이 어떻게 살아야 할지를 찾아가는 것인데 오늘날의 학교 교육에서는 이런 기본 목적을 결코 찾아볼 수 없다.

루이스 바넷은 숫자로 셈하고 외우는 것을 잘 못한다는 이유 때문에 학교에서 구제불능아로 취급을 받았다. 선생님들은 바넷 안에 무엇이 있는지는 보지 않고 무엇이 결여되어 있는지에만 초점을 맞췄다. 하지만 바넷은 자신이 '쓸모없는 존재'라는 것을 믿지 않았고, 학교를 벗어나 자신의 열정이 향하는 분야를 온전히 찾았다.

켄 로빈슨 교수는 저서 『엘리먼트』에서 세계에서 가장 뛰어난 드럼 연주자인 믹 플리트우드Mick Fleetwood의 이야기를 들려준다. 플리트우드는 바넷처럼 학습장애가 있어 공부에는 젬병이었다. 학교에서는 누군가 자신을 쥐어짜는 듯 불행한 느낌만 들었고 장차 커서 어떤 사람이 될지도 알 수 없었다. 다행히 그의 부모는 수학을 잘 못하고, 알파벳을 거꾸로 외운다 해서 삶이 한심해지는 것은 아님을 잘 알고 있었다. 드럼을 접한 뒤 드럼 연주자가 되기 위해 학교를 그만두고 싶다는 아들에게 부모는 '졸업할 때까지 참으라'고 말하지 않았다. 그 대신 플리트우드에게 드럼을 사주고 런던에 가서 하고 싶은 일을 하라고 했다. 바넷의 경우와 마찬가지로 플리트우드에게도 성적으로만 학생을 평가하는 학교를 그만둔 것은 성공으로 가는 지름길이 되었다. 켄 로빈슨 교수는 또한 "'학교school'는 '물고기 떼school'를 뜻하기도 한다."라고 덧붙였다. 집단사고만 강조하는 학교 때문에 개인의 재능이 묻혀버릴 수 있다는 의미심장한 말이었다.

> 바지 하나를 고를 때도 허리와 길이가 얼마인지 꼼꼼하게 따지고 사면서,
> 아이들의 미래는 오로지 점수라는 하나의 가치로만 재단하는군요.

영화 〈인터스텔라〉에서 주인공 쿠퍼가 '당신의 아들은 성적이 낮아 대학에 갈 수 없다'라고 이야기한 선생님에게 던진 대사. 만일 우리가 학교 교육과 시험의 한계를 인식하고 그 너머를 볼 수 있다면 우리 아이들이 앞으로 살아갈 삶의 범위는 얼마나 더 넓어질 것이고, 미래는 또 얼마나 많은 기회와 도전으로 가득 차게 될까?

이쯤에서 제안을 하나 하고 싶다. 성적이라는 잣대 하나를 빼고 당신의 아이를 다시 한 번 바라보기 바란다. 그 기준 하나를 제외하는 순간,

그전에는 도저히 알아채지 못했던 엄청난 잠재력과 소질을 아이에게서 발견할 수 있을 것이기 때문이다.

ADHD
=
호기심·혁신·넘치는 에너지

"만일 그때 선생님이 믿어주고 격려해주었다면
나 자신을 문제아가 아닌 작가로 인식하기 시작했을지 모른다."
토드 로즈 교수

2015년 1월 EBS 〈다큐프라임〉은 '공부 못하는 아이'라는 제목으로 전세계 석학들의 지식 향연장인 TED 무대에서 자신의 연구결과를 소개하는 한 젊은 교수를 영상에 담았다. 하버드 대학원에서 교육신경학을 가르치는 토드 로즈Todd Rose 교수였다. 그의 발표 내용은 다음과 같았다.

미국에서 신형 전투기를 제작하면서 조종사에게 맞는 조종석을 디자인하기 위해 4,000명에 이르는 조종사들의 신체를 측정했다. 그들은 키, 어깨, 가슴, 허리, 엉덩이 등 10개 항목에서 평균 치수를 알아냈고 다음과 같은 아주 단순한 질문을 던졌다. '과연 조종사들 중 몇 명이 이 열 가지 수치의 평균에 해당할까?'

잠깐 시간을 갖고 추측해보자. 대부분이 이에 해당할 거라고 예상되겠지만 실제로 평균 수치에 해당하는 조종사는 4,000명 중 놀랍게도 '0'명이었다. '평균적인' 신체 수치를 가진 조종사는 없다는 것이 증명된 셈이다.

교육도 이와 마찬가지다. 사람들이 생각하는 평균적인 학생은 절대 존재하지 않기에, 학습환경을 평균에 맞춰 설계한다면 그것은 어느 누구에게도 맞지 않는 환경을 설계하는 것과 같다. 제각각 들쭉날쭉한 학습특성을 가진 수많은 아이들이 교육과정 속에서 재능을 잃어버리는 것 역시 '존재하지 않는 평균에 맞춰진 환경' 때문일지도 모른다. 평균은 모든 사람에게 상처를 준다. 그리고 이 사실을 발견한 토드 로즈 교수도 그렇게 상처받은 학생이었다.

그는 어린 시절 ADHD(주의력결핍 과잉행동장애)를 진단받고, 온갖 악동짓은 다 저질렀으며, 전 과목 F학점이라는 최하위 성적으로 고등학교를 중퇴한 문제아 중의 문제아였다. 그렇게 대부분의 사람들로부터 실패자라고 손가락질받던 그는 어떻게 하버드대의 촉망받는 교수가 될 수 있었을까?

못 말리는 사고뭉치, 학교를 그만두다
|

로즈는 이미 열 살이 되기 전부터 과잉행동을 하는 아이였다. 어머니가 아이스크림을 사 오면 남들이 먹기 전에 포장을 전부 뜯어 한 번씩 혀로 핥아먹었고, 복도를 막고 서서 남동생들이 지나갈 때마다 젖꼭지를

꼬집었다. 이건 애교에 불과했다. 겨울날 막 목욕을 하고 나온 벌거벗은 동생을 앞마당 눈밭에 내놓고 문을 잠갔는가 하면, 어머니 말을 잘 들어 '천사'라 불리는 여동생이 정말 날 수 있는지 확인하기 위해 2층에서 밀어버리는 믿지 못할 행동까지도 저질렀다. 다행히 여동생은 관목 덤불 위에 떨어져 온몸이 긁히는 정도에 그쳤지만 그가 얼마나 시한폭탄 같은 아이였는지 짐작할 수 있다. 심지어 나중에는 낯선 사람의 자동차에 충동적으로 돌을 던지는 등 소년의 장난은 점점 갈수록 심각해졌다.

중학교 1학년 때는 그의 악행에 정점을 찍는 사건이 발생했다. 미술 수업시간에 늘 말로만 미술을 가르치는 선생님이 마음에 들지 않았던 로즈는 그에 대한 불복종의 표시로 선생님이 글을 쓰고 있는 칠판에 악취폭탄 여섯 개를 던졌다. 유리창이 깨지고 악취와 연기에 선생님과 학생들이 울면서 대피하는 등 교실은 그야말로 아수라장이 되었다. 정학은 당연한 처벌이었는지 모른다. 모두 그를 기피했기에 로즈는 점심도 혼자 먹었고 때론 괴롭힘까지 당했다. 마음을 열고 그와 대화를 나누려는 선생님도 없었다.

여기서 우리는 로즈가 왜 이렇게 '스스로를 망치려고 작정한' 아이처럼 행동했던 것인지 원인을 살펴볼 필요가 있다. 수업은 지루하기 짝이 없었고 공부와는 담을 쌓고 지내는 로즈였지만 그가 좋아하는 것이 한 가지 있긴 했다. 바로 시를 쓰는 것이었다. 악취폭탄 사건이 있기 얼마 전, 국어선생님은 가장 멋진 시를 쓴 학생에게 초콜릿 바를 주겠다고 약속했다. 시를 쓸 때마다 어머니와 할머니에게 칭찬을 받아왔던 로즈는 초콜릿 바 역시 당연히 자신의 차지가 될 거라 확신했고,

3일간 밤을 새며 의욕적으로 시 쓰기에 매달렸다. 이런 로즈의 모습에 부모님은 이제 아들이 달라질 수도 있겠다는 기대까지 품었다. 하지만 시를 제출한 그는 1등은커녕 F를 받았다. 로즈는 너무 화가 나 선생님에게 물었다.

"제가 왜 F를 받은 거죠?"

"넌 이런 시를 쓸 수 없어. 네가 썼다고 하기엔 너무나 수준이 높은 시야."

수준이 너무 높다는 그의 자작시 '스키점프'는 이렇게 시작한다.

> 내 눈은 용감하게 빛나지만
> 내 심장은 두려움으로 가득하고
> 끝이 보이는 순간
> 심장은 빠르게 두근거리고
> 모든 걱정과 근심을 넘어
> 점프하는 순간 나는 치솟는다.

아들의 억울함을 풀어주고자 로즈의 어머니까지 학교에 찾아와 그동안 아이가 쓴 시를 보여주며 '로즈가 직접 이 시를 쓰는 걸 봤다'고 말했지만 선생님은 신경도 쓰지 않았다. 로즈는 자신을 인정하지도, 믿어주지도 않는 선생님 때문에 학교를 때려치우고 싶을 정도의 패배감을 느꼈고, 이 사건을 계기로 더 이상 아무런 노력을 하지 않게 됐다. 무기력이 학습되고 부정적 피드백과 가혹한 혹평이 되풀이되며 그의 학습능력도 손상되었다. 그는 교수가 된 지금도 이렇게 회고한다.

만일 그때 선생님이 믿어주고 격려해주었다면 나 자신을 문제아가 아닌 작가로 인식하기 시작했을지 모른다.

_토드 로즈 외, 『나는 사고뭉치였습니다』에서

같은 해 로즈는 의사로부터 ADHD라는 진단을 받는다. ADHD의 주된 특징은 잠시도 가만있지 못하며 충동적이라는 것이다. 이는 뇌에서 도파민을 처리하는 방식의 차이 때문이다. 도파민 분비량이 너무 적은 탓에 ADHD인 아이는 무언가에 집중하는 것을 어려워하고 지루함 또한 참지 못한다. 지루함을 느낀 뇌는 주변에서 새로운 자극을 찾기 위해 부지런히 노력한다. 로즈가 폭탄 던지기나 동생 밀기와 같은 극단적인 행동을 한 것 역시 이런 이유 때문이었다. 그러므로 획일적인 교육 안에서 끊임없이 지루함을 견뎌야 하는 ADHD 아이들은 상대적으로 문제아로 낙인찍힐 수밖에 없는데, 이 아이들에게 문제가 있다는 것은 과연 사실일까? 로즈는 그렇지 않다고 이야기한다.

ADHD 아이들은 쉽게 흥미를 잃고 지치기 때문에 새로움을 추구하는 성향이 강한데, 주변 사람들이 아이의 그 호기심을 어떤 관점에서 바라보냐에 따라 아이의 삶은 얼마든지 달라질 수 있다. 로즈는 바로 그 호기심을 소중히 여겨준 사람들 덕분에 하버드에 진학할 수 있었다.

하지만 고등학교 때 로즈는 어른들의 고정관념으로 인해 학교생활이 엉망일 수밖에 없었고, 자신감을 완전히 잃은 고등학교 3학년 때의 성적은 믿기 어려울 정도로 낮은 점수, 평균 0.09점에 불과했다. 그야말로 꼴찌 중의 꼴찌였다. 졸업점수 미달로 결국 학교를 그만둔 로즈는 백화점에서 최저임금인 시간당 4달러 5센트를 받고 재고정리

일을 시작했다. 그리고 사귄 지 8개월 된 여자친구가 임신을 하자 결혼식을 올린다. 몇 달 후 첫 아들이 태어났고, 열아홉 살에 아버지가 된 그는 어두운 병실에서 아들을 품에 안은 채 눈물을 흘렸다.

진짜 공부를 시작, 하버드에 입성하다

|

로즈는 그 후 2년간 자신에게 의지하는 가족이 있다는 책임감으로 일을 했지만 열 군데 가까이 일자리를 옮겨야 했다. 어떤 직장에도 3개월 이상 붙어 있지 못했기 때문이다. 처음에는 활기차고 일을 잘한다고 상사에게 칭찬을 들었지만 그는 금세 지루함을 느꼈고, 그다음 날에도 똑같은 일을 해야 한다는 사실을 참지 못하고 그만두는 일이 계속 반복되었다. 주변 사람들은 '일은 즐기는 것이 아니라 참아내는 것'이라 충고하며 그를 '타고난 게으름뱅이'라 불렀다.

하지만 방황하는 십대였던 로즈가 하버드 대학원생으로 변화할 수 있었던 이유는 그가 부모의 정서적 지지였다. 그 덕분에 자존감이라는 기초체력을 유지할 수 있었다. 로즈의 어머니는 아들의 상태를 이해하기 위해 학습장애에 대해 열심히 공부하며 꾸중과 처벌보다는 격려를 더 많이 해주었다. 아들이 아무리 사고를 쳐도 '이 녀석은 정말 구제불능이야'라는 식으로는 단 한 번도 말한 적이 없었고 언제나 아들의 편을 들었다. 학교에서 항상 공격받고 지쳐 있는 아이에게 집만은 자신이 사랑받고 안전한 곳이라는 사실을 느끼게 해주고 싶었다. 그녀는 아들이 아무리 나쁜 행동을 해도 그를 끌어안으며 늘 '너는 좋은 사람이 될 것'

이라는 믿음을 주었다.

　아버지는 아들과 많은 시간을 함께 보내며 돈독한 관계를 맺는 데 노력을 기울였다. 주말마다 아들과 골프장을 오래도록 걸으며 "실수는 누구나 한단다. 하지만 훌륭한 인격이 되는 것은 실수한 다음 어떻게 대응하느냐에 달려 있지." 하며 조언을 들려주었다. 또한 로즈가 여러 직장을 전전할 때는 "네가 계속 실패하는 이유는 게을러서가 아니라 쉽게 지루함을 느껴서야. 네겐 지금 지적知的 도전이 필요한 것 같구나."라며 격려해주었다.

　아버지의 조언에 힘을 얻은 그는 집 근처에 있는, 누구나 공부할 수 있는 대학인 커뮤니티 칼리지로 향했고, 야간강좌에서 자신의 흥미를 끄는 '경제학 입문'과 '대인심리학'을 신청했다. 그에게 늘 골칫거리였던 이 두 주제는 그야말로 꼭 필요한 과목이었다. 사기가 필요로 하며 흥미를 느끼는 공부를 스스로 선택해서 시작했다는 것, 이것이 로즈의 두 번째 성공 이유다. 누군가 억지로 시키는 공부가 아니었기에 그는 재미와 열정으로 공부에 몰입할 수 있었다.

　그는 대학에서 자신을 완전히 다른 사람으로 대하는 멘토와 같은 교수들을 만날 수 있었다. 이것이 그가 성공할 수 있었던 세 번째 이유다. 특히 심리학 교수인 줄리앤 아버클Julianne Arbuckle은 그를 훌륭한 학생으로 대했다. 그녀는 로즈가 과제를 제출하지 않으면 꾸중 대신 "로즈, 이건 너답지 않은 행동이야."라고 단호하게 말했는데, 이는 그에게 있어 '나다운 것'이 처음으로 긍정적으로 정의되는 순간이었다. 중·고등학교 교사들은 그가 당연히 실패할 거라고 낙인찍은 반면 그녀는 로즈가 성공할 것이라고 기대한 것이다.

로즈가 결혼기념일에 외식을 하느라 연락도 없이 수업을 빠진 날이었다. 그날은 눈보라가 심하게 쳤고 아버클 교수는 '로즈가 수업에 빠질 리 없는데 무슨 일이 생긴 것은 아닌지 걱정'이라며 수업을 휴강시켰다. 이 사실을 전해 들은 로즈는 그야말로 망치로 머리를 한 대 맞은 듯한 느낌을 받았다. 지금까지 자신을 이렇게 믿어준 스승이 있었던가. 그는 아버클 교수의 기대에 부응하기 위해 새로운 사람으로 태어나기로 결심한다.

그는 호감 가는 교수의 수업과 흥미로운 수업만 까다롭게 골라 들었다. 잠재력을 최대한 발휘하기 위해서였다. 온 힘을 다하다 보니 로즈는 곧 전 과목에서 A학점을 받는 우등생이 되었을뿐더러 학생 대표로 당선도 되었다. 그는 우수 장학금을 받게 되었으며, 2년 뒤에는 평점 3.97로 졸업했다.

그가 수강한 과목의 교수들은 모두 로즈를 가장 우수한 모범생으로 인식했고, 로즈는 그 기대에 걸맞게 행동했다. 신기한 일은 예전에 그를 문제아로 취급하게 만들었던 행동이 그곳에서는 총명한 것으로 받아들여졌다는 것이다. 수업시간에 그가 무심코 던지는 말과 질문은 '재치 있다'는 평가와 함께 '수업 내용을 훨씬 풍부하게 한다'는 칭찬으로 이어졌다. 이는 하버드에서도 마찬가지였다. 로즈 자신은 변하지 않았는데 무례함으로 여겨지던 행동은 재치로, 거리낌 없는 문제아적 성향은 창의성으로 해석된 것이다.

이는 하버드대의 로버트 로젠탈Robert Rosenthal 교수가 밝혀낸 '피그말리온 효과Pygmalion effect'의 생생한 예라 할 수 있다. 피그말리온 효과는 타인의 기대치에 따라 성취도가 달라진다는 이론이다. 실제로 초등학교 교사에게 무작위로 선정한 학생 20퍼센트의 명단을 주며 '지적으로 성장할 가능성이 상당히 높다'고 거짓으로 알려준 뒤 8개월 뒤를 추적해보니 해당 아이들은 다른 아이들보다 성적이 눈에 띄게 향상되어 있었다고 한다.

로즈를 위한 교수들의 지원은 계속 이어졌다. 그에게 부양할 가족이 있다는 사실을 알게 되자 연구조교로 채용해줌은 물론, 그의 멘토였던 에릭 에임절Eric Amsel 교수는 교육 개혁의 열정에 불타는 하버드 대학원의 커트 피셔Kurt Fischer 교수에게 로즈를 추천까지 해주었다. 한 달 뒤 로즈는 하버드 입학 안내문을 받았다. 고등학교를 중퇴한 지 7년 만의 일이었다. 그의 성공 스토리는 유타 주의 뉴스와 「솔트레이크 트리뷴The Salt Lake Tribune」지 1면을 통해 전해졌다.

미국 교육 개혁의 혁신가가 되다
|
구제불능 낙제생이었던 그는 지금 하버드대에서 세계 최고의 수재들을 가르치고 있으며 교육신경과학 분야의 선도적인 사상가가 되었다. 2014년에는 어린 시절의 경험과 교육자로서의 연구내용을 밝힌 책『나는 사고뭉치였습니다』를 출간해 미국에서 큰 반향을 일으키며 스타덤에 올랐다. 참고로 이 책의 원제인 'Square Peg'는 '학교라는 둥근 구멍에 맞지 않는 네모난 못'을 의미한다.

그는 특히 획일화된 교육과 평가방식에 문제를 제기하고, 개인별 특성에 맞춘 새로운 디지털 솔루션을 개발해 난독증과 ADHD로 학교에 적응하지 못하는 학생들의 능력을 끌어올리고 있다. 그가 개발한 프로그램은 소리와 동영상, 그래프 등을 이용해 글을 못 읽는 아이들도 정상적으로 정보를 습득할 수 있게 도와주고, 자신처럼 작업기억working memory능력이 떨어지는 학생들을 위해 학습 단위마다 무엇을 해야 할지 단계적으로 알려줌으로써 학업에 압도당하지 않도록 해주고 있다.

수백만 명의 아이들이 이 프로그램을 이용해 미래를 바꾸는 모습을 로즈는 흐뭇하게 바라보고 있다. 수업을 따라가지 못하던 한 난독증 소년은 탐구정신과 풍부한 상상력을 지닌 뛰어난 과학자로 밝혀져 로즈를 흥분시켰고, "넌 지금 감옥으로 가고 있는 거야."라는 말을 들으며 학교를 다섯 번이나 옮겨 다닌 한 ADHD 아이는 대학에 들어간 뒤 비영리단체에서 자신과 같은 아이들을 돕는 활동가가 되었다.

학교 부적응 중퇴자, 노벨상을 받다
|
고교 시절, 담임교사에게 대들기도 하며 학생의 본문을 지키지 않던 문제아가 여기 또 있다. 수업이 너무 지루했고 학교에도 적응할 수 없었던 그는 친구들과의 사이마저 좋지 않았다. 고등학교 교사였던 부모는 졸업 1년을 앞두고 아들을 과감히 중퇴시켰다. 그리고 컬럼비아 대학교에서 주말마다 고교생 대상의 교양강좌 '청소년을 위한 엔지니어링' 강의를 듣게 했다. 그런데 이 수업에서 소년은 그전까지 학교에서는 절대 맛볼 수 없던 희열을 느꼈다. 수년간의 학교 공부보다 몇 달간 들은

주말 강의가 훨씬 재미있었던 것이다.

그 후 그는 우연히 컬럼비아 대학의 한 교수의 눈에 띄었다. 그의 가능성을 알아본 교수는 그를 위해 대학 입학추천서를 써주었고, 덕분에 고등학교를 졸업하지 않고도 컬럼비아 대학에 사전입학을 할 수 있었다. 학교 부적응자에 문제아였던 그는 스탠퍼드 대학에서 석사학위와 박사학위를 받았으며, 자신의 아픈 학창시절 경험을 바탕으로 탄생시킨 '매칭matching 이론'으로 2012년 노벨경제학상까지 수상했다. 바로 미국 교육개혁을 이끄는 혁신가이며 실험경제학의 대가로 불리는 앨빈 로스Alvin Roth 교수의 이야기다.

경제학자가 된 후에도 학창시절의 상처를 지우지 못했던 그는 자신과 맞지 않는 학교에 다니는 것이 운명을 바꿀 정도로 심각한 문제라는 것을 알고 있었다. 그는 이를 직접 해결하기로 결심하고, 개인적 경험을 토대로 고등학교의 학생지원 시스템을 개혁하자고 뉴욕 주에 제안했다. 뉴욕 주가 이 시스템을 도입하자 자기가 원하지 않는 학교에 진학하는 학생 수가 90퍼센트나 감소했다. 이 제도는 이후 뉴욕뿐 아니라 보스턴·덴버·뉴올리언스 같은 도시에도 적용됐다.

앨빈 로스와 토드 로즈의 성공과정에서 우리는 몇 가지 공통점을 찾을 수 있다. 두 교수 모두 학교에서 열등생으로 힘든 시간을 보냈지만 부모의 지지 속에서 자신이 흥미를 느끼는 공부를 발견했고, 스승의 기대와 믿음 덕분에 도약의 기회를 갖게 되었다. 그리고 그들은 자신의 경험을 단지 아픔으로 묻어두지 않고, 실제 교육 현장에서 많은 학생들의 잠재력을 발굴하고 있다.

모든 아이는 가능성이다

|

최근 뇌과학은 ADHD를 질병이 아닌 인간의 여러 특성 중 하나라고 보고 있다. 평균적인 뇌는 없다는 주장이다. 로즈 교수는 이 '평균'은 하나의 신화에 불과하므로 부모와 교사는 아이들의 다양한 면을 먼저 파악해야 한다고 강조한다.

> 과거엔 나쁘다고만 여겨졌던 '산만함'도 최근엔 다양한 가능성으로 해석되고 있다. 산만하다는 건 지루함을 참지 못한다는 것이고, 이는 혁신의 자질을 타고났음을 의미한다.

올림픽에서 금메달만 무려 18개, 총 22개의 메달을 따낸 미국의 수영 영웅 마이클 펠프스Michael Phelps는 심한 주의력결핍과 산만함으로 ADHD 진단을 받았었다. 교수였던 그의 어머니는 아들이 학교에서 지나치게 산만한 데다 제대로 적응도 못하자, 아들이 집중할 것을 찾아주기 위해 수영을 가르치기 시작했다. 아이가 자신의 에너지를 수영으로 발산하면 학교생활이 나아질 거라는 기대에서였다. 그런데 마이클은 수영에서 엄청난 잠재력을 발휘하기 시작했고, 수영을 즐기게 되자 힘든 훈련도 소화해내며 높은 기록까지 달성했다.

세계적 안무가 질리언 린Gillian Lynne은 초등학교 때 늘 집중을 못했고 바닥을 맴도는 성적 때문에 선생님에게 꾸지람을 들었다. 걱정이 된 어머니는 그녀를 심리상담가에게 데려갔다. 놀랍게도 린을 지켜본 상담가는 린이 '문제아가 아니라 댄서'라며 댄스 학교에 보내라고 조언했다.

린은 로열 발레학교에 입학했고 세계적 무용수로 성장했다. 은퇴한 뒤에는 뮤지컬 〈오페라의 유령The Phantom Of The Opera〉과 〈캣츠Cats〉의 안무를 책임지며 백만장자가 되었다.

세계적 경영사상가인 말콤 글래드웰Malcolm Gladwell은 저서 『다윗과 골리앗』에서 신경과학자인 샤론 톰프슨 쉴Sharon Thompson-Schill의 경험담을 소개한다. 그녀는 성공한 사업가들의 모임에서 연설하던 중 즉흥적으로 청중에게 학습장애로 진단받은 적이 있는지를 물었는데, 거의 절반에 이르는 사람들이 손을 든 것을 보고 놀라지 않을 수 없었다. 이 역시 성적이라는 잣대 하나로만 학생들을 평가하는 것이 얼마나 편협한 방식인지 다시 한 번 알게 해주는 에피소드다.

아인슈타인은 "사람은 누구나 천재다. 하지만 나무에 오르는 능력으로 물고기를 판단하면 물고기는 자신이 바보라고 생각하며 평생을 살게 될 것이다."라고 말했다.

아이들은 모두 자기만의 소질과 적성을 갖고 태어난다. 하지만 존재하지도 않는 '평균'이라는 기준을 강요하는 학교 시스템 때문에 많은 아이들이 자신을 열등생, 문제아, 학습장애아로만 여기며 힘겹게 살아가고 있다.

얼마나 정답을 빨리 잘 찾느냐에 따라 등수와 등급이 매겨지고 인생이 결정된다고 주입시키는 교육제도의 허상을 부모들은 깨달아야 한다. 학교는 아이들이 자기만의 고유한 소질과 적성을 드러낼 수 있는 건강한 장소가 되어야 한다. 100명의 아이들이 100가지 방법으로 성공할 수 있도록 끊임없이 꿈을 키워주고 격려해줘야 한 곳, 그곳이 바로 학교여야 한다.

명문대생 CEO vs. 중퇴생 CEO

인류애를 가르치기는커녕 경쟁을 부추기고 남보다 더 많이 소유하는 것이 성공이라고 주입시키는 학교 교육이 얼마나 위험한 직업관과 세계관을 낳는지 보여주는 통계가 있다. 미국의 명상 컨설턴트이자 대중강연가인 샬리니 발(Shalini Bahl) 박사는 2008년 미국의 금융위기를 초래한 10대 기업의 CEO, 그리고 그와 반대로 미국에서 가장 책임 있는 기업으로 존경받는 10대 기업의 CEO의 학력을 비교하는 흥미로운 조사를 실시했다. 그 결과는 상당히 의미심장했다.

골드만 삭스(Goldman Sachs) 등 금융위기를 일으킨 10개 기업의 CEO는 모두 하나같이 하버드 같은 명문대 출신이었던 반면, 파타고니아(Patagonia)와 더바디샵(The Body Shop), 탐스(Toms) 같은 미국 내 가장 책임 있는 기업의 경우에는 열 명의 CEO 중 단 두 명만이 명문대를 졸업했다. 나머지 여덟 명 중 두 명은 미국의 가장 성공적인 대안 대학교인 햄프셔 대학을, 한 명은 배스 대학을 졸업했고 나머지 다섯 명은 모두 학교 중퇴자였다.

금융위기와 관련된 기업 CEO들의 최종 학력

	CEO	회사명	CEO의 최종 학력
1	를로이드 블랭크파인 (Lloyd Blankfein)	골드만 삭스 (Goldman Sachs)	하버드 로스쿨 법학박사
2	리처드 펄드 주니어 (Richard Fuld, Jr)	리먼 브라더스 (Lehman Brothers)	뉴욕 대학교 MBA
3	토니 헤이워드 (Tony Hayward)	브리티시 페트롤륨 (British Petroleum)	에딘버그 대학교 박사
4	스탠리 오닐 (Stanley O'Neil)	메릴 린치 (Merrill Lynch)	하버드 경영대학원 MBA
5	다니엘 머드 (Daniel Mudd)	파니 매 (Fannie Mae)	하버드 대학교 행정학 석사
6	리처드 시론 (Richard Syron)	프레디 맥 (Freddie Mac)	터프스 대학교 경제학 석사
7	제프리 키스 (Jeffrey Keith)	엔론 (Enron)	하버드 경영대학원 MBA
8	모리스 레이먼드 그린버그 (Maurice Raymond Greenberg)	AIG	뉴욕 대학교 로스쿨 법학학위
9	허버트 샌들러 (Herbert Sandler)	골든 웨스트 파이낸셜 (Golden West Financial)	컬럼비아 대학교 법학학위
10	캐슬린 앤 콜벳 (Kathleen Ann Corbet)	스탠더드 앤 푸어스 (Standard & Poor's)	뉴욕 대학교 MBA

가장 책임 있는 미국 기업 CEO들의 최종 학력

	CEO	회사명	최종 학력
1	게리 허쉬버그 (Gary Hisrshberg)	스토니필드 (Stonyfield)	햄프셔 대학교
2	제프리 홀렌더 (Jeffrey Hollender)	세븐스 제너레이션 (Seventh Generation)	햄프셔 대학교
3	이본 쉬나드 (Yvon Chouinard)	파타고니아 (Patagonia)	커뮤니티 칼리지 중퇴
4	블레이크 마이코스키 (Blake Mycoskie)	탐스 (Toms)	서던 메소디스트 대학교 중퇴
5	아니타 로딕 (Anita Roddick)	더바디샵 (The Body Shop)	배스 대학교
6	세스 골드먼 (Seth Goldman)	어니스트 티 (Honest Tea)	예일 경영대학원
7	존 맥키 (John Mackey)	홀푸드 (Whole Foods)	텍사스 대학교 중퇴
8	빌 조지 (Bill George)	메드트로닉스 (Medtronics)	하버드 경영대학원 MBA
9	타미 시몬 (Tami Simon)	사운즈 트루 (Sounds True)	스와스모어 대학교 중퇴
10	벤 코엔, 제리 그린필드 (Ben Cohen and Jerry Greenfield)	벤&제리스 (Ben & Jerry's)	오벌린 대학교 중퇴

이는 우리에게 많은 것을 시사하는 결과가 아닐 수 없다. 최고의 성적과 명석한 두뇌로 명문대를 나와 초일류기업에 입사했지만 오로지 남보다 더 많은 돈을 버는 것이 목적이었던 CEO들은 자국뿐 아니라 세계인의 삶을 위기에 빠트렸다. 심지어 그들은 금융위기에 대한 책임으로 물러날 때마저도 어마어마한 퇴직금을 챙긴 사실이 드러나 비난을 면치 못했다.

반면 대안 교육을 받거나 학교 시스템을 박차고 나온 CEO들은 건강한 제품을 만들고 사람들의 삶의 질을 높이며, 환경보호와 인류애라는 메시지를 전달하는 윤리경영의 대표적 리더가 되었다. 조사를 실시한 샬리니 발 박사는 "리더들이 무책임한 행동을 하지 않도록 윤리의식을 고취시키고 책임감 있는 리더를 만드는 데 명문대가 기여하지 못한다면, 최고 교육기관이라는 타이틀이 무슨 의미가 있단 말인가?"라고 되묻고 있다.

4장

기준은
내가 만든다

시스템에
반항하라

●

"그 역겨운 트로피는 그냥 가지십시오!"
마이클 무어 감독

●

2004년 5월 23일, 프랑스의 휴양도시에서 열린 칸 영화제의 시상식에서는 우리나라 박찬욱 감독의 영화 〈올드보이〉가 심사위원 특별상을 받은 후, 최고상인 황금종려상만을 남겨두고 있었다. 마침내 칸이 선택한 영화가 발표가 되자 사람들은 놀라움을 감출 수 없었다. 최고작품상이 영화제 사상 최초로 다큐멘터리 작품인 〈화씨 9/11Fahrenheit 9/11〉에게 돌아간 것이다. 〈화씨 9/11〉은 미국의 9·11 테러를 다룬 영화다. 그렇다고 슬프고 엄숙한 영화라고 생각하면 오산이다. '지구상에서 가장 놀랍고 독창적이며 가장 웃긴 사람'이라는 평을 받는 마이클 무어Michael Moore 감독의 작품답게 영화는 조지 W. 부시George W. Bush 대통령의 잘못

된 행동과 이라크 침공을 풍자와 해학으로 유쾌하고 신랄하게 비꼰다.

평생 영화를 위해 살아온 영화 거장들조차 수상하기 힘든 황금종려상을 받은 무어 감독은 영화학교 근처에도 가본 적 없는 아웃사이더다. 그가 받은 교육이라곤 첫 번째 영화 촬영 직전 일주일 동안 받은 개인교습이 전부다. 어설프지만 저돌적인 초짜감독은 첫 영화부터 칸 영화제의 초청을 받았고, 두 번째 영화로 아카데미 장편 다큐멘터리상을 받았으며, 세 번째 영화로 세계 영화의 꼭대기에 섰다.

「뉴욕타임스」는 미국 전 대통령 부시가 오사마 빈 라덴Osama Bin Laden보다 더 미워하는 무어 감독을 '자신의 신념을 전하는 법을 배운 할리우드의 문제아'라 평하고, 2005년 '세계에서 가장 영향력 있는 인물'로 선정했다.

신문을 만들고 싶은 꼬마 편집장

무어는 어릴 때부터 신문을 무척 좋아했다. 어머니가 글 읽는 법을 신문으로 가르쳐줬기 때문이다. 신문 1면의 제목을 보며 단어의 뜻을 무척 궁금해하던 그는 글을 깨친 뒤 일주일에 한 번씩 도서관에 가서 책을 열 권씩 대출해 읽었고 학교에 들어가서도 수업보다는 동화책 읽기를 더 좋아했다.

하지만 학교를 다니기 시작한 지 한 달쯤 지나서부터 그는 학교를 싫어하기 시작했다. 무어의 눈에는 알파벳 노래를 듣고 앉아 있는 아이들의 모습이 마치 로봇처럼 보였고 수업은 마치 아동학대처럼 느껴졌다.

지루한 학교 수업이 끝나면 세상은 천국이 되었다. 소년은 숲에서 온갖 모험을 하며 마음껏 뛰어놀았고, 몇 시간씩 하이킹을 했고, 사슴, 토끼, 너구리 등을 쫓아다녔다.

그는 12년 동안 교실에 앉아 겉으로는 고분고분 공부하는 척했지만, 속으로는 언제나 그곳을 빠져나갈 궁리만 하고 있었다. 초등학교 4학년 때 그의 꿈은 언론인이었다. 좋아하던 스포츠 팀과 수업 시간에 있었던 일을 쓰고 싶어 무어는 아버지가 일하는 공장의 인쇄기로 찍어낸 2쪽짜리 언더그라운드 신문을 창간했다. 그러나 '학생 신문은 필요 없다'는 학교 측의 이유로 폐간당했고, 6학년과 8학년 때 또다시 신문 발간을 시도했지만 그 역시 모두 실패했다. 누가 시키지도 않았는데 크리스마스 연극용 극본도 썼다가 학교에 의해 저지당했다. 전국의 쥐들이 학교강당에 몰려와 연례회의를 열다가 강당이 무너지는 바람에 몰살 당한다는 내용 때문이었다. 그는 무대 위에 올라 캐롤을 세 곡 부르고 군말 없이 내려오라는 명령을 받은 뒤 집필 작업과 언론 사업을 당분간 접기로 했다.

무어는 열한 살 때부터 역사와 정치에 매료되었는데 이는 정치에 열정적인 어머니 덕분이었다. 어머니는 주변에서 흑인에 대한 멸시와 차별을 보면 그냥 넘기지 못했다. 방학 때는 무어를 워싱턴으로 데려가 정부가 어떻게 움직이고 있는지 가까이서 보고 배우도록 해주었는데, 이때 무어는 법무부에서 FBI 투어를 했고 국회의사당에서 법안이 통과되는 장면을 직접 참관하기도 했다.

액션영웅 신부가 되고 싶어요

|

열네 살이 되던 해, 지루하기 짝이 없는 학교를 용케도 참아내던 그는 집을 떠나기로 결심한다. 가톨릭 신부가 되어 세상에 좋은 일을 하고 싶다며 부모님을 설득해 신학교에 입학한 것이다. 사실 진짜 이유는 오직 어렸을 때 TV에서 봤던 한 장면 때문이었다. 급진 가톨릭파 신부님이 징병사무소로 쳐들어가 베트남에 파병될 청년들의 기록을 파괴한다는 내용이었는데, 그것을 본 어린 무어는 '나중에 크면 저런 액션영웅 신부가 되고 싶다'는 꿈을 가졌고, 그것을 이루기 위해 신학교에 지원한 것이었다.

하지만 신학교에 도착한 날 밤부터 그는 야심 찬 결정에 의문을 품기 시작한다. 무어를 기다리고 있던 짓은 힘든 노동과 허드렛일, 심한 벌이었다. 하지만 그는 엄격한 학교 분위기 속에서도 여전히 장난을 즐겼다. 제단용 향을 악취폭탄으로 바꿔놓거나 과학대회 전시관에 '만지지 마시오. 폭발함.'이라는 문구를 적어놓아 소방대원까지 출동하게 만들었다. 또한 무어는 "왜 여자는 사제가 되지 못하나요?", "예수께서 살아 계신다면 베트남에 군인들을 파병할까요?"와 같이 난처한 질문들을 끊임없이 퍼부어서 신부님과 수녀님 들을 당황하게 했다. 물론 그의 질문에 속 시원히 대답해주는 선생님은 없었다.

그는 결국 신학교가 자신과 맞지 않으니 그만두겠다고 말하기 위해 학장 신부님을 찾아갔다. 그런데 신부님이 먼저 선수를 쳤다. 무어에게 '넌 너무 많은 질문으로 학생들을 불편하게 하니 2학년부터는 수업을 듣지 말라'고 부탁하는 것이 아닌가. 무어는 흥분하고 당황해서 물었다.

"제가 무슨 질문을 너무 많이 했다는 거죠? 무슨 뜻이세요? 어떻게 그런 말을 할 수 있죠?"

"거 봐라. 5초도 안 됐는데 벌써 질문을 세 개나 했잖니? 너는 믿음을 기반으로 한 우리 학교의 규율과 가르침을 받아들이지 않고 있다. 항상 질문을 하지. '그건 무엇인가요?', '왜 그런거죠?', '누가 그런 말을 했지요?' 마이클, 그러다가는 피곤해지는 거야. 받아들이든가, 떠나든가 둘 중 하나지. 중간이란 없단다."

세상에 나를 드러내다

|

신학교를 나온 무어는 공립 고등학교로 편입했다. 학교는 마치 2,000명 이상의 죄수를 수용한 교도소 같은 느낌이었다. 그런데 고등학교 3학년이 되던 해, 그는 뜻하지 않게 세상에 알려지게 되었다.

사건은 어느 날 기숙사 복도 자판기에 감자칩을 사러 갔던 무어가 우연히 포스터 하나를 발견한 것에서 시작된다. 흑인을 멤버로 받지 않는 한 골프클럽이 '링컨 연설 콘테스트'를 주최한다는 내용이었다. 인종차별 남성클럽이 뻔뻔스럽게 '위대한 노예 해방자'의 삶을 표방하다니! 위선과 불의를 목격한 17세 소년은 아드레날린이 솟구치는 것을 느꼈다. 분노한 그는 연설문을 작성해 콘테스트에 응모한다.

"그 역겨운 트로피는 그냥 가지십시오!"

콘테스트 발표날, 무어는 이렇게 외치며 연설을 끝마쳤다. 쫓겨날 각오까지 했건만 그의 예상은 완전히 빗나갔다. 강당 안은 일순간 광란의 도가니로 바뀌었다. 2,000여 명의 관중이 벌떡 일어나 갈채를 보냈고 콘테스트에서 우승을 거머쥔 그에게 전국의 신문과 방송국에서 인터뷰 요청이 쏟아졌다. 미국에서 가장 신뢰받는 앵커 월터 크롱카이트 Walter Cronkite가 진행하는 CBS 저녁뉴스에서 취재요청이 들어왔고, 하원 의원실에서도 전화가 걸려왔다. 그의 연설문은 이후 인종차별 개선을 요하는 행사 때 종종 인용될 만큼 유명해졌다. 너무 놀라 집에서 숨어 있던 무어는 이 경험을 통해 '아주 평범하기 짝이 없는 사람도 변화를 일으킬 수 있다'는 교훈을 얻게 된다. 때로는 감자칩 한 봉지 때문에 그 변화가 일어날 수 있다는 것도.

최연소 교육위원회 위원이 되다
|

> 교육은 모르는 것을 알도록 가르치는 것이 아니라 사람들이 행동하지 않을 때 행동하도록 가르치는 것이다.
>
> _마크 트웨인(Mark Twain)

무어가 진학한 고등학교는 교장과 교감이 만든 억압적인 규칙이 지배하고, 언제 어떤 이유로 체벌이 가해질지 모르는 공포스러운 곳이었다. 하루는 학교에서 돌아와 신문을 집어 들었는데 '수정 26항 통과. 투표권 이제 18세 이상'이라는 헤드라인이 무어의 눈을 사로잡았다. 그는 곧바로 당국에 전화를 걸었다.

"어…… 몇 주 있으면 18세가 되는데, 선거를 할 수 있다면 출마도 할 수 있나요?"

"글쎄, 그건…… 처음 듣는 질문이네. ……응, 출마할 수 있어. 후원자 20명의 서명만 받으면 돼."

20명의 서명? 그게 전부라니! 공직에 출마하는 것이 그렇게 쉬울 줄 누가 알았겠는가. 그는 유일한 선거공약으로 '교장과 교감을 해고시키자!'를 내걸고 미시건 주 교육위원회 위원 후보로 출마했다. 다섯 명의 어른 후보자가 성인들의 표를 나눠 가진 반면 18세에서 25세 투표권자들의 표는 몽땅 무어의 몫이었다. 최연소로 교육위원회 위원에 당선된 무어에게 학생들은 열광했고 지역신문 기자는 "당신은 미국 전체에서 가장 어린 나이로 공직에 선출된 사람이에요."라고 말해주었다.

무어가 교장과 교감의 윗사람이 되자 교내 체벌은 사라졌다. 이사회에서 그는 교장이 '남과 다른 생각을 누르고 새로운 아이디어를 장려하지 않는다'고 목소리를 높였다. 그로부터 9개월도 지나지 않아 교장과 교감은 모두 사표를 제출했다.

드디어 신문을 만들다
|
무어는 미시간 대학에 진학해 3학기를 다니다 중퇴했다. 새로운 것을 가르치는 것이 아니라 이미 남들이 이야기했던 것과 정답이 있는 내용만 반복하는 강의가 너무 마음에 들지 않았다. 하지만 그에게 중퇴의 계기로 작용한 사건은 매우 엉뚱했다.

대학교 2학년 어느 날 주차하려고 플린트에 있는 캠퍼스 여기저기를 헤맨 적이 있다. 어디를 가도 차 세울 곳이 마땅치 않았다. 내 69년형 셰비 임팔라를 몰고 한 시간 이상 돌아다니다가 하도 속이 터져 '이것으로 끝이야. 대학 더 안 다녀!' 하고 집에 와서 부모님께 이제 학교를 안 다니겠다고 말했다. "왜?", "주차를 못 해서요." 그게 전부였다. 그날 이후로는 강의실 책상에 앉아본 적이 없다.

_마이클 무어, 『멍청한 백인들』에서

그는 학교를 그만두고 어릴 적 접어두었던 꿈, 언론인이 되기로 한다. 기존 질서를 정면으로 겨냥하는 신문 「플린트 보이스The Flint Voice」를 친구들과 함께 창간한 것이다. 그는 이 신문에서 고향 플린트를 거점으로 하는 자동차 회사 제너럴 모터스 GM, General Motors의 불공정 관행, 흑인을 차별하는 판사와 기업, 학교의 비리와 체벌 등의 문제점을 다뤘다. 무어는 거대세력에게 위협적인 존재로 여겨진 반면 언론의 자유를 꿈꾸는 사람들에게는 든든한 존재가 되었다. 존 레넌마저 무어에게 전화를 걸어 자신이 도와줄 일이 있다면 연락하라며 지지를 보냈다.

10년간 이 신문을 발행하던 무어는 진보 잡지로는 최대 발행부수를 자랑하는 샌프란시스코의 「마더 존스 Mother Jones」의 눈에 띄어 스카우트된다. 하지만 고상한 간행물을 만들고자 했던 잡지사 사장과 의견이 맞지 않아 채용된 지 불과 5개월 만에 해고를 당한다. 물론 가만히 있을 무어가 아니었다. '열혈청년'은 사장을 상대로 소송을 제기했고 이 소송에서 이겨 6만 달러를 배상받았다.

영화감독이 되다

|

> 학교는 학생이 세상으로부터 도망가는 자가 아니라, 세상에 나가 참여하
> 는 사람이 되도록 가르쳐야 한다.
>
> _존 치아디(John Ciardi)

  다시 플린트로 돌아온 무어를 기다리고 있던 것은 폐허로 변해가는 고향의 모습이었다. GM이 속속 공장을 폐쇄하면서 무려 3만여 명 이상을 일방적으로 해고하자, GM에 생존을 맡기고 있던 시민들의 삶이 급격하게 몰락하고 있었던 것이다. GM은 인건비가 저렴한 멕시코로 이전하며 챙긴 차액으로 최첨단 무기 제조사를 인수했다.

  무어는 플린트를 위해 무언가 해야겠다고 생각했다. '내가 뭘 할 수 있지?' 하며 고민하던 그에게 한 가지 아이디어가 떠올랐다. 잡지와 신문을 통해 알리는 것보다 더 영향력 있는 방법이었다. 하워드 가드너는 '창조적 결과물로 성공을 거둔 사람들은 현재의 기준, 문제, 답에 불만을 느끼며 다양한 변종적 시도를 꾸준히 한 사람들이었다'고 했다. 무어의 새로운 시도는 바로 영화였다. 다큐는 관심도 없었지만 '무조건 돌진한다'는 정신으로 무장하고, 신문을 만들 때 알게 된 다큐멘터리 감독 케빈 래퍼티Kevin Rafferty에게 도움을 청했다. 케빈은 그의 도움에 흔쾌히 응하며 "꼭 알아야 할 것들을 일주일 안에 가르쳐줄 수 있다."고 했다. 무어는 반신반의하며 물었다.

    "케빈, 일주일 만에 다 배울 수 있을까요?"

"장비 조작하는 법을 배우는 건 오래 걸리지 않아요. 영화 만들기에서 가장 중요한 건 당신 머릿속에 있는 아이디어, 그걸 움직이는 박자와 리듬이에요. 행간의 뜻에 귀 기울일 줄도 알아야 하고 배짱도 있어야 하죠. 당신을 지켜본 결과, 잘할 거라고 봐요."

무어는 소송에서 이긴 6만 달러와 신문사 건물을 팔아 마련한 돈으로 제너럴 모터스를 정면으로 비판하는 다큐멘터리 영화 〈로저와 나 Roger & Me〉를 찍었다. 그가 GM 회장을 졸졸 쫓아다니며 "플린트에 와서 서민들이 어떻게 사는지 한번 봐줄 수 있냐."고 돌직구를 날리는 모습은 영화에 그대로 실렸다. 그는 이 영화로 밴쿠버영화제, 토론토국제영화제, LA 비평가협회상을 휩쓸었다. 그는 자신이 성공할 수 있었던 이유에 대해 이렇게 밝히고 있다.

나는 대학 공부는 말할 것도 없고 평생 단 하루도 영화학교에 다녀본 적이 없는 사람이었다. 하지만 상관없었다. 내겐 나만의 아이디어가 있기 때문이었다.

카메라 하나로 미국을 뒤흔들다

이후 무어는 본격적으로 영화를 통해 세상을 향한 자신의 목소리를 내기 시작한다. 그는 컬럼바인 고등학교에서 일어난 총기난사 사건을 다룬 〈볼링 포 컬럼바인Bowling For Columbine〉을 만들었다. 대형 슈퍼에서 누구든 총알을 살 수 있는 환경과 초등학교 1학년생이 학교에 총을 가져와 같은 반 아이를 쏜 사건을 조명하며 미국의 어두운 이면을 신랄하게 풍자한 이 영화는 칸 영화제 경쟁부문에 오른 첫 번째 다큐멘터리가 되었고 심사위원들은 특별히 이 영화를 위해 '55주년 특별상'을 만들어 시상했다. 또한 전 세계에서 4,000만 달러 이상을 벌어들이며 다큐멘터리 역사상 가장 많은 흥행수익을 올린 대히트작이 되었고, 2003년 아카데미에서는 장편 다큐멘터리상을 수상했다.

무어는 전 세계 사람들이 생방송으로 시청하는 아카데미 시상식장에 올라 수상소감을 밝히는 자리에서 이렇게 외쳤다. "우리는 이 전쟁에 반대합니다. 부시 대통령, 부끄러운 줄 아시오!" 이라크 전쟁이 발발한 지 나흘째 되던 날이었다.

9·11 테러 배후 인물인 오사마 빈 라덴의 가문이 석유 재벌인 조지 부시 전 대통령, 그리고 아들 조지 W. 부시 전 대통령과 사업적 파트너로 깊은 유착관계임을 폭로한 〈화씨 9/11〉은 부시를 향해 무어가 가한 공격의 결정판으로, 칸 영화제에서 첫 상영 후 20여 분간 기립박수를 받았다. 이 영화의 제작사인 미라맥스Miramax Films의 회장은 '지난 25년간 영화를 만들면서 가장 오래 큰 박수를 받은 날'이라며 들뜬 마음을 감추지 못했다.

개봉을 막으려 했던 부시의 노력에도 불구하고 전 세계에서 개봉된 〈화씨 9/11〉은 그의 전작 〈볼링 포 컬럼바인〉의 기록을 갱신하며 다큐멘터리 영화사상 최대의 흥행을 기록한다. 이 영화는 무어가 의사당에 들어가는 의원들을 일일이 붙잡으며 "당신 아들을 이라크에 파병하도록 신청서를 작성해달라."라고 말하자 그들이 꽁무니를 빼는 모습을 그대로 보여준다. 왜 우리나라 고위 공직자들과 자녀들이 대부분 병역면제자인지 그 이유에 대해서도 무어에게 취재를 부탁하고 싶어진다. 부시는 무어에게 '제발 다른 일을 찾아보라'고 간청했다고 한다.

미국 사회를 향한 무어의 통쾌한 딴지 걸기는 계속되었다. 미국 민간 건강보험 제도의 문제점을 통렬히 비판한 영화 〈식코 Sicko〉를 만들어, 건강보험을 위해 1인당 지출하는 금액이 세계에서 가장 높음에도 불구하고 정작 미국의 건강지표는 선진국 중 최하위라는 사실을 폭로했다. 무어는 보험혜택을 받지 못해 고통받는 환자들을 이끌고 바다를 건너 쿠바의 무상의료를 받게 해주었다. 시카고비평가협회상을 수상한 〈식코〉는 2007년 칸 영화제의 특별 초대작이 되었다.

그는 사회 전반에 만연한 부조리와 모순을 TV와 책을 넘나들며 알리고 있다. TV용 다큐멘터리인 〈TV 국가 TV Nation〉로 에미상을 수상했고, 40주 연속 「뉴욕타임스」 베스트셀러 1위를 차지한 그의 저서 『멍청한 백인들』은 전 세계적으로 400만 부 이상이 팔렸으며, 영국에서는 미국 작가의 작품 중에선 최초로 '올해의 책'에 선정되었다. 에미상을 수상하는 자리에 무어와 동행한 그의 부모에게 영화감독 롭 라이너 Rob Reiner 는 "아드님의 영화가 『톰 아저씨의 오두막』에 버금가는 충격을 던졌어요."라고 말해주었다. 알다시피 『톰 아저씨의 오두막』은 링컨 Abraham Lincoln 의 노예해방운동에 불씨가 된 소설이다.

'나'의 이야기를 해라

|

> 자신의 주인으로 산다는 것은 (중략) 다른 사람의 말을 수용하는 것이 아니라 나의 말을 하려는 사람입니다. 삶의 궁극적인 동력은 결국 나를 표현함에 있어야 합니다. 그래서 나를 침해하는 어떤 것에도 도전하기를 주저하지 않아야 합니다. 그것이 때로는 거칠어 보일 수도 있겠으나 나의 주체성, 나의 존재성, 나의 존엄을 침해하는 것에는 거침없이 저항할 수 있어야 한다고 생각합니다.
>
> _최진석 외, 『나는 누구인가』에서

여러분은 얼마나 당신의 말과 생각을 표현하며 살았는가? 우리는 학교에서 정답을 마음껏 섭취하라고는 배웠어도 자신의 생각을 거침없이 표현하라고 배운 적은 없다. 세스 고딘은 순종에서 벗어나 기존 질서에 도전하는 아티스트가 되라고 강조하는 저서 『이카루스 이야기』에서 사회가 우리에게 다음과 같은 생각을 무의식적으로 주입시키고 받아들이도록 강요하고 있다고 말한다.

- 소란을 피우지 마라.
- 지도자를 따라라.
- 그대로 있어라.
- 아이들에게 복종을 가르쳐라.
- 모난 돌이 정 맞는다.
- 사회가 지켜줄 것이라 믿어라.

자라면서 너무나 많이 들어본 이야기들 아닌가? 교육 시스템은 학생들에게 권위자의 요구대로 행동하는 방법을 가르친다. 윌리엄 데레저위츠는『공부의 배신』에서 대학교육 시스템이 그저 '똑똑한 양떼'를 키워 모든 학생들이 같은 방향으로 온순하게 걸어가도록 만든다고 비판하고 있다. 그리고 이렇게 학습된 엘리트 학생들의 내면에는 스스로 자신의 세계를 만들어갈 힘이 없기 때문에 두려움과 불안, 좌절, 공허함이 자리 잡게 된다는 것이다.

도쿄대를 중퇴한 지知의 거장 다치바나 다카시立花隆 또한 저서『도쿄대생은 바보가 되었는가』에서 대학교육이 일본 최고 수재들을 바보로 만들고 있다고 주장하고 있다. 교육의 목적은 현 제도의 추종자를 만드는 것이 아니라 제도를 비판하고 개선할 수 있는 능력을 배양하는 데 있어야 하는데, 이 관점에서 볼 때 대학은 바보를 양산하는 쓸모없는 것이 되었다는 것이다. 일본은 세계에서 우리나라와 교육 시스템이 가장 비슷한 국가이므로, 그의 이야기는 곧 우리의 이야기라 할 수 있다.

마이클 무어는 억압적인 교육환경과 정의롭지 않은 사회관행에 끊임없이 질문과 반론을 제기했고, 신문과 영화라는 매체를 통해 미국 전반의 부조리와 모순을 통쾌한 유머와 독설로 거침없이 공격하며 변화를 모색했다. 그는 양떼 중 한 명으로 살기를 거부했다. 그리고 양떼 무리는 결코 제기할 수 없을 실업문제, 총기문제, 테러, 건강보험 제도 등 미국 사회를 지배하고 있는 권력과 자본의 핵심부를 정확히 타격했다. 그리고 용기와 소신으로 대통령과도 맞서며 '세상에서 가장 영향력 있는 다큐멘터리 감독'이 되었다.

'요즘 대학생들의 꿈은 전문직도 공무원도 아닌 정규직'이라는 '웃픈 (웃기면서도 슬픈)'이야기가 들려온다. 혹여나 당신의 아이가 정규직이 되고 싶다는 이야기를 한다면 이 질문을 꼭 하길 바란다. "왜 너는 그런 목표를 갖게 되었니?" 함께 그 답을 찾는 과정에서 아이는 자신이 무리 안에 있어야만 안전하다고 믿는 양이 되도록 학습되었다는 사실을 알게 될 것이다. 그 순간부터라도 아이를 그 무리에서 떼어내 무한한 가능성의 세계로 들여보낼 수 있도록 노력해야 한다. 그리고 그렇게 될 때 아이는 세상을 불안한 살얼음판 위에서 생존을 위해 싸워야 할 전쟁터가 아니라 다양한 기회가 존재하고 자신의 도전과 이야기로 가득 채워갈 흥미진진한 게임장으로 인지할 수 있다.

심리학자 브레네 브라운Brene Brown은 '용기란 자신의 이야기를 하는 것'이라고 했다. 이제 아이가 용기를 갖고 자신의 존재를 드러내며 자신의 이야기를 할 수 있도록 도와주자.

비범성을
계발하는
강점 중심 교육

●

"'누가 비범한가?'라는 질문은 잘못된 것이다.
'어디에 비범성이 있는가?'라고 물어야 한다."
하워드 가드너 교수

●

2013년 5월, 그해 미국 IT 업계에 놀라운 사건이 발생한다. 고등학교
를 중퇴한 청년이 만든 소셜네트워킹사이트SNS인 텀블러Tumblr가 야후
에 11억 달러, 한화로 약 1조 2,276억 원에 인수되었다는 사실이 발표
된 것이다. 스티브 잡스와 마크 저커버그 이후 미국 IT 업계 최대 관심
사로 떠오른 이 청년의 이름은 바로 데이비드 카프David Karp. 그는 '제2
의 페이스북 신화'라는 평가와 함께 26세 나이에 억만장자 대열에 합류
한다. 사람들은 20대에 갑부가 된 그를 저커버그와 비교하곤 한다. 하지
만 카프가 학교를 그만둔 것은 저커버그보다도 어린 나이, 고작 열다섯
이었다.

부모의 강점 중심 교육
|

미국 대통령 오바마도 자주 이용하는 소셜사이트라고 언급한 텀블러. 오바마가 카프와 함께 찍은 재미있는 '움짤(움직이는 사진)'은 백악관 공식 텀블러 계정에 올라와 온라인상에서 한동안 화제를 모으기도 했다. 한국인에게 다소 생소한 텀블러는 어떤 사이트일까? 텀블러는 2007년 문을 연 미국에서 가장 인기 있는 마이크로 블로깅 사이트(트위터, 미투데이 등 한두 문장의 단편적 정보를 게시해 공유하는 블로그의 일종)로, 트위터와 블로그의 장점만을 모아 서비스한다. GIF 애니메이션(움짤) 만들기 기능을 제공하고 모바일에서 글, 사진, 동영상 등을 손쉽게 올리고 공유하는 기능 덕분에 미국의 10~20대로 하여금 페이스북과 트위터를 등지게 하고 있다. 정식 한국어 버전을 지원하지 않던 2013년에 이미 국내 SNS 유입률 1위를 달성했으며 하루 평균 방문자 수는 3억 명이 넘는다.

이런 텀블러를 만든 카프는 1986년 뉴욕 맨해튼에서 영화음악 작곡가인 아버지와 과학 교사인 어머니 사이에서 태어났다. 카프의 부모는 빌 게이츠나 스티브 잡스, 마크 저커버그의 부모처럼 아들이 하고 싶은 일을 적극적으로 지원했다. 어린 카프가 악기를 연주하고 싶다고 하면 음악수업을 받도록 했고 로봇을 만들고 싶다고 하면 보스턴에서 열리는 MIT 로봇 경연대회에 직접 데리고 갔다.

그리고 마침내 열한 살 때 그는 운명처럼 컴퓨터 프로그래밍을 접하게 된다. 아버지는 아들에게 컴퓨터 관련 서적을 사주고 소프트웨어 엔지니어들을 만나는 기회를 만들어줌은 물론 당시에는 상당히 고가였던 애플 컴퓨터까지 사주며 아들의 흥미를 더욱 북돋아주었다. 불타는 열정을 갖고 독학으로 컴퓨터 프로그래밍을 공부한 카프는 전문 프로그래머의 실력을 갖춘 뒤 이웃에 있는 회사들의 웹사이트를 적극적으로 만들어주기 시작했다.

카프가 열네 살 때 카프의 어머니는 자신이 가르치는 한 학생의 부모가 애니메이션 회사의 경영자라는 것을 알고 아들을 그 회사에 인턴으로 보냈다. 카프의 재능을 알아본 경영자는 사내 프로젝트에 바로 그를 투입시켰다. 카프는 컴퓨터 테크놀로지에 대한 이해력이 뛰어났고 천부적인 타이밍 센스까지 갖추고 있었다. 그는 몇 년 뒤 카프가 만든 텀블러에 투자해 텀블러의 이사가 되기도 했다.

고등학교에 진학한 카프는 친구들과 어울려 놀기보다는 혼자 있는 것을 좋아했다. 막연하게나마 MIT에 진학해야겠다고 생각했지만 학교는 너무 따분했고, 방과 후에는 집에 돌아와 밤새 방 안의 컴퓨터에만 붙어 있었다. 카프는 점점 은둔형 외톨이처럼 되어갔다. 운동이나 여자친구를 더 좋아할 나이에 컴퓨터에 빠져 있는 아들을 지켜보는 어머니의 심정은 어땠을까? 어머니는 속상해하거나 아들을 꾸짖지 않았다. 그리고 드디어 결단을 내린다. 그것은 어느 부모도 내리기 힘든 결정이었다.

"너는 컴퓨터에 재능이 있는 것 같으니 학교를 그만두고 하고 싶은 일을 마음껏 하렴."

자녀에게 고등학교를 그만두라고 권유할 한국의 부모가 있을까? 카프가 한국에서 태어났다면 부모는 아마도 이렇게 설득하고 강요했을 것이다.

"고등학교도 안 나오면 취업하기가 얼마나 힘든 줄 아니? 낙오자가 되는 거라고. 아무것도 할 수 없어. 힘들어도 조금만 참고 공부해. 대학은 졸업해야지!"

이런 말을 들은 자녀는 사회와 부모가 원하는 길로 힘없이 자신의 방향을 바꿀 것이다. 하지만 카프의 어머니는 아들의 강점이 무엇인지만 관찰했다. 학교와 사회의 틀에 아들을 끼워 맞추기보다는 자유롭게 고유한 재능을 키울 수 있는 진짜 교육을 시키고 싶었다.

> 컴퓨터에 마음을 뺏겨 밤을 새는 아들을 지켜봤어요. 카프가 자신의 열정을 불사를 수 있는 공간이 필요하다는 것을 알게 됐죠. 그것은 다름 아닌 컴퓨터였습니다. 컴퓨터와 관련된 모든 것이었죠.

카프는 그날로 학교를 그만두었다. 처음에는 어머니의 제안이 너무 뜻밖이라 카프 자신도 믿을 수 없었다. 컴퓨터를 좋아하기는 했지만 자퇴를 생각할 정도는 아니었던 것이다. 하지만 어머니의 남다른 교육방식 덕분에 아무 제약 없이 오롯이 자기가 좋아하는 컴퓨터에만 전념할 수 있게 되자 망설일 이유가 없었다. 그때 그의 나이는 열다섯이었다.

카프는 자퇴 후 3년간의 홈스쿨링을 통해 몇 명의 선생님과 함께 자신이 하고 싶은 공부에만 매진했다. 그때 배운 일본어 덕분에 열일곱 살에 일본으로 건너가 인공지능 로봇회사에서 프로그래머로서 실력을 다질 수 있었고, 이때부터 사업가가 되기로 결심하게 된다. 카프는 몇 달간 경험을 쌓은 후 뉴욕으로 돌아와 스타트업 회사였던 어번베이비 UrbanBaby에서 수석 프로그래머로 일한다. 이곳에서 일하게 된 계기 역시 카프의 뛰어난 실력 덕분이었다. 당시 어번베이비는 기술적 문제로 큰 어려움을 겪는 프로젝트를 진행 중이었다. 마감까지는 겨우 48시간만이 남아 있었지만 해결 방안은 보이지 않았다. 그때 카프의 지인이 카프를 이 회사의 경영자에게 소개했고, 그는 4시간도 안 되어 문제를 해결했다. 덕분에 그는 열일곱이라는 나이에 수석 프로그래머가 될 수 있었다.

이후 어번베이비가 씨넷CNET에 매각되면서 자신의 수중에 수십만 달러가 들어오자 카프는 드디어 기다리던 도전을 시작한다. 친구들이 대학에 들어갈 나이에 컨설팅 회사이자 자신의 첫 회사인 데이비드빌Davidville을 창업했고, 이 회사를 경영하면서 나온 아이디어로 투자를 받아 텀블러를 창업하기에 이른다. 직원은 단 한 명, 사무실은 어머니의 아파트였다. 카프의 어머니는 아들이 아이디어가 떠오르면 아파트를 뛰어다니며 이렇게 외쳤다고 회상한다. "엄마, 이런 게 있어요! 이런 게 있어요!"

매혹적인 디자인과 편리한 사용성 등 젊은 세대가 원하는 기능을 갖춘 덕분에 텀블러는 서비스를 시작한 지 2주 만에 7만 5,000명의 사용자를 끌어들이며 대성공을 거둔다. 그리고 얼마 되지 않아 총 1억 2,500만 달러를 벌어들였고 2011년에 버진 그룹의 회장 리처드 브랜슨 등 여러 곳으로부터 8,500만 달러의 투자를 유치했다.

젊지만 탄탄하게 다져진 실전 경험과 실력을 갖추고 21세에 카프가 시작한 작은 스타트업 회사는 5년 만에 260여 명의 직원을 거느린 미국 IT 업계의 선두회사로 눈부시게 도약했다. 이는 그가 어렸을 때부터 오로지 한 분야에만 매달린, 아니 더 정확히 말하자면 한 분야에만 매진할 자유를 가질 수 있었기 때문에 가능한 일이었다.

구글 부사장에서 야후 최고 경영자로 전격 발탁된 뒤 텀블러에 끊임없이 구애했던 마리사 메이어Marissa Mayer는 이렇게 말했다.

카프는 이 세대의 전설이 될 거예요. 사람들이 자신을 표현하는 방식을 바꾼 기업가로서 말이죠.

'창의성'이라는 선물
|

저커버그가 '공유'라는 가치를 우리에게 선물했다면 카프는 '창의성'이라는 선물을 주었다고 할 수 있다. 그는 유튜브YouTube에는 동영상만 올리고, 플리커에는 사진만, 트위터에는 140자 이내의 글자만 올려야 한다는 규제가 답답했다. 우리가 무심코 당연히 여겼던 규칙을 그는 '억제'라는 문제점으로 인식한 것이다. 창의성은 문제를 인식하는 능력에서 출발한다는 사실을 다시 한 번 배울 수 있는 대목이다.

그는 이런 사이트들이 소통·공유방식을 바꾸어놓긴 했지만 강요와 규제로 사람들이 정말 원하는 창의성을 놓쳤다고 말한다. 학교가 강요와 규제로 일관된 틀에 학생들을 집어넣으면서 창의성을 빼앗아가는 것과 마찬가지로 말이다. 카프는 사용자들이 웹에서 자유롭게 창의적으로 표현하게끔 만들고 싶었다. 자신만의 콘텐츠를 쉽게 만들 수 있도록 개발된 텀블러였기에 창의적인 사람들 사이에서 엄청난 인기를 얻게 된 것이다. 특히 자기를 표현하기 좋아하는 십대들의 텀블러 이용자 수는 페이스북을 넘어섰다.

그가 얼마나 창의적인 제품을 만드는 데 집착했는지는 과거 텀블러 창업 시절 카프가 뽑았던 첫 직원이자 유일한 직원이었고, 지금은 인스타페이퍼Instapaper 창업자가 된 마코 아먼트 Marco Arment에게서 들을 수 있다. 그는 카프가 오직 텀블러 개발에만 집중한 워커홀릭이었으며, 초창기에 '투자를 받아야 하지 않겠냐'고 걱정스럽게 말이라도 꺼내면 '제품에 집중하면 돈은 당연히 따라온다'며 일축했다고 회고한다. 동시에 그는 "나는 카프처럼 제품 지향적으로 뛰어난 사람을 딱 한 사람 봤는데, 바로 스티브 잡스다."라고 덧붙였다.

최근 카프는 팔로어 숫자를 공개하는 트위터에 대해 "팔로어가 몇 명인지, 몇 개의 글을 올렸는지 공개하는 트위터는 단순히 숫자로 사용자 가치를 평가한다."라며 일침을 가했다. 인기와 영향력을 얻기 위해 사용자들은 양질의 것보다 자극적이고 가벼운 콘텐츠를 생산하는 데 집중할 수밖에 없다는 점을 꼬집은 것이다. 마치 잡스가 "마이크로소프트 제품에는 문화가 깃들어 있지 않다."고 비난한 것처럼, 성공 그 자체보다는 사용자 가치를 우선시하는 카프의 의지를 엿볼 수 있다.

학교 안에 꿈을 묶어두지 마라

|

한국고용정보원이 2014년 11월에 발표한 보고서에 따르면 국내 100인 이상 기업의 신입사원 평균 연령은 남성은 33.2세, 여성은 28.6세라고 한다. 정규직을 얻기 힘들다 보니 스펙 쌓기 등 취업준비로 졸업을 미루거나, 기존 직장에 만족하지 못하고 몇 군데를 거쳐 직원 100인 이상의 기업으로 이동하기 때문이다.

여기서 묻지 않을 수 없다. 취업을 위해 대체 무엇을 33년간이나 배우고 있는 걸까? 자신의 재능이 무엇인지도 알지 못한 채 초·중·고에서 똑같은 과목을 배우고, 대학에서는 모두가 원하는 회사를 가기 위해 다시 똑같은 취업준비에 매진해온 우리를 보자. 열일곱에 사회로 뛰어들고 스물한 살에 창업해, 불과 스물여섯 살에 자신의 아이디어로 만든 소셜미디어로 억만장자가 된 카프와 비교해보면 너무나 한심한 상황이 아닌가?

심리학자 앤더스 에릭슨Anders Ericsson은 무슨 일이든 10년을 하면 그 분야의 전문가가 될 수 있다는 '10년의 법칙'을 주장했다. 카프는 열한 살 때 재능을 발견했고 그것을 더욱 발전시키도록 지원을 아끼지 않은 부모 덕분에 10년 후인 스물한 살에 과감히 창업을 할 수 있었다. 물론 모든 부모가 자녀를 일찍 성공시키기 위해 학교를 자퇴시키고 사회에 내보내야 한다는 뜻은 절대 아니다. 다만 아이가 잘하는 것에 집중할 수 있게끔 해주는 방법이 무엇일지에 대해서만큼은 고민해야 한다는 것이다.

카프는 자퇴를 결정하게 된 이유를 첫째, 자신이 하고 싶은 일이 무엇인지 명확했고 둘째, 학교에서는 그것을 배울 수 없었기 때문이었다고 설명한다. 아이에게 재능이 있는데 학교가 그것을 채워줄 수 없는 환경이라면 부모는 지혜와 통찰력을 발휘해야 한다. 하지만 우리는 아이들의 잠재력과 재능은 뒷전인 채 학교에서 가르치는 모든 과목은 다 배우고 잘해야 한다거나, 대학은 꼭 나와야 한다는 등의 고정관념에만 매달려 있다. 부모의 맹목적 믿음에 사로잡힌 아이들은 꿈에 대해 고민하기는커녕 대학입시를 위한 공부로 대부분의 시간을 보낸다. 학교 수업이 끝난 뒤에도 우리 사회는 아이들을 학원으로 몰아갈 뿐 아니라 밤늦게까지 원하지도 않는 수업을 들어야 하는 로봇으로 만들고 있다. 깨어 있는 부모가 도와준다면 자녀는 자신만의 고유한 색으로 더 빛나는 별이 될 수 있을 텐데 말이다. 하워드 가드너도 "'누가 비범한가?'라는 질문은 잘못된 것이다. '어디에 비범성이 있는가?'라고 물어야 한다."라고 이야기하지 않았던가.

카프의 성공 스토리는 아이가 원하는 것이 학교 밖에 있음에도 교실 속에 아이의 꿈을 묶어 두고 있을 많은 부모에게 질문을 던진다. 1등 하는 아이만 비범하다고 생각하고 있지는 않은가? 가장 소중한 당신 아이의 비범성은 어디에 있는가?

사업가에겐
졸업장이
필요 없다

●

"50년쯤 지나면 공공 도서관에서 연체료 50달러만 내면 받을 수 있는 교육에
15만 달러를 퍼부었다는 사실을 알게 될 거야!"
영화 <굿 윌 헌팅> 중에서

●

미래학자 다니엘 핑크는 저서 『파는 것이 인간이다』에서 '우리는 모두
세일즈맨'이라고 했다. 제품을 파는 행위뿐 아니라 타인의 마음을 움직
이는 모든 일을 세일즈로 보기 때문이다.

여기 우리나라 세일즈의 최고 달인으로 불리는 젊은 기업인이 있다.
세일즈란 사람과 사람이 만나 공감하고 가슴을 열지 않으면 불가능하
다고 말하는 그는 '국가대표 세일즈 멘토'이자 한국의 '브라이언 트레
이시Brian Tracy, 1회 강연료 8억 원으로 유명한 비즈니스 컨설턴트'로 불리는 한국영업인협
회 심현수 회장이다.

그는 모두가 가는 길의 반대쪽만 고집한 청개구리 같은 청년이다. 남들이 들어가고 싶어 안달하는 명문대를 뛰쳐나왔고, 모두들 번듯한 대기업에서 일하고 싶어 몸부림칠 때 전국 곳곳의 노점으로 달려가 밑바닥 생활을 시작했다. 취업준비생들이 토익 한두 문제에 목숨을 걸고 공부할 때 그는 토익 시험장에 들어가 연필을 팔았다. 그리고 남자가 취급하기 까다로운 제품인 생리대를 팔아 월 매출 1억 원을 올리며 유통회사 CEO가 되었다. 더욱 특이한 점은 그가 남들과 차별성을 갖기 위해 일부러 중퇴를 선택한 독특한 발상의 소유자라는 것이다.

독서는 나의 무기
|

외고를 졸업하고 고려대학교 99학번으로 입학한 그는 학교에 들어가 공부가 아닌 컴퓨터 게임과 응원단에 빠졌다. 스타크래프트에 미쳐 하루에 4시간만 자면서 사이버고연전의 초대 우승 타이틀을 땄고 학교 응원단에 들어가서는 각종 대회를 휩쓸었다. 이렇게 그는 학창시절에 취업준비보다 동아리활동을 더 열심히 하며 열정과 리더십으로 자신을 무장시켰다.

군에 입대한 그는 어느 날 화장실 청소를 하다 몰래 숨어 책을 읽고 있는 후임병을 발견한다. 자신보다 두 살이 많았던 그는 제대 후 사업을 시작할 거라며 지식과 전문성을 갖추기 위해 열악한 환경에서도 독서에 매진하고 있었다. 심현수에게 있어 그 모습은 미래를 진지하게 생각하게끔 하는 계기가 되었다. 그때부터 그도 책을 읽기 시작했다. 휴가를 나올 때면 아버지의 신용카드로 책을 100만 원어치나 구입하기도 했다. 독서 덕분에 그의 열정은 더욱 강해졌고 꿈 또한 명확해지기 시작했다. 그는 자신이 잘하고 즐길 수 있는 것을 찾기 시작했다. 마침내 창업만이 미래의 대안이라는 결론에 이르자 학벌은 더 이상 자신에게 중요한 스펙이 아니었다. 그에게 필요한 건 무엇보다 실전에서의 경험이었다.

> 내가 월급쟁이를 해서 무슨 비전이 있을까? 친구들은 삼성, LG 입사를 준비하고 토익을 공부합니다. '이게 과연 우리한테 무슨 도움이 될까'라는 생각이 들었죠. 과감하게 생각했어요. '내가 사업을 하는 데 있어 졸업장은 아무런 의미가 없다'라고 생각하니 용기가 생기더군요.

세계에서 가장 뛰어난 동기부여 대가이자 자수성가한 백만장자인 지그 지글러Zig Ziglar도 세일즈 경험을 쌓기 위해 대학을 중퇴했다. 남들이 가지 않는 '중퇴'라는 길을 갈 때 더 주목받을 수 있을 것이라고 생각한 심현수는 뚝심 하나만 믿고 새로운 도전을 하기로 했다. 하지만 이내 현실적인 문제에 부딪혔다. 꿈을 이루려는 열망은 가득한데 돈이 없었던 것이다. 그는 캠퍼스 대신 과감히 길거리로 나섰다.

남과 다른 20대를 보내다
|
23세였던 2003년, 제대하자마자 그가 가장 처음 팔았던 것은 토익 시

험용 연필이었다.

> 시험을 보러 오는 사람들이 대략 3,000명이니 이들 중 절반만 나에게 연
> 필을 사면 하루만 일해도 직장인 월급 정도를 벌 수 있겠구나. 만약 캔커
> 피와 휴지까지 팔면 대박이다.

그는 어떻게 잘 팔 수 있을지 고민했다. 제일 먼저 떠오른 것이 '차별
화'였다. 평소 토익 시험을 볼 때 연필 끝이 너무 뾰족해 답안을 체크할
때면 자칫 연필이 부러지거나 종이가 찢어지곤 했던 기억을 떠올렸다.
첫 장사 전날 밤 그는 연필깎이로 깎은 연필 끝을 일일이 손톱깎이로
다듬었다.

시험 당일, 학교 앞에 도착해 판매를 시작했지만 10분도 채 지나시 않
아 뭔가 잘못됐다는 것을 깨달았다. 연필이 너무 팔리지 않는 것이었
다. 뛰어가는 수험생을 붙들고 물어보니 그는 "저기 지하철역 바로 앞
에서 팔고 있어요. 대부분 거기서 사 갖고 와요."라고 대답했다. 아차!
시장조사를 제대로 하지 못했구나 싶었다. 여기에서 포기하고 집으로
돌아가야 하나? 하지만 아직 시간이 조금 남은 상황을 최대한 이용하
기로 결심한 그는 무작정 시험장인 교실로 들어갔다. 감독관은 수험생
같은 남자가 물건을 잔뜩 들고 들어오자 이상한 눈길로 쳐다봤다.

"어떻게 오셨어요?"

"아, 네. 연필 팔러 왔습니다."

"여기서 그러시면 안 돼요."

"네. 죄송합니다."

장사가 처음이었던 그는 너무 부끄러워 하늘만 쳐다봤다. 하지만 아직 최선을 다한 것은 아니지 않는가. 어떻게든 방법이 있지 않을까 고민하던 그의 눈에 마침 시험 시작 전 짬을 내 담배를 피우러 나온 사람들이 들어왔다. 그는 주머니에 있던 5,000원으로 사탕을 사서 돌리며 외쳤다.

"자, 토익 만점자가 파는 연필입니다. 제가요, 토익 1,000점 만점 맞은 사람입니다. 저한테 연필 사시고 운수대통하세요."

그러자 사람들이 '풋' 하며 웃었다. 990점이 만점인 토익에서 1,000점을 맞았다고 했으니 말이다. 그러나 비즈니스를 할 때 웃음은 무척 중요하다. 고객이 마음을 열고 있다는 신호이기 때문이다.

끝이 뭉툭해서 체크하는 데 0.01초도 안 걸린다고 강조하면서 선착순 열 명에게 커피까지 끼워 준다고 소리치자 사람들이 몰려들었고, 그 덕분에 그는 그날 준비한 캔커피와 연필까지 전부 팔 수 있었다. 마음을 무장해제시킨 유머와 편리한 사용성, 토익 만점자가 파는 연필이라는 차별성을 무기로 그의 생애 첫 사업은 이렇게 성공을 거뒀다.

생리대 파는 청년이 되다
|

그 이후 돈도 없고 기댈 곳도 없는 23세 청년은 축구경기장에서 음료수를, 남대문에서 옷을, 지하철역에서 가방을, 부산에서 핸드폰과 액세서리 등을 팔며 실패와 성공을 반복했다. 실패는 쓰라렸지만 자신에게 부족했던 것이 무엇인지 하나씩 하나씩 깨닫게 해주었다. 그는 그렇게 남

과 다른 20대를 보내며 '진짜 인생'을 맛보았다.

2006년, 심현수는 마침내 운명의 제품을 만났다. 남자로서는 선뜻 다루기 힘든 물건인 생리대였다. 친한 친구들조차 하고 많은 제품 중 왜 하필이면 생리대를 취급하겠다는 건지 이해할 수 없다는 반응을 보였다. 그러나 그는 기가 죽기는커녕 오히려 이렇게 당당하게 외쳤다고 한다. "세상의 모든 여자들을 위해서!"라고 말이다.

그의 '천연 면 생리대' 사업은 생리통 때문에 고생하는 여자친구를 도와주려다 시작하게 된 것이다. 일단 사업을 시작한 그는 주위의 수군거림에도 아랑곳하지 않고 오로지 소비자인 여성들의 심정을 이해하고 공감하는 데만 노력을 기울였다. 종류별로 생리대에 커피와 물을 부어 실험하고 직접 한 달 내내 생리대를 하고 다녔는가 하면, 일반 생리대와 비교해보기 위해 새벽에 여자 화장실의 쓰레기통까지 뒤져가며 제품을 분석했다. 전문가가 되어야만 고객이 믿고 사는 물건을 팔 수 있다는 그의 철학과 뚝심 때문이었다.

'상식을 뒤엎는 미친 짓을 해야 큰일을 이룬다'고 했던가. 심현수의 미친 짓도 그를 자신의 꿈으로 한 발짝 더 다가가게 해주었다. '생리대 파는 총각'이라는 소문이 퍼지며 TV 및 잡지에 수차례 소개된 그는 이내 유명세를 타기 시작했고 연 매출 15억 원을 올리며 일곱 개의 직영 매장을 운영하는 한나패드의 CEO가 되었다.

여러 인터뷰에서 그는 '나는 학교를 그만두었다는 점에서 더 주목을 받아 매스컴에 출연할 수 있었고 사업 또한 성장할 수 있었다'며 다음과 같이 밝혔다.

제대 후 학교에 돌아가지 않은 것을 한 번도 후회해본 적이 없습니다. 명문대 졸업장을 포기한 것도, 생리대를 파는 것도 남이 안 하는 길을 간 것이기 때문에 더 주목받은 것이죠. 똑같은 실력이어도 특이한 점이 있어야 더 주목을 받습니다.

그에게는 더 큰 꿈이 있었다. 군 복무 때 10년 계획을 세우면서 궁극적인 목표로 삼았던 '세일즈 멘토'의 길이다. 국내에는 영업 노하우를 체계적으로 교육하는 곳이 거의 없었다. 대기업조차 '열정'이나 '상품' 교육만 반복할 뿐 체계적인 영업 교육을 제공하지는 않는다고 판단한 그는 한국영업인협회를 설립한다. 현장에서 10년 가까이 '어떻게 하면 잘 팔 수 있을까?'만 고민하며 터득한 노하우를 체계적으로 정리해 강연회와 세미나, 인터넷 방송을 통해 아낌없이 나눴다. 생생한 세일즈 현장에서 피 흘리며 세상과 부딪히는 '또 다른 심현수들'에 대한 안타까움과 롤모델로서의 사명감 때문이다.

그는 학생들에게 '내가 벌이 되어 꽃을 찾아다니지 말고 꽃이 되어 벌이 찾아오게 하라'고 강조한다. 남들에겐 없는 자신만의 전문성과 지식을 쌓으면 고객 또는 기업은 벌이 되어 나를 찾을 수밖에 없다는 것이다. 하나같이 학점과 토익에만 매달리는 대학생들에게 답답함을 느낀다는 그는 이렇게 조언한다.

토익점수와 영어회화 실력이 능력은 될 수 있어도 그것을 과연 평생 자신의 꿈과 어떻게 연결시킬지는 심각하게 생각해봐야 한다.

첫 번째 10년 목표를 이룬 그의 다음 꿈은 공익사업과 출판업, 평생교육원등 10개 계열사를 운영하고, 자신의 브랜드를 명품화시킴으로써 한국을 넘어 전 세계 영업인들을 위한 클럽을 만드는 것이다.

환불받은 등록금으로 만든 '주먹밥' 신화

2010년 세상이 꽁꽁 얼어붙은 겨울, 대로 한편에 좌판을 깔고 장사를 하던 청년이 있었다. 상품은 직접 만든 주먹밥. 그러나 벌써 사흘째, 그에게 관심을 가지는 사람은 아무도 없었다. 오늘도 허탕인가 생각하던 그때 한 남학생이 호기심 어린 표정으로 다가와 물었다.

"이거 하나에 얼마예요?"

"1,000원이야. 하나 줄까?"

길거리 어딜 가나 흔히 들을 수 있는 그 평범한 대화를, 그 청년은 평생 잊을 수가 없다. 몇 년 뒤 '밥버거계의 맥도날드'로 불리며 체인점 수 900개, 총 매출액 2,000억 신화를 쓴 '봉구스 버거' CEO 오세린의 이야기다.

오세린은 어린 시절부터 사업가를 꿈꿨다. 아버지는 수학 교수였고 어머니는 학원을 운영하는 교육가 집안이었지만 그는 공부와 거리가 멀었다. 중학교 시절까지만 해도 반에서 1등을 놓치지 않았던 그는 어느 순간 '앞으로 난 장사를 할 건데 왜 공부를 해야 하는 걸까'라는 생각에 빠지며 점점 공부에 흥미를 잃었다. 경남의 명문고등학교에 진학했지만 졸업장이라도 받겠다는 생각마저 없어져 결국은 자퇴를 결정했다. 극구 말리는 부모와 선생님도 그의 마음을 돌리지는 못했다.

학교를 떠난 그는 집으로 돌아가지 않고 대구 건설현장에서 막노동을 했다. 아버지는 그를 찾아와 네 권의 책을 건넸다. 모두 고등학교를 중퇴하고 성공한 인물들의 일생을 다룬 책이었다. 그는 다시 집으로 돌아와 검정고시를 거쳐 홍익대에 합격했다. 그러나 장사로 성공하려는 마음에는 변화가 없었고, 끝내는 등록금으로 낸 돈을 부모 몰래 학교에 찾아가 돌려받았다.

> 대학에 들어갔는데 입학 후 15일이 지나면 등록금 환불이 안 된다고 하더라고요. 14일째 되던 날 학교를 그만두고 등록금으로 장사를 시작했어요.

남들이 보지 못하는 것을 보다
|

환불받은 등록금은 398만 원이었다. 등록금을 종잣돈으로 그토록 하고 싶던 장사를 시작했다. 중·고등학교 앞을 떠돌며 떡볶이와 어묵, 주먹밥에서 맥주와 와인까지 길에서 팔 수 있는 것은 다 팔아봤다. 하지만 장사는 말처럼 쉽지 않았고, 모아두었던 돈은 점점 바닥을 드러내더니 결국 10만 원밖에 남지 않았다. 하지만 줄어든 돈 대신 사업을 보는 눈은 예리해졌고 감각은 차곡차곡 쌓여갔다. 잘 팔리는 품목이 눈에 띄고 다른 사람은 보지 못하는 새로운 아이디어가 떠오른 것도 그때였다. 그는 '주먹밥'에 주목했다.

장사를 하다 보니 김밥보다 경쟁력이 있더라고요. 잘 팔리는 거예요. 그런데 주먹밥이라는 게 너무 메뉴가 없고 한정돼 있는 거예요. 주먹밥으로만 해서 메뉴를 다양화시키면 되겠다. 거기에 아이디어를 보태서 사람들에게 어필할 매력을 심어주어야 한다는 생각에서 출발했죠.

오세린은 요리사 친구의 도움을 얻어 주먹밥 개발에 들어갔다. 재료와 모양에 변화를 주며 많은 시행착오를 거친 뒤 드디어 '밥버거'를 탄생시켰다. 영양과 맛도 좋을 뿐 아니라 가격까지 저렴했다. 가난한 학생들에게 든든한 한 끼를 제공하겠다는 뚝심으로 만든 신개념 주먹밥이었다. 그는 밥버거를 들고 수원에서 학교 급식이 맛없다고 소문난 중·고등학교가 몰려 있는 대로에 좌판을 깔았다. 처음 이틀 동안에는 단 한 개도 팔지 못했지만 사흘째가 되던 날 한 남학생에게 거의 첫 번째 밥버거를 팔 수 있었다. 눈물이 핑 돌 정도로 고마운 마음이 들었다. 그는 밥버거를 구매한 학생을 따라가며 '너 어느 학교니?', '부모님은 뭐하시니?' 등 그 학생과 친해지기 위해 이것저것 묻기도 했다.

다음 날 그 학생은 열두 명의 친구를 데리고 왔고, 그다음 날에는 50명이 몰려왔다. 장사를 시작한 지 일주일이 되자 밥버거는 하루에 100개씩 팔렸다. 이쯤 되니 혼자서는 도저히 감당할 수 없었다. 아주머니 세 명을 고용한 오세린은 장사 전날 밤을 새며 밥버거를 1,000개씩 만들었다. 많이 판 날은 1,700개까지 기록할 정도였다. 집에서 커다란 식당용 밥솥으로 만들다 보니 전기세가 많이 나와 어머니에게 쫓겨나기도 했다.

돈보다 사람이다

그는 학생들과 친해지기 위해 자신을 '오봉구'라고 부르기 시작했다. 학생들의 이름까지 일찌감치 다 외운 봉구는 동네 형, 오빠 같은 친근함으로 아이들에게 다가갔다. 밥버거가 싸고 맛있다는 소문이 나면서 학생들이 학교 급식대가 아닌 좌판으로 모여들자 그는 인근 학교들 사이에서 '요주의 인물'이 됐다. 한 학교가 불법 영업을 이유로 그를 구청과 경찰에 신고하는 바람에 1년 만에 학교 앞 장사를 접어야 했다. 경찰차 두 대가 출동하고 선생님과 공무원이 그를 쫓아내던 그 날, 학교의 한 교실 창문에는 '가지 마, 봉구'라는 플랜카드가 걸렸다.

그의 노점이 철수한 뒤 학교 앞에는 다른 주먹밥 가게가 생겼다. 자신이 일궈놓은 시장을 빼앗긴 오세린은 너무나 속이 상했다. 그를 위로해 준 건 친동생처럼 지내던 학생들이었다. "봉구 형, 지면 안 돼요! 돌아오세요!"라는 학생들의 문자가 1,000개가 넘게 오자 그는 눈물이 날 정도로 울컥했고, 더욱 힘을 내기로 각오했다.

오세린은 모은 돈으로 수원역 뒤편에 보증금 300만 원에 월세 30만 원으로 포장판매만 가능한 작은 가게를 열었다. 손님의 대다수는 학생이었고 가게는 곧 문전성시를 이뤘다. 대기 줄이 도로까지 늘어서자 경찰이 교통정리를 하기 위해 출동하는 경우도 있었다. 장사가 잘되니 같은 간판 아래에서 밥버거를 팔고 싶다는 사람들이 오세린을 찾아왔고, 그들과 함께 2011년 프랜차이즈를 시작했다. 3년이 지나지 않아 봉구스 버거 대리점은 900호를 돌파했고 중국에 직영점도 두 개 열었다.

'사업은 진심을 팔아서 사람을 얻는 것'이라고 말하는 그는 돈보다 사람을 택했다. 수입의 일정 비율을 지불하는 보통의 프랜차이즈와 달리, 매달 10만 원의 로열티만 내면 되는 시스템을 만든 것이다. 그는 소자본 창업자들이 좋은 이야기를 나누고 친해지면서 생기는 따뜻한 기운이 브랜드화되어 소비자에게 전달될 때 누구도 모방할 수 없는 봉구스 버거만의 강점이 탄생한다고 믿었다. 그런 신념 덕분인지 2013년 봉구스 버거는 매경닷컴에서 선정하는 '대한민국 대표 우수기업' 인증도 받게 된다. 그의 향후 계획은 '봉구스'로 해외진출을 확장시켜 맥도날드의 '빅맥지수'를 대신할 '밥버거지수'를 만드는 것이다.

한 학기 등록금으로 성공신화를 이룬 그는 오늘도 취업을 위해 도서관에서 밤을 새며 학점과 스펙 쌓기에 여념이 없는 20대 청년들에게 이런 질문을 던진다.

취업에 비해서 창업이 힘든 길이라고 생각하는 사람들도 있어요. 전 그런 사람들에게 묻고 싶습니다. 왜 그렇게 힘들게 취직을 하려고 하세요? 창업하는 사람이 있어야 취업할 일자리도 생기는 것 아닐까요. 전 그냥 평범하게 도전을 하는 청년들 중 한 명일 뿐입니다.

대학은 가치가 있는가

50년쯤 지나면 공공 도서관에서 연체료 50달러만 내면 받을 수 있는 교육에 15만 달러를 퍼부었다는 사실을 알게 될 거야!

영화 〈굿 윌 헌팅Good Will Hunting〉에서 주인공 윌 헌팅이 하버드 대학 학생에게 한 말이다. 미국 교육 문제에 있어 가장 존경받는 인물인 전 교육부 장관 윌리엄 J. 베넷William J. Bennett은 저서 『대학은 가치가 있는가』에서 영화 속 헌팅의 대사가 오늘날 고등교육에서 가장 중요한 논쟁거리를 그대로 보여주고 있다고 지적한다.

'대학 가서 좋은 직장을 얻어라', '좋은 직장을 얻으면 편안하게 살 수 있다'라는 말만 굳게 믿고 청소년기를 다 바쳐 대학에 들어왔건만, 4년간 취업에 올인해도 결코 평생직장을 보장받지 못한다. 어디 그뿐인가. 학생들은 졸업하기 전부터 빚더미에 앉는다. 2014년 취업포털 '사람인'이 실시한 조사에 의하면 대졸자 중 75퍼센트가 학자금 대출로 빚에 허덕이고 있으며, 졸업 시의 평균 빚은 1,400만 원을 웃돈다고 한다. 내 꿈을 위해 일을 찾는 게 아니라 빚을 갚기 위해 나 자신을 회사가 찾는 사람으로 개조해야 한다. 그래서 열심히 스펙을 쌓았건만 나와 같은 취업 준비생들은 주위에 너무나도 많다. 그리고 뒤이어, 등록금 대출을 받고 취업이 늦어진 탓에 빚을 못 갚아 신용불량자로 전락하는 '청년실신(실업자+신용불량)' 상태가 되는 것이다. 베넷은 독자들에게 묻는다. 졸업장이 안정된 일자리를 보장해주지 못하는 시대에 "그렇게 많은 비용을 투자할 가치가 대학에 있는가? 과연 이 빚만큼 대학이 가치 있는가?"라고.

2015년 6월, 〈PD수첩〉은 청년실업 100만 시대, 꿈을 포기한 우리나라 청년들의 자화상을 보여주었다. 그들은 서울 상위권 대학에서 전액 장학금을 받으며 인기학과를 다니다 졸업하고 해외봉사활동과 교환학생도 다녀왔을 뿐 아니라 다양한 자격증까지 갖춘, 스펙으로 보자면 완벽한 인재들이었다. 그런 그들이 1차 서류심사도 통과하기 힘들다고 하소연하는 모습은 보는 이의 가슴을 안타깝게 만들었다. 나이 서른이 된 취업준비생 아들을 10년간 뒷바라지하고 있는 한 어머니는 당신도 이제 지친다며 속내를 털어놓았다.

해외인턴을 갔다 오고 100통이 넘는 이력서를 넣고도 취업을 하지 못했다는 한 청년은 창업으로 방향을 돌렸다. '졸업하면 으레 회사에 들어가는 게 정답인 줄 알았는데 그게 정답이면 이 세상이 너무 슬플 것 같아서'라고 한다. 한창 창업을 준비 중인 그는 이렇게 말했다.

"제 일을 하니까 진짜 이제야 제가 살아 있다는 기분을 느껴요. 취업 준비가 좀 답답했던 거랑은 정반대죠. 제가 능동적으로 얼마든지 움직일 수 있고 느낄 수 있으니까. 그런 부분에서 전 지금이 좋아요. 저만의 스토리를 만들어서 제 비즈니스를 성공시키면 그게 또 하나의 좋은 길이 될 수 있을 테니 열심히 해보려고요."

청년의 편안한 미소 속에서 새로운 도전에 대한 설렘을 엿볼 수 있었다. 그의 나이는 서른셋이었다. 남이 정해준 '정답 인생'에서 자신만의 해답을 만들어가는 인생으로 돌아오는 데 청년은 얼마나 많은 시간을 보내야 했는가. 지금, 그리고 앞으로 또 얼마나 많은 젊은이들이 이보다 더 먼 길을 돌아가야 하는 걸까?

미래학자 토머스 프레이는 2030년이면 20억 개의 일자리가 사라질 것이라는 예측을 내놓았다. 대학의 절반이 사라질 것이고, 「포천」 글로벌 500대 기업 중 절반 역시 문을 닫을 것이며, 2020년이 되면 일자리의 40퍼센트는 프리랜서들이 채울 것이라는 게 그의 예상이다. 지금과 같은 개념의 일자리가 사라지면서 1인 창업, 1인 기업, 1인 제국의 시대가 올 것이다. 자연히 앞으로 창업하는 사람들에게는 더 많은 기회가 생길 것이고, 그렇기 때문에 그는 개인들에게 더 많은 실험정신과 기업가 정신을 발휘할 것을 권하고 있다.

먼 미래의 남의 나라 이야기가 아니다. 100세 시대를 살면서 40~50대에 명예퇴직을 해야 하는 우리의 가까운 미래에 일어날 일이며, 지금의 학생들이 사회로 나갔을 때 직면하게 될 변화들이다. 그렇다면 우리는 머지않아 사라져버릴 대학과 일자리를 위해 아이들이 그 많은 시간과 노력을 쏟아붓도록 내버려둬도 괜찮은 걸까? 창업이 답이니 지금부터 준비하라는 뜻이 아니다. 급변하는 시대를 꿰뚫어 보지 못하고 적성과는 상관없이 무조건 남들이 몰려가는 곳으로 따라가게 만드는 교육이 과연 바람직한지 깊이 고민해야 한다는 말이다. 토머스 프레이는 "일류대학과 대기업에 들어가는 것을 인생의 목표로 삼는 한국 교육에는 혁신적인 사고의 전환이 반드시 필요하다."고 거듭 강조한다.

자, 그렇다면 이제 외면하지 말고 진지하게 생각해보자. 10년 후 당신의 자녀가 원하는 삶을 살게 하려면 지금부터 당신은 어떤 투자를 시작해야 하겠는가? 인생에서 가장 창의적이고 활기 넘치고 흥미진진한 10년의 기간을 취업만을 준비하게 할 것인가? 오세린처럼 한 학기 동안이라도 자신이 하고 싶은 일에 도전할 용기를 가져보게 응원할 것인가?

1인 기업의
시대

●

"내가 뭘 하며 살고 싶은지 깨닫는 순간, 모든 게 쉬워졌다."
엘리자베스 홈스 테라노스 대표

●

2013년 4월, 한국을 방문한 마이크로소프트 창업자 빌 게이츠는 강연을 위해 서울대를 찾았다. 그는 이 강연에서 하버드대를 자퇴하고 MS를 창업하게 된 계기에 대해 '변화가 일어나는 그 당시의 흐름상 시기를 놓치면 안 될 것 같아서'였다고 밝혔다. 강연이 끝난 뒤 이어진 질의 응답 시간에 한 서울대 대학원생이 손을 번쩍 들더니 물었다.

"사업을 구상 중인 학생이 자퇴하는 것은 어떻게 생각하십니까?"

서울대의 초대를 받은 강연으로 서울대 공과대 학장이 함께한 그 자리에서, 빌 게이츠는 이 당황스러운 질문을 형식적인 답변으로 받아넘겼다.

"난 자퇴했지만 추천하지는 않겠습니다."

속 시원한 답을 원했을지 모르겠지만 아직 실망하기엔 이르다. 흥미로운 일은 그다음에 일어났기 때문이다. 게이츠는 강연 직후 서울대 측에 "아까 그 학생과 따로 이야기하고 싶다."라고 요청했고 바쁜 스케줄 속에서도 이 엉뚱한 청년에게 휴대전화로 직접 연락을 취했다.

그리고 얼마 후 청년은 더 이상 학교를 다니는 것은 시간 낭비라며 창업을 위해 자퇴했다. 그는 서울대 전산망이 취약하다는 것을 학교 측에 수차례 얘기했지만 무시당하자 직접 전산망을 해킹해 취약함을 증명해 보였고 현재 99퍼센트의 서울대생이 이용하는 익명강의 평가시스템을 만든 이두희라는 학생이다. tvN의 〈더 지니어스〉에 나와 화제가 되기도 했던 그는 재학 당시 학교 안에 회사를 세웠지만 돌아온 건 교수들의 꾸지람이었다고 회고했다. "학생이 회사를 세우려면 학교를 떠나야 하는 구조를 만들어놓고선 본인들의 철학과 완전히 반대되는 인물인 빌 게이츠의 이야기를 들려주며 '창조경제' 운운하는 게 어이가 없었다." 창조적 인재가 나오려면 열심히 리포트 쓰는 학생을 생산하는 시스템이 아니라 창업과 같은 창조적 활동을 권장하는 구조로 바뀌어야 한다는 것이 그의 생각이다.

또 다른 서울대 출신의 한 벤처기업 대표는 "서울대는 창업과정에서 아무것도 해준 게 없을뿐더러 '괜히 딴짓하지 말라'는 핀잔만 줬다."라고 털어놓았다. 한국의 다른 많은 대학들도 창업 프로그램을 수업과 연결시키지 못하기는 마찬가지다. 서울의 유명 대학의 경영대생들은 4년 넘게 학교를 다녀도 창업 관련 수업은 들은 적 없다고 입을 모은다. 창조경제를 부르짖는 한국의 청년창업 비율은 전체 창업자 중 3.8퍼센트로 OECD 국가 중 최하위를 기록하고 있는 반면, 미국은 20~34세의 창업 비율이 22퍼센트로 전 연령대 중 가장 높다.

창업가의 천국 스탠퍼드대
|

그렇다면 동아일보가 만든 '동아·베인 창조경제지수'에서 1위를 차지한 미국의 대학으로 시선을 한번 돌려보자. 미국에서 신입생 합격률이 5.9퍼센트인 하버드보다 더 들어가기 힘든 대학이 있다. 바로 실리콘밸리에 위치한 스탠퍼드 대학(5.07퍼센트)이다. 스탠퍼드의 학생들 대부분은 졸업 전에 한두 번씩 창업을 경험한다. 학교에는 다양한 벤처사업 관련 교육 프로그램이 갖춰져 있을 뿐 아니라 '강의는 빠져도 좋으니 창업을 하라'며 적극 권장한다. 창업 때문에 한 학기 수업을 모조리 결석해도 그것을 문제 삼지 않고, 교수가 학생에게 투자자를 소개하거나 직접 투자하는 것은 자연스러운 일이다. 2013년에는 다른 휴학생의 벤처사업에 참여하겠다며 10여 명의 학생이 집단휴학을 신청해서 화제가 되기도 했다. 우리나라 대학들 같으면 노발대발하며 말릴 일이겠지만 스탠퍼드 대학은 총장을 비롯한 교수들이 직접 투자까지 하며 이들을 격려했다.

유엔미래포럼의 박영숙 대표는 저서 『메이커의 시대』에서 사람들이 새로운 창조적 일을 찾아내 일자리를 창출하는 시대가 도래했다고 말한다. 그는 "학생들이 교육을 받던 시대는 지났다. 이제 그들은 스스로 개발하고 창업하는 미래의 새로운 인류로 나아가기 위해 준비하고 있다."라며 교육 현장의 변화를 강조했다.

이제 대학은 지식을 습득하고 리포트를 쓰고 시험을 보는 곳이 아니라 직접 자신의 아이디어를 결과물로 만들어내는 현장으로 변해가야 한다. 스탠포드대는 이러한 열망이 가득한 곳이다. 구글을 창업한 세르게이 브린과 래리 페이지, 썬 마이크로시스템즈 Sun Microsystems 공동창업자인 스콧 맥닐리 Scott McNealy와 비노드 코슬라 Vinod Khosla, 휴렛패커드 Hewlett Packard를 세운 빌 휴렛 Bill Hewlett과 데이비드 패커드 David Packard, 야후의 공동창업자 제리 양 Jerry Yang, 넷플릭스 Netflix 창업자 리드 헤이스팅스 Reed Hastings도 모두 스탠퍼드 출신이다.

스탠퍼드의 교수진은 풍부한 창업 경험을 가진 창업가나 벤처투자가들로 구성되어 살아 있는 창업정신을 고취시킨다. 엔지니어스쿨 교수의 대부분은 창업 경험을 갖고 있고 에릭 슈미트 Eric Schmidt 전 구글 회장, 페이팔 창업자인 피터 틸, 시에라 벤처스 Sierra Ventures 창업자 피터 웬델 Peter Wendell, 그리고 실리콘밸리의 대부로 불리는 스티브 블랭크 등이 실질적인 노하우를 전수한다. 이들 중 대학 입학 후 학업에 흥미를 느끼지 못해 6개월 만에 중퇴하고 억만장자가 된 스티브 블랭크는 스티브 잡스와 함께 실리콘밸리의 전설 중 한 명으로 꼽힌다. 그가 2014년 펴낸 『기업 창업가 매뉴얼』은 벤처 지망생들의 바이블로 통한다. 스탠퍼드대에서 창업 교육과정을 주관하고 있는 그는 '실패를 두려워해서는 안 되며 더 빠른 실행만이 성공적인 창업의 비결'이라고 주장한다. 이런 환경 속에서 스탠퍼드 학생들은 자연스럽게 학위취득을 미루거나 포기하고 창업을 선택하고 있다. 취직이 되지 않아 졸업을 미루는 우리나라 상황과는 정반대다. 스탠퍼드 대학원을 중퇴한 테슬라 Tesla CEO 일론 머스크 등 스탠퍼드 출신이 세운 기업들이 2011년에 올린 매출은 2조 7,000억 달러로 한국의 국내총생산 GDP보다 두 배 이상 많았다.

창업 열풍은 십대 청소년들도 예외가 아니다. 「뉴욕타임스」는 '십대 학생들 사이에 창업 붐이 일고 있으며 수업을 빠지거나 아예 학업을 포기하고 창업에 매진하는 사례가 속출하고 있다'고 보도했다. 안정된 직업이 줄어들면서 첨단기술의 변화에 쉽게 적응하는 십대들이 온라인으로 창업에 대한 정보를 주고받으며 앱 또는 게임개발을 비롯해 독자적 비즈니스를 하고 있다는 것이다. 전문가들은 '미국에서 십대 청소년의 창업이 지금처럼 빠른 속도로 증가하는 것은 전례가 없는 현상'이라고 진단한다.

세계의 학교는 창업 교육 붐

|

이제 창업은 세계적으로 거스를 수 없는 큰 흐름이다. 많은 국가들이 전통적 교육보다 기업가 정신을 바탕으로 한 창업 교육에 더 열을 올리고 있다. 한 치 앞도 내다볼 수 없는 국가 간 치열한 경쟁 속에서 창업은 나라의 생존이 걸린 문제가 되었기 때문이다. 영국은 16세 자퇴생 프레이저 도허티의 아이디어 제품인 '슈퍼잼'을 대기업 제품과 나란히 마켓의 진열대에 올려주며 스무 살짜리 백만장자를 탄생시킨 나라다. 그럼에도 캐머런 총리는 직접 나서서 '아직도 기업가적 모험정신을 감수하는 문화가 되기에는 멀었다'며 창업 마인드를 심어주는 학교 교육을 강화하고 있다. 영국의 대표적인 창업 교육 프로그램 '테너 타이쿤Tenner Tycoon'에서는 12~19세의 청소년뿐 아니라 5~11세의 어린이들도 참가해 자신이 개발한 사업 아이템을 놓고 경연을 벌인다.

독일은 아이디어만 있다면 17세부터 2년간 2,000~5,000만 원의 지원금을 지급하며 창업을 독려하고 있다. 교육과정에 '창업 경험'을 도입한 캐나다 대학들의 학생들은 '수업에서 머리로 배운 것을 실제 제품으로 만들고 팔다 보니 현실적인 눈을 갖게 됐다'며 만족감을 표한다. 캐나다 기업은 채용 시 창업을 경험한 인재를 먼저 뽑는다. 담대함과 뻔뻔함을 일컫는 '후츠파chutzpah' 정신을 지닌 이스라엘은 '창업 국가'라 불릴 정도로 인구 1인당 스타트업 숫자가 세계에서 가장 많다. 정부의 적극적인 지원을 바탕으로 상업도시 텔아비브를 중심으로 스타트업 생태계가 활발히 움직이고 있으며, '텔아비브에서 돌을 던지면 90퍼센트는 창업자에게 맞는다'는 농담까지 있을 정도다.

1인 창업가 시대가 될 수밖에 없는 이유

|

그렇다면 대체 왜 이렇게 청년 창업에 목을 매게 된 것일까? 그것은 전 세계가 경제는 성장하지만 기술의 발달로 일자리가 사라지는 '풍요의 역설' 시대에 접어들었기 때문이다. 일자리가 없는 청년이 많으면 쇠락의 길로 들어설 수밖에 없다. 높은 청년실업률은 한국뿐 아니라 전 세계 공통의 문제로 대두되고 있다. 그 심각성은 2015년 7월에 방영된 KBS 〈명견만리〉를 통해 확인할 수 있다. 이 프로그램에서 명문대를 졸업한 각국의 취업준비생 세 명은 다음과 같은 이야기를 들려주었다.

> "저는 학위를 세 개 가지고 있습니다. 칼리스토 대학 학사, 예일대 예술대학원을 마쳤고 뉴욕 패션기술협회의 준학사학위가 있지요. 그럼에도 현재 1년째 직장을 구하고 있어요. 정말 어처구니없지만 예일 대학을 나온 저도 취업하기가 어렵습니다. 정말 최악이에요. 친구랑 저녁 먹을 경제적 형편도 안 됩니다."
>
> _스카일라 브리클리(34세), 미국 예일대 졸업

> "사실 석사학위를 받고도 이렇게 오랫동안 일자리를 찾게 될 거라고는 미처 생각지 못했습니다. 제가 그동안 구직활동을 게을리한 건 아닙니다. 지난 1년 동안 500~550통 정도의 이력서를 보냈고, 20여 곳에서 면접을 봤는데 모두 떨어졌습니다."
>
> _컹탕 사퐁(27세), 프랑스 파리 10대학 졸업

> "기업의 기준이 점점 더 높아지기 때문에 70퍼센트 이상의 학생들이 졸

업 후 국내외에서 대학원을 다닌 뒤 일자리를 찾습니다."

_장밍루(23세), 북경대 재학생

중국은 지난 30년간 평균 10퍼센트라는 놀라운 경제성장률을 보였지만 일자리 문제 면에서는 가장 심각한 국가다. 공장들이 로봇을 속속도입하는 변화 속에서 고용증가율이 1퍼센트에도 미치지 못하는 데다해마다 쏟아져 나오는 749만 명의 대학 졸업생 중에서 취업에 성공하는 비율이 열 명 중 겨우 세 명에 불과하기 때문이다. 우리나라의 상황도 이와 크게 다르지 않다. 일자리와 취업자 수를 비교하는 다음의 표에서 그 실태를 확인할 수 있다.

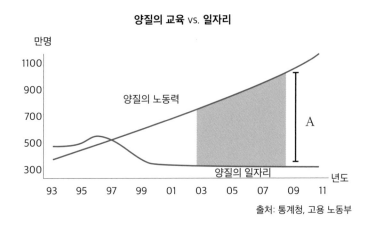

양질의 교육 vs. 일자리

출처: 통계청, 고용 노동부

그래프를 보면 우리나라 취업시장이 얼마나 청년들에게 고통을 안겨주고 있는지 실감할 수 있다. 지칠 줄 모르고 증가하는 고학력자들에게더 이상 양질의 일자리는 보장되지 않는다.

전문가들은 한국에 40년 장기불황이 닥칠 것이라고 경고하고 있으며,

이미 그 초입에 들어섰다고 말하는 이도 있다. 앞으로 A구간은 점점 더 넓어질 것이다. 100명 중 1명만 일할 수 있다는 대기업들은 이미 서서히 일자리를 줄이고 있다. 말 잘 듣고 24시간 일할 수 있는 기계와 로봇이 기특하게도 생산성을 더욱 높여주기 때문이다. 하지만 2020년이 되면 이런 대기업마저 붕괴되기 시작해 2030년이면 대개 소멸될 것이고, 3D 프린터로 인해 음식, 패션을 비롯해 유통, 건설, 제조업은 와해될 것이라 전망된다. 이러한 지각변동은 이미 세계 곳곳에서 감지되고 있는 것이 현실이다.

작고 빠른 스타트업들이 혁신을 무기로 대기업의 제품이나 서비스를 해체하는 언번들링unbundling 현상 또한 진행 중이다. 미국 소비자은행인 웰스 파고Wells Fargo, HSBC, P&G, 페덱스FeDex와 같이 백화점식으로 운영하는 기업들이 전문성을 지닌 기민한 스타트업에게 총공격을 낭하고 있다. 이렇게 대기업이 붕괴하고 나면 미래 사회에는 1인 기업이 전체의 90퍼센트를 차지하게 될 것이다. 향후 10년 내 세상이 어떻게 변화하는지를 보여준다는 실리콘밸리에서는 현재 1인 기업이 전체의 80퍼센트를 차지하고 있다.

A구간에 속하는 대부분의 고학력자들은 어떤 일자리를 찾아야 평생을 의미 있고 안정적으로 살 수 있을까? 어릴 때부터 기업가 정신을 가르치는 세계적인 창업 열풍은 바로 여기에서 출발한다. 우리는 지금 다양한 일자리를 개인이 스스로 만들어가는 새로운 생태계로 진입하고 있다.

생각하는 대로 이루어진다

|

영국의 경제전문지 「이코노미스트The Economist」는 표지 기사로 '세계는 지금 스타트업 폭발 시대'라고 보도했다. 전 세계에서 급증하고 있는 스타트업이 산업 전체를 재편하고 기업의 개념마저 바꾸어놓고 있다는 것이다. '좋은 일자리=좋은 회사에 다니는 것'이라는 등식이 성립했던 시기는 1980년까지일 뿐이고 오늘날의 좋은 일자리는 프리랜서 1인 기업이라고 말한다. 미래학자 토머스 프레이는 '지금 우선순위는 메이커 무브먼트 Maker Movement, 창업운동에 있다'며 이 거대한 물결이 이미 우리 곁에 와 있음을 강조했다.

한때 유행했던 농담 중에 '한국에서 스티브 잡스가 나올 수 없는 이유는 차고가 없기 때문'이라는 말이 있었다. 사실 이 이야기를 웃고 넘길 수만은 없다. 무언가 시도해볼 수 있는 자신만의 실험 장소가 있다는 것은 실제로 엄청난 혜택이기 때문이다. 애플, 구글, 아마존Amazon, 유튜브가 모두 차고에서 탄생된 것을 우연이라 하기는 어렵다. 그래서인지 미국에서는 지금 초등학생과 중학생 들까지도 집 안의 차고로 향하고 있다.

하지만 실망하진 말자. 인터넷 공유의 시대는 '차고'가 없는 한국의 아이에게 다행히도 1인 창업을 할 수 있는 공간을 선사한다. 기존의 일자리와 산업은 사라지지만 새로운 일거리를 찾는 사람이 상상력만 발휘한다면 원하는 것을 만들 수 있는 환경이 조성되고 있다.

샌프란시스코의 닉 파커Nick Parker는 중학생이던 2011년, 3D 프린터가 1,000만 원이라는 고가였던 시절에 인터넷의 도움으로 3D 프린터를 직접 만들었고, 2014년에는 자신이 만든 3D 프린터로 무인비행기 '드론drone'을 제작하는 데 성공했다. 그는 제작과정에서 부딪혔던 문제점을 인터넷에서 사람들과 공유하며 해결했기 때문에 가능했다고 설명했다.

만일 아이디어는 있지만 3D 프린터나 제조기계가 없어 어떻게 제품화할지 막막하다면 메이커센터Maker Center를 찾으면 된다. 메이커센터는 누구든지 무엇이든 만들 수 있는 창작 공동체 공간이다. 토머스 프레이는 앞으로 인간의 본성인 '메이커'가 되려는 사람들이 모여드는 메이커센터가 학교를 대체하게 될 것이라 예측하고 있다.

현재 다양한 메이커센터가 세계 곳곳에서 활발히 운영 중이다. 대표적인 메이커센터로 전 세계 36개국 130곳에 설립된 '팹랩Fab Lab'도 한국에 운영되고 있다. 멘토들의 조언을 들을 수 있을 뿐 아니라 자본이 부족한 1인 기업가들이 머릿속의 아이디어를 직접 구현할 수 있도록 3D 프린터 등 각종 고가장비와 작업공간을 제공하는 이곳에서는 연일 다양한 제품이 탄생하고 있다. 이외에도 제품의 모델링과 생산을 대신해주는 3D 프린팅 대행 서비스가 수도권을 중심으로 속속 등장해 3D 프린터의 대중화에 앞장서고 있고, 일본과 영국, 독일에서는 일반 카페처럼 편안하게 드나들며 원하는 물건을 프린트 할 수 있는 3D 프린팅 카페가 인기를 끌고 있다. 한국에서도 이런 카페를 이용할 수 있는 날이 멀지 않을 것으로 보인다.

이렇게 만들어진 제품을 시장에 내놓기 위해 자금이 필요하다면 이제 부모님이나 은행에 손을 벌릴 필요도 없다. '킥스타터Kickstarter'와 같은 크라우드 펀딩을 이용해 네티즌으로부터 투자금을 모을 수 있을 뿐 아니라 홍보까지 동시에 할 수 있기 때문이다. 크라우드 펀딩을 통해 미국의 스타트업 페블Pebble이 만든 스마트 시계는 1,000만 달러를 유치했고, 아이폰으로 조종 가능한 종이비행기를 만든 공대생들은 두 달 만에 120만 달러를 모았다. 한국에서는 5,000원짜리 미아방지용 스마트 팔찌 리니어블Lineable이 목표액 1만 달러를 넘는 4만 달러 이상을 모아 대형 마켓에 입점했다.

직접 제작하는 것이 부담스럽다면 아이디어를 상품화시켜주는 회사를 이용하면 된다. '퀄키Quirky'나 '아이디어 오디션Idea Audition' 사이트에 아이디어를 올리면 네티즌과 전문가 들이 생각을 다듬어주고, 상품화가 결정되면 외부 전문가들이 알아서 디자인부터 생산, 판매까지 책임진다. 2014년 문을 연 한국 회사 아이디어 오디션은 2015년 8월 기준, 벌써 80여 개의 아이디어 제품을 탄생시켰고 그중 몇몇 제품은 홈쇼핑에서 매진을 기록하며 성공적인 출발을 알렸다. 아마 앞으로는 자신의 글과 영상으로 수입을 올리며 사는 사람들도 늘어날 것이다. 바야흐로 아이디어가 곧장 재화로 연결되는 시대에 접어드는 것이다.

신인류의 시대를 준비하라

학생들이 '양질의 일자리'를 얻으려 졸업장에 목매는 사이 세계에는 지금 큰 변화가 일어나고 있다. 다양한 상상력을 기반으로 한 1인 기업가의 세상이 오고 있는 것이다. 이제 온 세상이 당신 자녀를 위한 '차고'가 된다. 이런 환경에서 기존의 학력 프레임이 과연 무슨 의미가 있을까? 한 대학생은 치기공사가 되면 500만 원 정도의 월급을 받을 수 있다고 해서 큰 기대를 품고 치기공과에 입학했다가 3D 프린터가 나오면서 월수입이 100만 원 아래로 떨어지자 공무원 시험을 준비하고 있다. 흔히 들을 수 있는 이야기다. 더 안타까운 일은 2030년이 되면 지금 대졸생의 절반이 응시하는 공무원이 하는 업무의 대부분도 인공지능 로봇이 대체하게 될 것이다.

세상이 이렇게 급변하고 있는데 허명뿐인 '대기업 취직'을 위해 취업 준비에만 몰두하는 것이 과연 현명한 일이겠는가? 자기 내면의 고유성을 무시하고 학교 성적에 평생을 휘둘리며 시간을 허비하다 일자리도 얻지 못한 채 A구간에서 방황하며 살아갈 것인가? 입시와 취업을 준비하는 그 시간에 자기가 좋아하는 분야를 공부하고, 원하는 제품과 서비스, 콘텐츠를 스스로 만들어내는 메이커로 자신을 성장시키는 것이 훨씬 의미 있는 일 아닐까?

구글은 '세계를 뒤흔들 아이디어가 서울에서 나올 것'이라며 한국에 대한 기대를 밝혔다. 한국 아이들에게는 무한한 잠재력이 있다. 이제는 무엇이든 생각하는 대로 만들 수 있고 이룰 수 있는 시대고, 미래는 용기를 갖고 도전하는 자의 몫이다.

> 미래는 우리 곁에 와 있다. 단지 널리 퍼지지 않았을 뿐.
>
> _윌리엄 깁슨(William Gibson)

슈퍼리치에게 학교란?

경제전문지 「포브스」에 따르면 미국에서 자수성가한 380명의 부호 중 20퍼센트 이상, 그리고 세계 400대 부자 중 30퍼센트가 대학을 다녀본 적이 없거나 대학을 마치지 못한 것으로 나타났다. 학력은 낮지만 큰 부자가 된 사람들의 공통점은 아주 어린 나이에 사업을 시작했다는 것, 그리고 학교생활에는 흥미를 못 느꼈지만 일을 할 땐 매우 즐거워했다는 것이다.

반면 하버드 대학 법대 수석연구원이자 UC버클리의 객원교수인 비벡 와드화(Vivek Wadhwa)의 연구결과에 따르면 다양한 산업군 내 549개의 성공적인 기업 창업자 중 아이비리그 출신은 6퍼센트에 불과하다고 한다. 정규교육을 탈출하고 창업에 성공한 세계 슈퍼리치들의 이야기를 들어보자.

- 경영학을 공부하는데 영 재미가 없었어요. 집중도 안 되고요. 교수님은 경제학과

관련된 추상적인 지식들을 늘어놓았는데, 그는 제가 한 것처럼 바닥에서부터 기업을 성장시켜본 적이 없었을 거예요. 저는 계속 사업 생각만 했지요. 학교는 결국 2년 다니다가 그만뒀습니다.

「포브스」 선정 400대 부호, 호텔 사업가 필립 러핀(Phillip Ruffin)

- 교사가 된 내 형제 둘은 책에 없는 것은 믿질 않았어요. 제겐 그런 한계가 없었기 때문에 이 세상이 모두 제 것이었습니다. 제가 만일 대학을 나왔다면 십중팔구 아칸소 주에 있는 타이슨푸드나 월마트에서 장부나 들여다보면서 인생을 마쳤을 거예요.

「포브스」 선정 400대 부호, 아칸소 주의 운수업 거부 J. B. 헌트(J. B. Hunt)

- 학교 교육은 성공을 보장해주지 않고, 학교 교육을 받지 않았다 해서 심각한 결점이 되는 것도 아니다.

_맥도날드 창립자 레이 크록(Ray Kroc)

- 주위 사람들이 모두 학교에서 좋은 성적을 받으라고 요구하지만 졸업하고 나면 결국 깨닫습니다. 아이고, 세상이 그렇게 돌아가는 게 아니었구나. 학교 성적이 좋다고 해서 돈을 더 많이 버는 것도 아니었구나……. 그러곤 이렇게 중얼거리죠. "뭐야, 적어도 경제적 안정은 보장될 줄 알았는데……."

_억만장자 IT 기업가 스콧 배니스터(Scott Banister)

- 대학은 시간 낭비 같았습니다. 빨리 나의 일을 하고 싶었죠.

_트위터 창업자 에번 윌리엄스(Evan Willianms)

- 우리는 종종 주변 사람들에게 인정받으려고 혹은 어떤 집단의 일원이 되고 싶어서 순응할 때가 있다. 그러나 자신의 영혼이 속삭이는 말에 귀 기울여라. 남과는 다른 방향으로 자신을 이끌 때 인간다운 삶을 살 수 있다.

_세계 최연소 억만장자 스냅챗 창업자 에번 스피겔

5장

질문과 의심,
이제껏 학교가 죽여온 것

'진리'를 거부한
혁신가

●

"해군이 아닌 해적이 되어라."
스티브 잡스

●

저는 대학에 입학했습니다. 멍청하게도 바로 이곳, 스탠퍼드 대학교의 학비와 맞먹을 만큼 값비싼 등록금을 내야 하는 학교를 선택했습니다. 평범한 노동자였던 양부모가 힘들게 모은 돈이 모두 제 학비로 들어갔습니다. 6개월 후, 저는 대학 공부엔 그만 한 가치가 없다는 생각을 했습니다. 내가 인생에서 진정으로 원하는 것이 무엇인지, 대학교육이 그것에 얼마나 큰 도움이 될지 판단할 수 없었습니다. 게다가 양부모가 일평생 모은 재산이 전부 제 학비로 들어가고 있었습니다. 마침내 저는 모든 것이 다 잘될 거라는 믿음으로 자퇴를 결심했습니다. 그때는 무척 두려웠습니다. 하지만 뒤돌아보니 자퇴는 제 인생 최고의 결정 중 하나였던 것 같습니다.

존 F. 케네디John F. Kennedy, 마틴 루터 킹Martin Luther King 목사의 연설과 함께 역사적인 명연설로 꼽히는, 2005년 스티브 잡스의 스탠퍼드 대학교 졸업식 축사 일부분이다. 그는 미국에서 손꼽히는 명문대 졸업식장에서 사회에 첫발을 딛는 졸업생들에게 대학을 그만둔 것이 인생 최고의 결정이었다고 말하는 아이러니한 장면을 연출했다. 혹시 잡스는 대학에 가기 싫었는데 부모 때문에 억지로 진학했던 것일까?

'나는 누구인가?' 답을 찾고 싶었던 잡스

스티브 잡스가 입학했던 리드 대학은 순수학문에 중점을 둔 학교로 자유로운 정신과 히피적인 생활방식으로 유명했다. 예술적이며 흥미로운 무언가를 찾던 반항아 잡스에게는 가장 매력적인 학교였다. 하지만 미국에서 학비가 가장 비싼 학교 중 하나이기도 했기에, 넉넉하지 않았던 잡스의 양부모는 등록금이 상대적으로 저렴한 주립대나 장학금을 받을 수 있는 스탠퍼드로의 진학을 권했다. 그러나 잡스는 부모가 평생 모은 돈이 등록금으로 고스란히 들어간다는 것을 알면서도 리드 대학만을 고집했다. 그렇게 간절히 원해서 진학했던 곳을 그는 왜 불과 6개월 만에 그만두었을까?

리드 대학은 히피 문화 속에서도 필수과목 이수를 엄격히 시행하고 있었는데, 잡스는 그 점이 무척 마음에 들지 않았다. 별로 특별할 것이 없었던 대학수업은 이내 지겨워졌다. 스스로 발견하고 탐구하기 좋아하는 잡스에게 억지로 주입식 교육을 받아야 하는 강의실은 그야말로 감옥이었을 것이다. 당시 잡스와 친분이 있었던 리드 대학교의 학생과장 잭 더드먼 Jack Dudman은 잡스에 대해 이렇게 회상한다.

> 잡스는 매력적인 탐구정신이 매우 돋보이는 학생이었습니다. 그는 기계적으로 주입하는 진리를 거부한 것입니다. 모든 것을 자신이 직접 실험해보고 싶었던 것이지요.

입양아였던 잡스는 대학에서 가르치는 지식보다는 불안한 정체성 때문에 자신의 본질에 대한 궁금증이 더 컸다. 그는 자기 자신이 누군지먼저 알고 싶어졌기에 대학을 그만둔 뒤 인도로 여행을 떠났다. 그곳에서 에디슨처럼 세상을 바꾸는 사람이 되리라 마음먹고 돌아와 대학을함께 중퇴한 스티브 워즈니악 Steve Wozniak과 손을 잡고 애플을 창업한다. 1976년 아버지의 차고에서 만든 세계 최초의 개인용 컴퓨터가 대히트를 치고 1980년 12월 애플이 증시에 상장되자 잡스는 25세에 미국에서가장 젊은 백만장자가 됐다.

학교가 따분한 말썽꾸러기
|

1955년 샌프란시스코에서 출생한 스티브 잡스는 태어나자마자 양부모에게 입양되었다. 그는 어린 시절에 전기 콘센트에 머리핀을 집어넣었다가화상을 입어 응급실에 실려 갔는가 하면, 집에 놓은 바퀴벌레 약을 먹는바람에 죽을 고비를 넘기기도 하는 등 글자 그대로 호기심 덩어리였다.

5세 때 잡스의 가족은 실리콘밸리라고 불리게 될 지역의 중심에 위치한 마운틴뷰로 이사한다. 아버지는 집 차고에 아들이 공구를 갖고 놀 작업대를 따로 마련해주었고, 물건을 만들고 분해했다가 다시 조립하는 법을 가르쳤다.

운이 좋게도 잡스의 이웃에는 엔지니어들이 넘쳐났고 잡스는 그들 덕분에 전자공학에 대한 흥미를 키우고 많은 질문을 하며 성장할 수 있었다. 특히 휴렛패커드의 엔지니어 래리 랭Larry Lang은 마이크와 스피커의 작동원리 등 전자공학 기초 및 전자부품을 이용한 물건 제작법을 잡스에게 가르쳐주었다. 제품들 속에 무엇이 들어 있는지 점점 더 많이 알게 된 잡스는 전자제품에 대한 자신감이 생겼는데, 그 과정에서 그가 깨닫게 된 것이 하나 있었다. 다름 아니라 "가장 중요한 것은 학교에서 가르쳐주지 않으며, 그 대신 '전문가'들로부터 충분히 배울 수 있다."는 점이었다.

잡스의 어머니 클라라는 잡스가 초등학교에 입학하기 전부터 책 읽는 방법을 미리 가르쳐주었다. 당시는 미취학 아동이 알파벳을 깨우치는 것도 흔하지 않던 시절이었다. 하지만 이것이 문제였다. 또래보다 앞선 학습능력으로 학교에 들어간 잡스는 수업이 따분하기 이를 데 없었다. 지시를 따르는 일은 너무 싫었고 틀에 박힌 학교생활도 짜증났다. 부모는 그의 창의성을 최대한 존중해준 반면 학교는 권위를 강요했기에 이를 받아들일 수 없던 잡스는 말썽 부리는 것에만 몰두하게 된다. 그는 당시를 이렇게 회고한다.

그동안 경험했던 것과 다른 종류의 권위를 경험하게 된 거지요. 그게 제

마음에 안 들었어요. 그들은 강압적으로 누르려고만 했어요. 제 안에 있
는 모든 호기심을 다 없애버리려 애썼지요.

잡스가 벌이는 장난의 종류와 규모는 선생님들이 감당하기 힘든 정도
의 것들이었다. 의자에 폭탄 소리가 나는 장치를 설치해 그곳에 앉으려
던 선생님을 깜짝 놀라 굴러 떨어지게 했는가 하면, 학교 게시판에 '내
일은 애완동물 데리고 등교하는 날'이라는 거짓 안내문을 붙임으로써
학생 수백 명이 개와 고양이를 학교에 데리고 오게 하는 바람에 학교가
마비되기도 했다. 잡스의 짓궂은 장난을 견디다 못한 선생님은 잡스의
부모를 학교로 불렀다.

"아버님, 지금처럼 학교를 엉망으로 만들면 잡스는 학교에 더 이상 다
니기 힘들어질지도 모릅니다."

보통의 부모라면 아이를 혼냈겠지만 아들을 특별한 아이로 여기고 있
던 잡스의 아버지는 그 반대였다. 그는 침착하고 확고한 태도로 이렇게
말했다.

"이봐요, 우리 아이 잘못이 아닙니다. 학생이 공부에 흥미를 갖지 못한
다면 그것은 선생님들 잘못이지요. 스티브에게 자극을 가하지 못하면서
바보 같은 내용만 달달 외우게 만들려 애쓰는 학교가 문제 아닌가요?"

평생의 은인을 만나다
|
교무실에 폭죽을 터뜨리고 교실에 뱀을 풀어놓았던 잡스는 사고뭉치

문제아로 찍혀 교실에서 쫓겨나기 일쑤였다. 그러나 다행히 4학년 때 배움에 대한 열정을 키울 수 있었는데, 이는 잡스가 '내 인생의 성자 중 한 분'이라고 존경심을 표한 이머진 테디 힐Imogene Teddy Hill 선생님 덕분이었다. 우등반 담임이었던 그녀는 몇 주간 잡스를 지켜본 후 그가 유망한 학생이라는 확신을 가졌고, 잡스에게 '수학문제를 풀어오면 커다란 막대사탕을 주고, 모두 다 맞추면 5달러를 주겠다'면서 잡스의 도전정신을 자극했다. 잡스는 이틀 만에 문제를 풀어서 제출했고, 몇 달이 지나자 더 이상 선생님의 뇌물은 필요 없어졌다. 그리고 4학년 말, 말썽꾸러기였던 잡스는 수학평가시험에서 고교 2년생 수준의 실력을 갖춘 수학 영재로 판명되었다. 잡스는 "다른 어떤 선생님보다 테디 선생님에게서 많은 것을 배웠어요. 그분이 아니었다면 저는 틀림없이 소년원에나 들락거렸을 겁니다."라며 평생 그녀에게 고마움을 전했다.

학교의 진정한 역할은 이렇게 학생 개개인의 개성을 존중하고 그에 맞는 배움을 제시하는 것이 아닐까. 거창고등학교 교장을 역임했던 전성은은 저서 『학교는 왜 불행한가』에서 "교육은 아이들에게 학교의 규칙과 틀에 맞추라 강요하는 것이 아니라 아이들 각각의 재능을 섬기는 것이어야 한다."고 강조했다. 사랑과 관심의 교육은 둔재나 말썽꾸러기를 영재로 바꾸는 마법을 일으킨다. 잡스가 정말 소년원에 갔다면 지금의 우리의 라이프스타일이 어떤 수준일지 상상할 수 있겠는가? 지금도 세계 곳곳에서는 틀림없이 제2의 잡스가 문제아로 찍혀 방황하고 있을 것이다. 아니, 멀리 갈 것도 없다. 당장 내 아이, 우리 주변의 학교와 학생 들만 봐도 쉽게 알 수 있지 않은가.

인문고전의 힘

|

잡스의 부모는 아들을 1년 월반시켜 중학교에 진학시켰다. 하지만 성적이 좋아 어린 나이에 입학한 잡스를 반 친구들이 괴롭히기 시작하면서 다시 문제가 발생했다. 잡스는 부모에게 "전학시켜주지 않으면 학교를 다니지 않겠다."고 최후통첩을 한다. 살림이 여유롭지 않았지만 부모는 아들의 교육을 위해 통장의 마지막 잔고까지 끌어모아 2만 1,000달러를 만들어 실리콘밸리 일대에서 가장 교육환경이 좋은 명문학군 로스앨터스에 집 한 채를 장만했다.

이 지역으로의 이사는 훗날 잡스의 운명에 결정적으로 작용했다. 1970년 자신의 인생을 완전히 바꾸게 될 워즈니악을 만난 곳이 이곳이기 때문이다. 애플도 바로 이때 마련된 집의 차고에서 탄생할 수 있었다.

잡스는 로스앨터스에서 보낸 고등학교 시절 동안 지적인 사고를 꽃피웠다. 예술과 인간에 대한 호기심이 강했던 그는 과학기술 분야의 서적은 물론 셰익스피어William Shakespeare, 플라톤Platon 등의 고전을 닥치는 대로 읽으며 내면의 물음에 대한 답을 찾으려 했고 그 탐색은 대학 시절까지 이어졌다. 대학에 입학한 뒤 선불교와 깨달음에 몰두한 잡스는 독서와 명상에 빠졌고 "인생이란 대체 무엇인가?"에 대한 답을 간절히 알고 싶어했다. 그러나 대학교 수업으로는 자신이 원하는 답을 찾을 수 없었다.

인생의 진실에 대한 지적인 물음이 끊이지 않았던 열일곱 살의 어느날, 잡스는 자신의 인생에 큰 울림을 주는 글귀를 접하게 된다.

"하루하루를 인생의 마지막 날처럼 살아라. 그러면 언젠가는 바른 길에 서 있을 것이다."

이 글에 감명받은 저는 그 후 쉰 살이 될 때까지 매일 아침 거울을 보면서 제 자신에게 묻곤 했습니다. '오늘이 내 인생의 마지막 날이라면 지금 하려고 하는 일을 할 것인가?' 그리고 '아니오!'라는 답이 계속 나온다면 다른 것을 해야 한다는 것을 깨달았습니다.

잡스가 남들과 다른 삶을 살 수밖에 없었던 이유는 매우 분명하다. 열일곱 살부터 매일 질문하는 삶을 살았기 때문이다. 소크라테스는 우리에게 "위대한 질문을 던져라."라고 말했다. 질문이 위대하면 답도 위대해진다.

학교가 학생들에게 해야 할 일은 '질문하고 그에 대한 답을 찾도록 이끄는 것'이어야 하는 이유 역시 마찬가지다. 평생의 가치관을 정립하기 위해 자신의 존재를 탐구하는 것과 눈앞의 성적을 올리는 것 중 무엇이 더 중요하다고 생각하는가? 우리는 이미 그 답을 알고 있다. 단지 그것을 실제 교육 현장에서 실천하지 않고, 실천해보려는 시도도 하지 않고 있을 뿐이다. 학교는 아이들이 질문하는 것을 자연스럽고 자랑스러운 일로 여기도록 허용하거나 적극 장려하고 있는가? 또 우리는 그러한 부모인가?

"나는 무엇을 할 수 있을까?"

"나는 어떤 삶을 살아야 할까?"

이런 질문에 대한 답을 탐색해가며 스스로 자신의 가치와 존엄성을 깨닫게 되면 그다음 공부는 스스로 하게 된다. 그리고 바로 그런 공부가 '진짜 공부'가 되어 아이를 창조적이고 탁월한 삶으로 이끈다. 청소년 시절부터 내면의 깨달음을 추구한 잡스가 바로 그 증거이지 않은가.

이런 시절부터 독서를 즐겼고 특히 사색과 명상에 심취했던 잡스는 후에 본인의 창조적 원천이 바로 인문고전이라고 이야기하기도 했다. "소크라테스와 점심식사를 할 기회가 있다면 애플의 모든 기술과 그것을 맞바꾸겠다."는 그의 말에서 철학과 인문고전이 지닌 지혜를 그가 얼마나 최고의 가치로 여겼는지 알 수 있다.

질문이 인생과 세상을 바꾼다

스티브 잡스는 삶의 중요한 순간 항상 '오늘이 내 인생의 마지막 날이라면?' 하고 스스로에게 질문했다. 부인과의 결혼하게 된 것도 이 질문 덕분이었다. 스탠퍼드 경영대학원에서 강연을 하던 어느 날, 잡스는 대학원생이던 부인 파웰Powell을 처음 만나 잠시 대화를 나누고 헤어졌다. 그리고 다음 스케줄상 곧바로 회의에 참석하기 위해 차에 올라타며 생각했다.

'만약 오늘이 내 생애 마지막 날이라면 나는 과연 회의에 참석을 할 것인가, 아니면 그녀와 만날 것인가?'

잡스는 곧바로 차에서 뛰어나와 그녀에게 저녁을 먹자고 제안했다. 파웰은 흔쾌히 받아들였고 함께 산책을 했으며, 이후 잡스가 세상을 떠나는 순간까지 그와 함께했다.

애플 창업 후에도 이 질문은 그가 위기를 극복하고 혁신적 제품과 서비스를 개발하는 데 큰 힘이 되었다. 이와 관련된 유명한 일화가 있다.

1981년, IBM의 개인용 컴퓨터 시장 진출로 점점 판매율이 떨어지던 애플은 전문 경영인의 영입이 절실했다. 잡스는 펩시코PepsiCo의 사장으로 펩시콜라를 단숨에 업계 2위로 올려놓은 마케팅의 귀재 존 스컬리 John Scully가 애플을 구할 최상의 적임자라 판단했다. 하지만 스컬리가 자신의 제안을 계속해서 완강히 거절하자 잡스는 그에게 이런 질문을 던졌다.

"평생 설탕물만 파시겠습니까, 아니면 나와 함께 세상을 바꿀 기회를 잡으시겠습니까?"

스컬리는 뭔가로 머리를 얻어맞은 듯 멍했다. 역사에 흔적을 남길 일이 무엇인지, 또 본인이 살아갈 가치 있는 삶은 무엇인지를 잡스가 일깨워준 덕분이었다. 스컬리는 결국 잡스의 제안을 받아들여 펩시코에서의 안정적인 지위를 박차고 나와 무한한 도전의 세계인 IT 업계로 뛰어들었다. 좋은 질문은 의식을 깨우고 답을 바꾸며 행동하게 한다. 아인슈타인도 "올바른 질문을 찾고 나면 정답을 찾는 데는 5분도 걸리시 않는다."라고 하지 않았는가.

애플의 혁신적인 제품이 창조적인 사고에서 탄생되었다는 것은 이제 누구나 알고 있는 상식이다. 그런데 이 '창조적인 사고'의 핵심이 '질문'이었다는 것에 대해서는 잘 모르는 듯하다. 애플에서 쫓겨난 지 10년 만에 다시 위기에 빠진 회사를 구하기 위해 복귀했을 당시에도 잡스는 간부들의 상상력을 자극하기 위해 이런 질문을 던졌다.

"자금 문제가 전혀 없다면 당장 무엇을 하시겠습니까?"

애플은 1년에 한 번씩 100명의 핵심직원과 함께하는 3일간의 휴양수련회, 일명 '톱top 100'을 갖는다. 여기에서 가장 중요하게 다루는 질문은 "앞으로 우리 애플이 해야 할 10가지 프로젝트는 무엇인가?"이다. 이 질문 넉분에 키보드와 마우스가 필요 없는 아이패드가 세상에 나올 수 있었다. 또한 "지금껏 경험한 최고의 고객 서비스는 무엇입니까?"라는 질문이 있었기에 고객이 제품에 대한 친절한 설명을 듣고 직접 경험할 수 있는, IT 업계 최초의 소매점 애플 스토어가 탄생했다. 면접 시 잡스는 "당신은 왜 여기에 있습니까?"라는 독특한 질문을 하는 것으로 유명하다. 지원자들이 평상시 삶에 대해 어떤 가치관을 갖고 있는지, 인생에서 일이란 무엇이고, 애플은 또 그들에게 어떤 의미인지를 알기 위해 이 하나의 질문을 던지는 것이다.

신제품 개발 전에는 직원들에게 "우리 자신이 원하고 있는 것은 무엇인가?"라고 질문한다. 고객이 원하는 것이 아니라 애플 직원 자신들의 욕망을 먼저 이해하라는 의미에서다. 자기가 원하고 바라는 제품을 개발하면서 대강대강 일할 직원은 없을 것이기 때문이다. 이런 점에서 인간의 마음을 먼저 읽고 움직인 잡스의 통찰력을 읽을 수 있다.

잡스와 공동창업을 했던 천재 기술자 워즈니악은 그에 대해 이렇게 말한다.

> 스티브는 자기 자신을 매우 신뢰하고 있습니다. 그는 제품과 사안 들에 대해 생각하며, 스스로에게 가능한 모든 질문을 해보며, 또 답을 해보며 많은 시간을 보냅니다. (중략) 우리 대부분은 지적능력이란 다른 사람들과 같은 해답을 찾아내는 것이라고 생각하고 있습니다. 스티브는 그렇게 생각하지 않는 거지요.

그렇다. 잡스는 남들과 같은 답을 찾기 위해 질문한 것이 아니다. 그는 애플의 슬로건처럼 '다르게 생각하기Think Different'를 위해, 이 세상 어디에도 없는 자기만의 답을 찾기 위해 질문하기를 이용했다.

잡스가 존경한 해적들
|

잡스가 직원들에게 내놓은 유명한 슬로건이 있다. '해군이 아닌 해적이 되어라'라는 것이 그것이다. 정해진 규칙에 순응해야 하는 해군보다는 다른 사람의 시선이나 고정관념, 규칙에 얽매이지 않는 열정과 몰입의 힘을 가진 해적이 되라는 뜻이다. 무법적으로 자유롭게 사고해야만 감동과 혁신을 동반한 제품을 탄생시킬 수 있기 때문이다.

잡스가 존경하는 몇 명의 영웅들은 모두 잡스 못지않은 해적정신을 가졌다. 즉석카메라 폴라로이드Polaroid의 창업자 에드윈 랜드Edwin Land, 그리고 에디슨, 아인슈타인, 헨리 포드가 그들이다. 인류 역사에 혁신적인 발명품을 만들었다는 것 외에도 이들에게는 또 한 가지 공통점이 있다. 바로 모두 학교를 중퇴했다는 점이다.

잡스가 가장 닮고 싶은 인물이라고 밝힌 에드윈 랜드는 하버드 대학을 중퇴했으며 "폴라로이드가 예술과 과학의 교차점에 서길 바랍니다."라는 말로 잡스에게 깊은 감명을 주었다. 그 뒤 잡스는 이 말을 가슴 깊이 새김은 물론 실제 애플 대해서도 "(우리는) 기술과 인문학의 교차점에 있다."라고 발표하기도 했다. 랜드는 잡스에게 "모든 중요한 혁신은 놀라워야 하고, 예상치 못한 것이어야 하며, 세상이 준비되지 않은 상태에서 나와야 한다."라는 가르침을 주었다. 에디슨은 초등학교도 제대로 마치지 못했지만 세계에서 가장 많은 발명품을 남겼고, 잡스가 가구가 없는 텅 빈 집 안에 유일하게 걸어두었던 사진 속 주인공 아인슈타인은 15세 때 학교를 탈출했다. 훗날 아인슈타인은 "학교는 내 즐거움과 거룩한 호기심을 질식시켰다."라고 털어놓았다. 헨리 포드 또한 정규교육이라고는 초등학교 4년을 다닌 것이 전부였지만, 말과 기차만이 운송수단이던 시대에 세계 최초로 자동차를 만들어 대중화시키겠다는 꿈을 실현한 인물이다. 한마디로 학교와 사회가 정한 규칙 안에 자신을 가두고 순응하는 것과는 반대로 '해적처럼' 혁신적인 삶을 영위한 이들이었기에 잡스는 이들을 존경했던 것이다.

선천적으로 혁신가라 할 수 있는 잡스는 혁신에 대해 다음과 같이 정의했다.

"이끄는 자와 따라가는 자를 구분하는 것이 바로 '혁신'이다."

이제 당신 스스로에게 이렇게 물어보자.

"나는 따라가는 사람이 될 것인가, 이끄는 사람이 될 것인가?"

이 질문을 다시 이렇게 바꾸어 던져보자.

"나는 대답하는 사람이 될 것인가, 질문하는 사람이 될 것인가?"

스스로를 '룰을 만드는 사람'으로 정의한 잡스는 사회와 대학이 정한 규칙을 따라가지 않았다. 타인이 생각한 결과에 맞춰 살아야 한다는 함정에 빠지지 않고 자신의 길을 고집스럽게 밀고 나갔으며, 그랬기에 결국 세상을 자신의 생각대로 바꾸어놓을 수 있었다. 이런 그의 창조와 혁신의 출발점은 다시 한 번 반복하지만 '질문'이었다.

그러나 우리 교육은 아이들에게 질문을 가르치기는커녕 대입과 취업이라는 달콤한 '설탕물'을 마시라며 아이들을 강제로 초고속열차에 태운 채 무한질주를 시키고 있다. 자신이 왜 대학에 가야 하고, 왜 취업을 해야 하는지 아이들은 스스로 질문해볼 필요조차 느끼지 않는다. 학교와 부모가 미리 답을 정해두고, 그 길을 따라가지 않으면 인생이 잘못된다고 주입해왔으니 말이다. 하지만 이제는 남이 만든 시험지를 들여다보는 대신 자신을 위한 질문지를 만들게 해야 한다. 자기 인생의 답을 왜 기성세대나 제도가 만든 시험지에서만 찾아야 하는가. '나는 왜 이 공부를 하는 걸까?', '이 공부는 내 인생에서 어떤 의미를 갖고 있을까?'와 같은 질문을 자신에게 던질 수 있다면 그 아이는 온갖 화려한 타이틀이 뒤범벅된 '설탕물'이 자기 인생의 전부가 아님을 깨달을 수 있을 것이다. 그리고 그런 아이만이 자신만의 세계를 만들어가는 혁신가로 다시 태어날 수 있다.

인생을
바꾸는
사색의 힘

●

"세상의 모든 잣대에서 자유로워지고, 인생을 리드하고 설계할 수 있는
환경에 처하게 되자 주저 없이 새로운 길을 선택할 수 있었습니다."

정세주 눔 대표

●

2000년 K팝보다 팝송이 대세이던 시절, 홍익대학교 1학년에 재학 중이었던 여수 출신의 한 청년은 공부 대신 헤비메탈에 심취해 있었다. 음악계보까지 줄줄 꿰고 다니던 그는 좋아하는 음반을 모으기 위해서라면 어떤 노력도 아끼지 않았는데, 그날도 희귀음반을 구하기 위해 1시간 30분 넘게 지하철을 타고 유명 음반사를 찾아갔다. 하지만 그 회사는 서비스도 형편없었을 뿐 아니라 소위 '갑甲'의 태도를 보였다.

"그런 음반 없어. 다음에 와."

너무 화가 난 청년은 한 선배에게 분노를 토로했고, "그렇다면 네가 직접 수입해서 팔아보지 그래?"라는 선배의 말에 '그 회사보다는 잘할

수 있겠다' 싶어 바로 그다음 날 새벽부터 시청에 달려가 사업자등록증을 내고 희귀음반 전문 쇼핑몰을 만들었다. 어릴 때부터 1,000~2,000원씩 저금해 모은 돈 350만 원이 창업자금이 될 줄은 몰랐다. CD 뒷면에 있는 해외 배급사에 기초영어 수준으로 'CD를 사고 싶다'는 요청을 넣으니 거짓말처럼 연락이 왔고, 고객이 불편해하는 틈새시장을 공략하자 사업은 대박이 났다. 첫날부터 350장, 700장, 1,500장의 주문이 들어오더니 6개월 후에는 월 매출이 1억 원에 이르렀고, 한 번의 공연기획으로 1,000만 원이 넘는 돈을 쉽게 손에 넣어보기도 했다. 가볍게 시작한 일이 큰 규모의 사업이 되어 점점 바빠졌지만 힘들긴커녕 너무나 재미있었고, 간경화로 두 번이나 병원에 입원했지만 자신이 과로하는 줄도 몰랐다.

대학 중퇴생, 실리콘밸리 신화를 쓰다
|
폭주기관차처럼 사업을 하며 돈 버는 데 여념 없던 그는 어느 날 갑자기 멈춰서고 말았다. 고향인 여수에서 병원을 운영하다가 암으로 시한부 삶을 선고받고 남은 생을 보내고 계신 아버지가 던진 질문 때문이었다.

"애야, 네가 돈을 많이 벌어 유명해졌다고 들었다. 그런데 돈을 번다는 게 네게는 어떤 의미가 있느냐? 무엇 때문에 열심히 일하는 게냐?"

순간 청년은 얼어붙고 말았다. 그 어떤 대답도 할 수 없었던 탓이다. 그는 그저 일하는 것이 신났을 뿐, 왜 사는지에 대해 충분히 생각하는 시간을 가져본 적도 없었다. 하지만 그 질문은 아버지가 그에게 남기고

간 가장 소중한 선물이 되었다.

2년 뒤 청년은 구글의 수석 엔지니어와 함께 건강관리 기술 중심의 벤처회사를 창업했다. 그들이 만든 앱은 구글과 「뉴욕타임스」에서 건강관리 부문 최고의 안드로이드 앱으로 선정됨은 물론 2009년 이후 계속 전세계 사용자 수 1위를 기록하고 있다. 미국 뉴욕 본사를 비롯해 독일, 일본, 영국과 한국 등 총 5개국에 사무실을 열었으며 구글, 아마존 등 공룡 IT 기업을 키워낸 클라인앤퍼킨스KPCP 등 세계 유수의 벤처캐피털들의 투자를 받으며 웰니스 테크놀로지wellness technology 분야에서 글로벌 선두를 달리고 있다.

대학 중퇴의 학력으로 영어 한마디도 못하면서 미국에 건너온 '여수 촌놈'은 스탠퍼드와 MIT를 졸업한 세계 최고 인재들을 직원으로 거느린 CEO가 되었다. '한국의 저커버그'라 불리며 벤처업계의 신화가 될 것이라고 평가받는 눔Noom의 대표 정세주의 성공 스토리다.

의대 집안의 공대생, 창업 대박을 터트리다
|

1980년생인 정세주는 의사 집안에서 태어났다. 할아버지는 어업으로 성공하신 후 여수 사회에 이바지하기 위해 종합병원을 지으셨다. 정세주의 아버지는 세계를 항해하는 선장이 되고 싶었지만 할아버지의 훌륭한 뜻을 따르고 싶어 의사가 되었다. 아버지의 7남매 모두 남자는 의사, 여자는 약사였다.

이런 집안 분위기에서 정세주의 목표도 자연스럽게 의사로 정해졌다.

하지만 그 스트레스는 상당히 컸다. 두 번의 의대 시험에서 모두 낙방한 끝에 성적에 맞춰 홍익대 전기전자공학부에 진학은 했지만, 대학 공부에서 흥미를 느끼지 못한 그는 그 후 인생의 좌표를 잃고 방황하기 시작했다.

> 주위의 조언을 따르다 보면 대중적인 잣대가 들어간다. 그러면 직업도 그 방향으로 가게 되고, 일반적으로 사람들이 좋아하는 스펙을 쌓게 된다. 나도 그 희생자 중 하나였다.

어린 시절 정주영과 안철수의 책을 읽으며 감명을 받았던 그에게 창업의 기회는 너무 빨리 찾아왔고, 우연히 시작한 온라인 희귀음반 쇼핑몰은 큰 성공을 거뒀다. 하지만 그의 마음 한편은 늘 불안했다. 돈이 너무 쉽게 모이다 보니 '이렇게 아무 중심도 없이 돈 버는 것에만 집중하다 보면 앞으로도 계속 편하게만 살려고 할 것'이라는 생각에 두려워지는 탓이었다.

멀리 나는 법을 배워라
|
그러던 어느 날, 사업으로 정신없이 살던 세주의 아버지에게 시한부 삶이 선고된 것이다. 큰 산과도 같았던 아버지는 그에게 둘도 없는 친구이자 위대한 철학자였다. 얼마 남지 않은 시간 동안 아들에게 많은 질문과 대화를 통해 자신의 경험과 삶의 정수를 모두 전해주고 싶어 했던

아버지는 세주에게 "'멀리 나는 법'을 배우고 네가 모르고 있는 가능성을 발견하거라."라고 말해주었다.

아버지의 죽음 후 너무나 고통스러웠던 그에게 삶의 의미가 명료하게 다가왔다. 학업과 사업 대신 삶에 가장 중요한 것이 무엇인지 돌아보았다. 세상의 모든 기준, 인정받으려는 마음, 토익공부, 취업준비, 그 모든 것에 아무런 의미가 없었다. 삶이 담백해지자 무엇이 우선인지 본질에 온전히 집중할 수 있었다. 삶에 대한 질문을 던지며 그 답을 찾아 헤매던 어느 날, 그는 학교에 취업설명회를 하러 온 삼성에 다니는 선배를 만나게 되었지만 그도 세주에게 큰 도움이 되진 못했다.

선배에게 두 가지만 물었다. 첫째는 '형, 삼성에서 돈 얼마 받아'였다. 솔직히 별로였다. 당시 나는 CD 사업으로 연매출 10억 원이 넘었다. 두 번째 질문은 '형, 삼성 다니다가 나중에 뭐할 거야'였다. 돌아온 답은 '삼성의 전략을 따라서 잘 살아야지'였다. 너무 재미없다고 느꼈다. 자기가 직접 세상을 바꾸는 게 아니었다. 선배들에게 동기부여를 받지 못했다.

어디에서도 삶의 본질에 대한 답을 찾지 못해 방황하던 세주에게 "점수에 맞춰 진학한 학교에서 내가 열심히 공부할 이유가 있을까?"라는 의문이 떠나지 않았다. 결국 25세였던 대학교 2학년 1학기, '내게 남은 삶에 최선을 다하겠다'는 다짐 끝에 아무런 고민도, 누구와의 상의도 없이 자퇴를 결심했다. 그리고 2005년, 사업을 정리하고 단돈 500만 원을 들고 아는 사람 한 명 없는 지구 반대편 뉴욕으로 떠났다. 아무리 힘들더라도 기댈 수 있는 사람이 없는 곳이었기에 뉴욕을 선택한 것이다.

영어도 제대로 할 줄 몰랐지만 두렵기는커녕 오히려 세계의 중심 뉴욕에서 크게 성장하겠다는 각오가 강해졌다. 당시의 상황을 세주는 이렇게 회상한다.

> 세상의 모든 잣대에서 자유로워지고, 인생을 리드하고 설계할 수 있는 환경에 처하게 되자 주저 없이 새로운 길을 선택할 수 있었습니다.

세주는 적극적인 성격 덕분에 영어도 빨리 배우며 미국에 적응할 수 있었다. 음악 비즈니스 공부를 하던 중 한국에서 뜻밖의 기회가 왔다. 브로드웨이 뮤지컬을 한국에 올리고 싶은데 그 일을 맡아달라는 것이었다. 일이 잘 풀리는 듯했다. 미국과 한국에서 투자금을 받아 사업은 더 커졌다. 33명의 단원, 다섯 명의 감독과 함께 공연 준비까지 나 마쳤다. 하지만 신은 가장 큰 선물을 고난이라는 포장지에 담아 보낸다고 했던가. 뉴욕에서 최종 리허설 도중 한국에서 연락이 왔다. 공연 자금을 위한 펀드가 취소되었다는 것이다. 모든 책임이 세주에게 돌아왔다. 감독과 단원이 고소를 했고 그는 자신이 감당할 수 없는 책임에 큰 스트레스를 받아 목과 팔이 마비되기까지 했다.

2006년 추운 어느 겨울날 밤 12시, 그는 뉴욕을 떠나 할렘가로 도망치듯 이사를 했다. 월세 5,000달러의 호화주택에 살던 그가 이사 때 지불해야 할 엘리베이터 사용료도 없어 새벽에 이사를 감행한 것이다. 꿈을 잃은 그는 허드슨 강가로 나가 강물을 바라보며 자살을 떠올렸지만 마음을 돌려 정공법을 택했다. 자신을 고소한 단원들과 직접 만나 설명을 하니 한 명 두 명씩 마음이 녹아 그를 이해하며 고소를 취하해주었다.

그는 뉴욕 할렘가의 허름한 반지하방에서 방세가 부족해 두 명의 룸메이트와 함께 지내며 재기를 준비했다. 식사도 제대로 못해 체중은 7킬로그램이 빠졌지만, 이 시기에 그는 사색의 시간을 많이 가졌다. 존경하는 지인이 '사색 없이 성공하는 사람은 없다'는 조언을 해주었기 때문이다. 외롭고 힘든 환경은 세주에게 오히려 사색에 몰두할 수 있는 더할 나위 없이 좋은 기회가 되었다. 그는 현실을 회피하지 않고 자신이 누구인지, 무엇을 해야 하는지 치열하게 고민했다. 빌 게이츠를 비롯한 세계적 기업의 경영자들 역시 1년에 한 번씩은 외부와 차단한 채혼자 또는 임원진과 함께 사색하는 시간을 갖는데, 그만큼 사색은 개인과 기업의 운명을 좌우할 정도로 중요하다. 그는 지금도 사색의 힘을 가르쳐준 지인에게 고마움을 표시한다.

마침내 찾아온 기회

|

세주는 재기를 위해 뉴욕 코트라 KOTRA에서 아르바이트를 시작했다. 미국 진출을 원하는 한국의 중소기업 사장들을 도와 때수건부터 수세미, 방향제까지 온갖 잡화를 팔았다. 몇 달간 일하며 월세만 빼고 저축하니 1,000만 원이라는 돈을 손에 쥘 수 있었고, 이렇게 모은 돈은 이후 창업자금으로 삼았다.

쾌활하고 에너지가 넘치는 성격 덕분에 그는 다양한 사람들도 사귈 수 있었다. 우연한 자리에서 만난 구글의 수석 엔지니어 아텀 페타코프 Artem Petakov도 그중 한 명이었다. 프린스턴 대학에서 컴퓨터공학을 전공한 그는 마음이 따뜻하고 우직해 세주와 진지한 대화를 많이 주고받았다. 그러던 어느 날 갑자기 그가 이런 제안을 했다.

> 우리 기술을 가지고 사람들이 건강해지는 서비스를 만들어보자. 나는 최고의 기술을 만들 자신이 있고 네가 사업을 맡아준다면 키워볼 수 있겠어. 나는 평생 갈 사업을 일구고 싶고 그런 일을 함께할 사람은 너밖에 없어.

아버지를 암으로 잃은 세주에게 있어 건강과 관련된 서비스는 정말 가치 있는 사업 아이템이었다. 그러나 아텀에게 즉각 답을 해줄 수는 없었다. 아텀 주변에는 아이비리그를 졸업하고 유명 컨설팅회사나 투자은행에 다니는 똑똑한 인재들이 많았는데, 아텀이 그들과 함께하는 편이 더 빨리 성장할 거라는 생각이 들어서였다. 고민 끝에 '나는 미국 세법도 모르고 대학도 중퇴했으니 아무래도 적임자가 아닌 것 같다'며 어렵게 이야기를 꺼내자 아텀은 손사래를 치며 웃었다.

> 내 주변엔 똑똑한 사람들이 너무 많아. 그런데 그 사람들은 메뚜기처럼 뛰어다녀. 이 회사 저 회사. 사업이 세상을 바꿀 정도로 저력이 있으려면 우직하게 가야 하는데 우직한 사람으로는 세주 네가 적격이야.

아텀은 '100년 넘게 유지되는 회사의 창업자나 CEO들의 공통점은 좋은 학벌이 아니라 한 우물을 파는 끈기와 인내심'이라고 이야기했다. 덧붙여 그는 '나는 그렇기 때문에 내 파트너를 너로 정했다'며 구글 주식을 팔아 마련한 창업자금과 집 열쇠를 세주에게 건넸다. 자신의 가능성을 보고 믿어준 친구가 건넨 기회에 정세주는 더 이상 갈팡질팡하지 않았다. 눔Noom의 전신인 '워크스마트랩Worksmart labs'이 탄생하는 순간이었다.

우주를 건강하게 만들어라
|

세주는 아텀을 비롯한 창립 멤버들과 함께 '인류를 건강하게 하는 소프트웨어를 만들자'는 비전을 세운 뒤 기술개발에 집중하기 시작했다. 처음에는 고생도 많이 했다. 통장 잔고에 400만 원만 남아 사무실을 구하지 못하는 바람에 컬럼비아 대학 기숙사 원룸에 모두 들어가 함께 일했는가 하면, 찌는 듯한 여름에 에어컨도 나오지 않아 팬티 차림으로 일했고 점심 먹을 돈이 없어 식사는 구글 식당에서 모두 해결하기도 했다.

그리고 마침내 내놓는 앱마다 히트를 치며 그의 회사는 2009년과 2010년 연이어 구글이 선정한 가장 혁신적인 개발업체가 됐다. 다이어트와 운동으로 두 달간 회원들의 몸무게를 평균 4.5킬로그램 감량시켜 준 앱 '눔 코치Noom Coach'의 인기는 가히 폭발적이었다. 2014년 12월까지 세계적으로 2,800만 건의 누적 다운로드 수를 기록하며 출시 이후 구글 플레이 건강분야에서 매출 1위 자리를 한 번도 내주지 않았다.

이런 성장세에 전 세계로부터의 러브콜도 이어졌다. 세계 최고의 벤처 투자사들은 눔을 '가장 투자하고 싶은 글로벌 IT 회사'로 꼽고 있고, 영국 정부는 필요한 자금을 수시로 대줄 테니 영국으로 본사를 이전하라고 제안해왔으며, 실리콘밸리에서는 천문학적 규모의 인수합병 제안이 수차례 이어졌지만 눕은 이를 모두 거절하고 있다. 무한한 성장 잠재력을 알고 있는 데다 그 단계를 차근차근 밟아가는 과정이 재미있기 때문이다.

정세주는 한국에서 대학을 다닐 때까지 뚜렷한 목표나 가치관 없이 방향 없는 삶을 살았다. 만일 아버지가 돌아가시지 않았고 삶에 대해 질문을 던질 기회가 없었다면 그는 자신이 한국에 남아 평범한 삶을 살고 있을 거라 인정한다. 남들이 자신을 바라보는 시선을 중시하고, 자신의 위치가 남들과 비교해 어디쯤에 있는지 눈치 보기에 바쁜 한국 사회에서 자신이 잘하는 것을 찾는다는 것은 정말 어려운 일임을 알기 때문이다. 하지만 타인이 아닌 자신을 기준으로 세상을 바라보는 순간 그는 대학을 중퇴하고 새로운 인생을 시작할 수 있었다.

자신의 내면에서 원하는 것을 시도하지 않고, 사회가 안정적으로 생각하는 가치에 인생을 건다는 게 안타까웠어요. 저는 그러고 싶지 않았습니다.

위대한 삶을 사는 방법
|
우리나라의 대표적인 청년 CEO인 핸디소프트의 안준희 역시 대학 시절 많은 방황을 했다. 지방대에 입학해 두 번의 학사경고와 2점대의 학점을 받을 정도로 마음을 못 잡던 그는 독학으로 마케팅을 공부하고 공모전에서 대상을 수상하면서 모두가 부러워하는 대기업에 자동으로 취직되었다.

회식 자리에서 그는 호기심에 가득 차 상사에게 꿈이 무엇인지 물었다. 그랬더니 상사는 "너 아직 어리구나. 아직도 꿈이라는 단어를 쓰다니."라며 그에게 무안을 주었다. 3개월간 회사를 경험한 그는 퇴사를 결심했다. 대기업이 상사의 눈치를 살피며 자기 의견도 마음껏 이야기할 수 없고 정해진 매뉴얼대로 살아야 하는 곳임을 깨달았기 때문이다.

그는 "난 무엇을 위해 살 것인가? 난 어떤 길을 걸어갈 것인가?"라는 질문을 자신에게 던지며 인생의 방향을 정한다. 세계 최초로 스마트 TV용 앱을 만드는 회사를 창업한 그는 세계 각국에서 스마트 TV 앱의 노하우를 배우러 찾아오도록 만들었다.

한게임을 창업했고 현재 다음카카오 이사회 의장인 김범수 의장 역시 2007년 NHN의 공동대표를 역임하다 돌연 자리를 내려왔다. 그동안 돈을 많이 버는 것이 성공이라고 믿고 달려왔음을 깨달은 뒤 '과연 성공이란 무엇인가?'라는 근본적인 질문을 던지면서 내린 결정이었다. 그는 자기의 내면으로 들어가 자신이 좋아하는 것, 자신에게 의미 있는 것은 무엇인지 끊임없이 질문했다. 그리고 3년 후, 그에 대한 답인 '카카오톡'을 들고 다시 세상에 나타났다.

정세주는 이렇게 당부한다.

남들이 원하는 것에 맞춰가는 삶에 대해 다시 한 번쯤 생각해보셨으면 합니다. 나중에 후회해도 책임을 물을 사람도 없잖아요. 자신의 마음속 이야기에 귀를 기울여보세요.

정세주는 성적에 맞춰 들어간 학교에서 '내가 왜 여기에 있지?'라고

물은 후 자신의 길을 개척해나갔다. 고등학교를 중퇴한 브라이언 트레이시 또한 '내 인생을 바꾸려면 지금 무엇을 해야 하는가?'라는 질문을 던졌기에 세계적 비즈니스 컨설턴트로 변신할 수 있었다고 한다.

우리는 대부분 무의식적으로 남의 의견을 자신의 의견으로 착각하고 살아간다. 나의 기준과 생각이 그만큼 견고하지 않은 탓이다. 하지만 탁월한 인생을 만드는 차이는 스스로 생각할 수 있는 힘이 있느냐 없느냐에 있다. 『리딩으로 리드하라』의 저자 이지성은 천재와 군중의 차이는 사색, 즉 스스로 생각하는 능력에 있다고 말한다.

자신의 존엄성을 자각하는 사람이라면 그의 입에서는 "회사의 전략대로 살아야지."와 같은 말은 절대 나오지 않을 것이다. 학교나 사회, 회사가 자신의 삶을 컨트롤하게 두어서는 안 된다. 각자의 삶에는 자기만의 매뉴얼이 있어야 하고, 그 매뉴얼을 만들어가기 위해서는 자신이 진정 바라고 원하는 것이 무엇인지 능동적으로 질문하고 고민하는 과정이 있어야 한다.

우리 아이들의 인생에도 아이 자신이 반드시 스스로 던져야 하는 질문이 있다. 부모는 아이가 자신만의 질문을 던질 수 있는 기회를 잡게 해줘야 하고, 그에 대한 답을 찾기 위해 사색하는 시간 또한 가만히 지켜봐줘야 한다. 질문과 마주한 아이에게서 명문대 졸업장, 대기업 직원증 같은 것과는 비교가 안 되는 더 멋진 무언가가 탄생할 것이다.

부모의 역할은
무엇인가?

●

"정규교육을 받았더라면 나는 성공하지 못했을 것이며,
바로 이런 독립심 덕분에 내가 '현실 세계'에서 탁월한 위치에 올랐다."
마커스 바크 애플 최연소 팀장

●

미국의 어느 고등학교 강연장, 스물네 살의 청년이 강사로 초청받아 강연을 하고 있었다. 학교는 어린 나이에 애플의 매니저에 오르며 사회적 성공을 거둔 그가 학생들에게 용기를 심어줄 거라 기대했다. 그런데 그가 전달한 메시지는 학교를 무척 당황하게 만들었다.

배움은 중요하다. 그러나 학교가 중요한 것은 아니다. 내게는 학교가 필요 없었다. 너희에게도 필요 없을 것이다.
학교는 잠깐 다니고 졸업하면 그만이지만, 배움은 그렇지 않다. 인생을 꽃피우고 싶다면 확 끌리는 분야를 찾아 미친 듯이 파고들어라. 누군가

날 가르쳐줄 것이라는 기대는 접어라. 열정이 넘쳐야 스승이 나타난다. 졸업장이나 학위는 고민할 필요 없다. 아무도 날 무시하지 못할 만큼 실력을 키우면 된다.

심기가 불편해진 학교 선생님들은 바크에게 "당신의 메시지는 너무 위험하니 다시는 강사로 초청하지 않겠다."고 못박았다. 물론 청년은 학교가 원하는 것이 무엇인지 알고 있었다. '학교를 다녀야만 훌륭한 교육을 받을 수 있다는 것, 또 이것만이 유일한 길이라는 것'을 설파해주기를 바랐을 것이다. 하지만 청년의 당부에 선생님들은 어떤 반박도 할 수 없었다.

선생님이 역할은 아이들이 울타리 안에 얌전히 모여 있게 하는 것이 아니라 울타리 밖으로 나가 자기 운명을 찾도록 독려하는 일입니다.

'학교지상주의'의 고정관념을 완벽하게 깨뜨린 청년은 제임스 마커스 바크 James Marcus Bach였다. 컴퓨터 소프트웨어 업계에서 그는 '탐색적 테스팅exploratory testing'의 창시자로 불린다. 처음 보는 용어에 두려워하지 않아도 된다. 중요한 것은 마커스 바크가 정규교육을 받지 않았음에도 20세에 애플의 최연소 팀장이 되었고 세계에서 전문가가 몇 안 되는 '소프트웨어 테스팅 분야 1인자'에 올랐다는 것이다.

고등학교 졸업장도 없지만 그는 전 세계 박사들만 모인 학회에서 기조연설을 하고 유명한 국립연구소나 공과대학에서 강의도 한다. MIT와 스탠퍼드 등의 대학에서는 그가 쓴 글을 수업교재로 사용하고 있다.

『갈매기의 꿈』을 쓴 리처드 바크Richard Bach의 아들이기도 한 그는 뜻밖에도 자신의 성공비결을 '공부'라고 꼽는다. 하지만 그가 말하는 공부는 학교가 정한 커리큘럼을 따라가는 것이 아닌, 자기가 알고자 하는 것을 적극적으로 탐색하는 '학교 밖에서의 독학'이었다. 그가 터득한 열정적이고 자유로운 공부법을 만나보자.

말썽꾸러기 아들을 공부에 미치게 하다
|
바크의 학교생활은 초등학교 6학년 때까지만 해도 즐거웠다. 담임교사가 학생들 '위에' 군림하지 않았고 수업진도도 개인역량에 맞춰 진행했기 때문이다. 숙제와 시험은 거의 없었고 흥미로운 강사들을 초빙해 아이들과 이야기를 나누게 했으며 현장학습을 나가 온종일 자연 속에서 다양한 활동을 하게 했다. 바크는 명령 대신 뭔가 해달라고 '부탁'하는 담임교사 아래서 자존감도 키워나갔다.

하지만 7학년에 올라가자 모든 환경이 뒤바뀌었다. 바크가 그해에 배운 것은 분노였다. 수업과 과제가 너무 많았고 담임교사는 아이들을 강압적으로 대했다. 자아가 꿈틀대기 시작하던 바크는 숙제를 거부하고 시험에서 일부러 낙제하는 문제아로 변해갔다. 그는 성적 자체보다 배움에 대한 사랑이 중요하다고 믿었고, 공립학교의 평가방식은 불공정하다고 생각했다.

그의 인생을 바꿔버린 것은 바로 그즈음 아버지가 선물한 애플 컴퓨터 한 대였다. 아들은 설명서의 냄새를 맡는 순간부터 컴퓨터에 매료되었다. 그의 말에 따르면 '마치 오색찬란한 오즈의 나라로 들어선 도로 시'가 되었다고나 할까.

컴퓨터에 빠져들기 시작한 바크의 마음속에서는 컴퓨터를 속속들이 알고 싶다는 열정이 끓어올랐다. 학교에서의 끙끙대던 모습은 온데간데 없어졌고 밤을 꼴딱 새울 정도로 프로그래밍에 열중하게 된다. 첫 작품으로 그는 태양 주위를 도는 행성의 궤도를 그리는 프로그램을 만들었다. 수준이 높아지면서 '어셈블리어Assembly Language'라는 컴퓨터 언어를 정복해야 했지만 전문가도 어렵다고 고개를 젓는 공부를 막상 시작하려니 머뭇거려졌다. 그때 '하고 싶은 일이 있으면 일단 시작하라'는 인생철학을 가지고 있던 아버지는 아들에게 어셈블리어 프로그래밍 책을 건네줬다.

아버지의 말대로 일단 시작하고 보니 걱정과 달리 어셈블리어는 어렵지 않았을 뿐 아니라 정말 재미있었다. 하고 싶은 공부를 발견하자 학교의 대표적인 열등생이었던 그는 자신감 넘치는 프로그래머로 변해 갔다. 그전까지는 머리가 나쁘고 게으른 아이라고 여기며 스스로를 비하해왔는데 공부가 즐거워지는 순간 '나는 똑똑하다'는 자신감까지 갖게 된 것이다. 밤새 컴퓨터를 하다 보니 학교 수업을 빠지는 날도 많아졌다.

고등학교에 입학한 뒤에도 바크는 무단결석이 잦았고, 교사는 "고등학교를 졸업하지 못하면 주유소에서 기름이나 넣으며 살게 될 거다."라고 겁을 주었다. 바크는 관습을 고분고분 따르는 사람만 인정해주고 자신처럼 나름의 진로를 그리는 사람은 겁을 주는 학교가 지긋지긋해졌다.

열여섯 살이 되었을 때 마커스 바크는 아버지에게 학교에 대한 불만을 쏟아냈다. 보통의 아버지라면 못난 놈이라며 아들을 꾸짖거나 졸업 때까지 버티라고 달랬겠지만 아버지는 속박이 아닌 자유 속에서, 학교의 권위가 아닌 스스로의 권위를 존중하며 살기를 바랐다. 바크는 비로소 학교를 탈출하게 된다. 학교 때문에 고민하는 그를 지켜보던 아버지가 학교를 그만두라고 조언한 것이다.

> "아직도 학교 때문에 고민이냐? 넌 지금 학교에서 말썽만 피우고 있구나. 학교는 그만두고 네 나름대로 배울 방법을 찾아봐."
> "학교를 관둬도 된다고요?"
> "당연하지!"

자신도 롱비치 주립대를 다니다가 중퇴하고 비행사의 길을 갔던 것처럼, 아버지는 아들에게도 무엇이든 모험하고 어디든 여행해보라며 강한 격려와 지지를 보냈다.

> 너는 네 자신이 될 수 있는 자유, 너의 진정한 자아가 될 수 있는 자유를 가지고 있는 거야. 바로, 지금, 여기에서, 아무것도 너의 길을 방해할 수는 없어. 그것은 위대한 갈매기의 법칙이야. 바로 존재의 법칙이지.
>
> _『갈매기의 꿈』 중에서

아버지의 지원에 신이 난 아들은 바로 학교를 중퇴했다. 자유를 얻게 되자 엄청난 양의 공상과학소설과 판타지소설을 읽으며 몽상을 즐겼다. 그리고 사무용품 매장에 취업해서는 컴퓨터를 팔며 업무에 필요한 소프트웨어를 만들었다. 아버지는 아들에게 조만간 틀림없이 성공할 거라는 확신을 주며 개인 소프트웨어 회사를 차려보는 게 어떻겠냐고 조언하기도 했다.

6개월이 지났을 때쯤 한 게임 회사의 대표 데일 디셔룬Dale Disharoon이 우연히 그가 일하는 매장에 들르게 된다. 그리고 그가 짠 프로그램을 보더니 "지금 네가 받는 월급의 세 배를 줄 테니 비디오 게임 프로그래머로 나와 계약을 하자."라며 제안을 해왔다. 유치원 교사로 일하다가 교육제도에 환멸을 느낀 뒤 개인 컴퓨터 혁명에 뛰어들어 성공을 거둔 디셔룬은 한눈에 바크의 가치를 알아보았고, 그 후 그와 함께 일하며 많은 것을 가르쳐주었다. 바크는 그에게 전문가처럼 행동하는 법, 운전하는 법, 계약 시에 협상하는 요령 등을 배우며 교실에서 노예처럼 앉아 있는 것보다는 현장에서 실전 경험을 쌓으며 돈을 비는 편이 훨씬 낫다는 사실을 깨달았다.

바크가 만든 게임이 전국의 매장으로 팔려나가며 인기를 끌자 그의 이름도 잡지 인터뷰 등을 통해 점점 알려지기 시작했다. 이전까지는 디셔룬의 집 거실을 작업공간으로 쓰던 작은 회사였는데 바크의 게임 덕분에 규모도 커졌다. 그리고 몇 년 후인 1987년 5월, 애플은 바크를 테스팅 매니저로 채용한다. 게임 포트폴리오와 프로그래밍 지식, 풍부한 아이디어, 학교 밖에서의 경험이 높은 평가를 받은 것이다. 16세에 학교를 그만둔 지 4년 만의 일이었다.

자유롭고 대담한 '버커니어식' 학습법
|

그는 애플의 매니저 중 최연소였음은 물론 심지어 인턴들보다도 나이가 어렸다. 바크는 대부분이 학사학위 소지자들인 그들을 따라잡기 위해 '필사적으로 배우겠다'고 정신을 무장한 뒤 서점과 사내 도서관을 돌며 200개의 학술저널을 비롯해 테스팅 서적과 전문 분야가 아닌 책들까지 모두 구해 밤낮과 주말을 가리지 않고 닥치는 대로 읽었다. 후에 그는 "교육을 항해에 비유한다면, 애플에 와서야 나는 진짜 항해를 시작했다."라고 말하기도 했다. 6개월 정도가 지나니 그는 대졸 직원들을 앞서가기 시작했다.

400명이 넘는 테스터들 중 바크처럼 자기계발을 하고 있는 사람은 10명 남짓이었을 뿐 나머지 390명은 글자 그대로 '대충 버티고' 있었다. 하지 않으면 안 될 때에나 수동적으로 배우려 했고 생각 역시 대부분 엇비슷했다. 바로 이 지점에서 바크에게는 경쟁우위가 생겼다. 권위에 대한 불신과 길들여지지 않은 자유분방함, 틀에 박히지 않고 독창적인 사고방식과 독특한 질문들이야말로 그만이 가진 탁월한 장점이자 경쟁력이었다.

> 그때 난 알았다. 내 약점이라고 생각했던 것이 실은 나의 강점이라는 점을. 정규교육을 받았더라면 나는 성공하지 못했을 것이며, 바로 이런 독립심 덕분에 내가 '현실 세계'에서 탁월한 위치에 올랐다는 사실을.

그에게는 대학교육의 문제점이 적나라하게 다가왔다. 대학은 짧은 시간 동안 학생들 머리에 산더미 같은 지식을 쑤셔 넣는 데만 급급했다. 그렇게 집어넣은 지식은 금세 한물가서 막상 졸업할 때쯤 업무에 쓸 만한 내용은 거의 없었다. 바크는 대졸 신입사원을 '그저 읽고 쓸 줄 아는 능력만 갖춘 사람'이라 평가한다. 애플에 입사할 정도면 미국 대졸자 중에서도 뛰어난 인재들이었을 테지만 바크의 눈에 그들은 '학위증명서' 한 장을 받기 위해 공부한 사람으로밖에 보이지 않았다.

판에 박힌 교육과정을 밟은 이들과 달리 바크는 자신만의 학습법을 개발했다. 궁금한 것을 탐구하기 위해 읽고 관찰하고 추론하는 이 방법을 그는 카리브 해를 누비던 해적 '버커니어Buccaneer'에 빗대어 '버커니어식 학습'이라 부른다. 대담하면서 자유롭고 순발력 있게 배워가는 버커니어식 학습법을 활용하면, 일단 궁금한 것은 직접 탐색하게 되고 새로운 아이디어를 접해도 무조건적으로 수용하기보다는 의심하고 따져보게 된다. 또 가끔은 아무 생각 없이 빈둥거리다 무언가 떠오르면 이야기, 단어, 사진으로 사고의 틀을 만들어보고, 기존의 지식과 비교하며 관계 맺기도 시도해본다.

진정한 배움은 수동적 지식 습득자가 아닌 '진정한 사색가'로 거듭나는 과정에 있다 믿는 그는 "지식 노동자의 성공은 현재 아는 사실이 아니라 배우는 방식이 좌우한다."라고 강조한다.

버커니어식 학습법 덕에 몇 년 뒤 그는 다수의 책과 논문을 발표함은 물론 소프트웨어 공학 분야 학사학위의 심사를 맡을 정도의 사회적 인정까지 받는다. 「월스트리트 저널」이 언급한 몇 안 되는 소프트웨어 테스터 중 한 명이지만 고등학교 졸업장도 없는 그를 사람들은 당연히 박사학위 소지자로 여겨 '바크 박사'라고 부른다.

바크는 자신의 공부법을 동생에게도 전수했다. 동생은 대학교에 만족하며 잘 다니는 듯 보였지만, 졸업할 무렵에는 전공에 완전히 흥미를 잃고 여러 아르바이트를 전전하고 있었다. 바크는 동생에게 자신처럼 컴퓨터 전문가가 될 것을 권하며, 배움에 뛰어드는 용기와 의지만 있다면 얼마든지 할 수 있다고 격려해주었다. 실패에 대한 두려움에 도전을 겁내고 있던 동생은 바크의 학습법을 터득하자 마이크로소프트에 채용되었고 테스트 책임자 자리까지 오르는 실력자가 되었다. 얼마나 많은 지식을 배웠는가가 아닌, 스스로 탐색하고 사색하는 방법을 제대로 알고 있는가가 더 중요하다는 것을 증명해보인 것이다.

바크 家의 자유로운 영혼은 마커스 바크의 아들 올리버 바크Oliver Bach 에게도 고스란히 전해졌다. 올리버는 아버지보다 4년 더 빠른 열두 살에 학교를 중퇴했다. 올리버가 학교에 싫증을 내자 마커스는 중퇴를 권했고 아들이 이를 받아들인 것이다. 올리버는 홈스쿨링도 하지 않으며 5년간 놀기만 했고, 마커스는 아들을 그저 지켜보기만 했다. 그는 아들이 자기 인생을 스스로 조종하고 설계하는 사람이 되기를 바랐다. 마커스는 아들의 재능과 꿈이 부모의 편견 때문에 사라지지 않도록, 올리버가 자신의 천직을 발견하면 아버지 리처드가 그랬던 것처럼 자신도 아낌없이 아들을 지원하겠노라 결심했다.

초등학교를 그만두기 전 글쓰기에 약간의 소질을 보였던 아들에게 마커스는 가끔 '네가 쓴 글을 읽어봤으면 좋겠다'는 식의 말만 살짝 건네곤 했다. 비디오 게임과 TV에만 빠져 있는 것처럼 보였던 아들은 어느 날 미완성이긴 하지만 114편의 소설을 썼다고 말하며 그를 놀라게 했다. 그리고 열여섯이 되자 소설 한 편을 마무리해 그에게 보여주었다.

주인공이 인생에 의문을 던진 후 현실의 틀을 깨고 새 삶을 얻는다는 영웅담이자 성장담이었다.

아무런 부담 없이 자유로운 시간을 보내며 자신의 길을 찾은 아들을 보며 마커스 바크는 깨달았다. '꽃들에게 학교가 필요 없는 것처럼 아이들의 정신세계 역시 저절로 꽃을 피운다'는 진리를. 그는 자기만의 비행법을 터득해가는 어린 갈매기 조나단이 어떤 모습을 보여줄지 지켜보는 중이다.

철학자 짐 론 Jim Rohn은 "정규교육이 생계를 유지하게 해준다면 독학은 당신을 부자로 만들어줄 것이다."라는 명언을 남겼다. 대학을 나온 그 수많은 사람들이 생계를 유지하기에도 힘든 삶을 살아가고 있는 이유는 배움을 수동적인 거라 여기기 때문이다. 누군가에게 강의를 듣고 남이 싸놓은 거리큘럼을 따라가야만 배움이라고 생각하는 사람과 스스로 탐색하여 자기만의 지식을 창조할 수 있는 사람은 다른 결과물을 만들 수밖에 없다. 마커스 바크는 무엇이 진정한 배움인지 우리에게 알려주고 있다.

> 나는 학교에 관심이 없다. 내 관심사는 사색하며 인생을 꽃피우고 사는 일이다. 나는 여러분도 자유로워지길 바란다.

우리가 진정 배워야 할 것은?

|

앞서 잠깐 언급했듯이 마커스 바크는 애플의 대졸 신입사원들을 보며

넘쳐나는 지식을 주워 담기에 급급한 대학교육의 문제점을 언급했다. 이것은 바크만이 인지하고 있는 문제가 아니다. 몇 년 전 '당신은 알고 있습니까?Did you know?'라는 제목의 동영상이 유튜브에 올라와 화제가 된 적이 있다. 디지털 기술이 세상을 어떻게 변화시키는지를 구체적인 통계로 보여주는 동영상이었다. 그중 사람들이 가장 충격을 받은 내용은 2013년에 유망직종으로 뽑힌 상위 10개 직업이 불과 9년 전인 2004년에는 아예 존재하지도 않았다는 사실이다.

기술정보의 양 또한 2년마다 두 배로 급증하는 추세를 보이고 있다. 이는 학생들이 4년제 대학과정을 시작할 경우 처음 2년간 배웠던 내용이 3학년이 되는 해에는 시대에 뒤떨어진 정보가 됨을 뜻하는데, 이 간격은 앞으로 더욱 좁아질 것이다. 다시 말해 아이가 미래에 필요로 할 기술과 지식을 학교에서 배우는 것은 불가능한 시대가 된 셈이다.

미래학자 앨빈 토플러는 2007년 한국 방문 당시 "한국의 학생들은 하루 15시간을 학교와 학원에서 보내는 등 미래에 필요하지 않은 지식과 존재하지 않을 직업을 위해 시간을 낭비하고 있다."라고 일침을 가했다. 그런데도 우리는 여전히 아이들에게 지식을 무조건 암기하게 하고, 그것을 테스트해서 성적을 내는 교육 시스템을 유지해야 하는 걸까?

미래에는 한 사람이 평생 10~14종의 직업을 갖고 산다고 전망된다. 그만큼 직업의 세계가 넓어짐은 물론 새로운 직업에 적응하기 위한 학습이 끝없이, 평생 이루어질 것이라는 의미다. 이러한 '평생 교육'이 지속될 시대에 학교가 몇 년 후 의미 없어질 지식을 학생들의 머리에 억지로 넣어주려 애쓸 필요는 없다. 그런 지식은 이제 내 손바닥 안의 스마트폰이 언제든지 알려주고 있다. 그보다는 자신이 궁금해하는 지식의 세계를 탐험하는 과정 자체가 꿀처럼 달콤하다는 것을 가르쳐주면 된다. 교육 전문가인 송은주 박사는 이를 두고 저서 『우리는 잘하고 있는 것일까』에서 '물고기 잡는 법'이 아니라 '바다를 미치도록 그리워하는 법'을 알려줘야 한다고 표현했다.

급변하는 기술사회에서 학교는 아이들이 배움에 대한 사랑과 학습을 향한 의욕, 스스로 사색하고 탐색하는 능력을 가지고 졸업할 수 있도록 해야 한다. 그렇게 될 때 아이들은 앞으로 평생 살아가면서 쏟아져 나올 정보 가운데, 자신이 원하는 것을 골라 빠르게 습득, 적용하고 그것을 새롭게 편집하고 엮어 새로운 아이디어로 다시 창조할 수 있을 것이다. 새로운 지식을 창조하고 발견하는 이 능력이야말로 이미 발견된 지식을 더 많이 알고 있는 로봇을 뛰어넘을 핵심 경쟁력이 된다. 마커스 바크가 보여주듯이 이제 성공은 무엇을 알고 있느냐가 아니라 어떻게 배우느냐에 달렸다.

하고 싶은 것을 할 수 있는 자유
|

『갈매기의 꿈』에서 어른 갈매기들은 비행연습에 몰두한 조나단에게 "우리는 먹기 위해 태어났다. 네가 나는 이유는 먹기 위해서라는 걸 명심해라."라며 자신의 열정을 쫓는 조나단을 인정하지 않았다. 우리의 현실도 이와 다르지 않다. 학교와 사회는 기성세대가 정한 먹이, 즉 취업을 하기 위한 것이 곧 공부와 학습이고 그렇기 때문에 좋은 성적을 얻고 이런저런 스펙을 쌓아야 한다고 주입한다. 그 천편일률적인 길을

모두에게 강요한 결과, 우리는 역대 최고의 청년실업률이라는 현실에 직면해 있다. 2015년 7월 20~29세 한국의 청년실업자는 41만 명에 이른다. 이렇게 청년실업률이 지속적으로 증가하는 이유 중 하나는 학교와 사회가 개인의 재능에는 관심도 없이 겨우 1퍼센트의 사람들만 들어갈 수 있는 직장에 뛰어들라고 하기 때문이다. 1퍼센트를 위해 99퍼센트가 들러리가 되는 사회, 41만 명이 하나의 먹이를 위해 레드오션에 뛰어드는 사회가 현재 교육이 만들어놓은 한국의 모습이다.

우리는 아이들에게 자신만의 블루오션을 만들어보라고 권장해야 한다. 이를 위해서 서울대 공예학부 초빙교수를 역임하며 다년간 한국의 교육을 지켜본 기데온 로위 교수가 한 말을 귀담아들을 필요가 있다. 그는 학교가 아이들에 대한 태도를 먼저 바꿔야 한다고 조언했다. 유교 사상이 지배하는 한국 사회의 권위와 통제가 '다름'을 인정하지 않을 뿐 아니라 학생들의 창의적 사고까지 막고 있다며 다음과 같은 제안을 했다.

아이들이 적합하지 않다고 여겨지는 것들을 하도록 놔둬야 합니다. 더 자유로운 사고를 하도록 말입니다. 자신감을 갖게 하고 실험할 수 있는 자유를 갖게 하고 아이디어를 찾고 자신을 발견할 수 있는 시간을 갖게 하는 것이죠.

우리는 지금까지 아이들에게 '적합한 기준'만 지켜야 한다고 강요하며 그들의 도전정신을 꺾어왔다. 아이들에게 자신의 날개, 즉 각자가 가진 고유한 재능을 똑같은 과목의 학습과 똑같은 스펙을 쌓는 데 사용하라고 했다. 지금까지 그들의 천재성을 짓밟고 꿈을 축소시켜 평범한 사람으로 만들어왔다면 이제는 더 높이 날아갈 수 있다고, 하고 싶은 것을 열정을 다해 시도해보라고 격려해야 한다. 더 많은 아이가 위대한 갈매기 조나단이 되고 마커스 바크가 되어 자신의 날개가 가진 가능성을 더 펼칠 수 있도록 말이다.

진정한 갈매기의 모습, 즉 그들 모두의 내면에 있는 선을 발견하도록 노력하라. 그리하여 그들 스스로가 그것을 발견하도록 도와주어라.

_『갈매기의 꿈』 중에서

모범생이 아닌
모험생이 성공한다

"학교는 언제든 돌아갈 수 있지만
기회는 자주 오지 않아요."
_ 팔머 럭키

이 책은 학교를 나오지 않고도 성공을 써내려간 인물이 과연 어떤 성장 과정을 거쳤을까 하는 호기심에서 비롯되었다. 자료를 수집하며 예상치 못했던 많은 인물들이 학교를 벗어났다는 사실을 알게 됐다. 그들 사이에 우연이라고 지나칠 수 없는 공통점을 발견하면서 '유레카'를 외친 적이 한두 번이 아니었다. 그리고 그 놀라움은 "제도권 교육이 학생들을 바보로 만들고 있다."는 세계 교육학자들의 주장을 학력파괴자들의 인생을 통해 실제로 확인하면서 분노로 바뀌었다. 교육공학자 이혜정 교수는 아이의 잠재력에는 관심 없이 오로지 순응자로만 키우는 학교 교육이 얼마나 문제인지, 한국의 공교육이 얼마나 심각한지에 대해 일깨워주며 이렇게 밝혔다.

"내 주변에 교육학 박사들이 많다. 그들이 우리나라 교육에 대해 얼마나 잘 알겠나. 그런데 나와 친분 있는 교육학 박사 자녀들을 보면 대한민국 공교육을 받는 아이가 아무도 없더라. 조기 유학을 가거나 국제학교, 대안학교에 다닌다. 홈스쿨링을 받거나 검정고시를 준비하는 경우도 있다. 정말 이상했다. 그렇다고 그들이 굉장히 돈 많은 사람들도 아니다. 물론 못 먹고살 정도는 아니다. 하지만 여유가 없음에도 대한민국 공교육을 선택하지 않았다는 것은 그만한 이유가 있을 것이라고 봤다. 그들에게 물어보니 한결같이 하는 말이 '한국 공교육을 탈출하고 싶었다'는 것이다. (중략) 내가 교육과 관련돼서 이야기하면 많은 정책 결정자들이 '중요하죠'라며 공감은 한다. 그런데 그게 끝이다."

우리나라의 교육을 이끌어가는 박사들이 정작 자신의 자녀는 공교육에 맡기지 않는다니, 이 무슨 모순인가. 더 큰 문제는 국가 교육 시스템을 바꿀 수 있는 힘을 가진 사람이 교육의 문제점을 알고도 바꿀 의지가 전혀 없다는 것이다. 그 구체적인 이유는 이지성의 『생각하는 인문학』에서 적나라하게 확인할 수 있다. 우리 사회 계층의 꼭대기에 있는 사람들로부터 인문학 수업을 요청받은 이지성이 '힘을 가진 당신이 앞장서서 우리 교육제도를 바꿔야 하지 않겠냐'고 하자 그들이 대꾸했다.

"작가님, 우리 교육이 바뀔 것 같아요? 그럴 일 없어요. 교육제도는 정치하는 사람들이 바꾸는 건데, 보수건 진보건 돈 있고 힘 있는 사람은 자녀를 외국의 명문 사립학교로 보내거든요. 그런데 뭐가 아쉬워서 한국 교육제도를 뜯어고치려고 하겠어요?"

우리나라 교육의 실체를 가장 잘 아는 교육학자들은 탈출하고 싶어하고, 교육 정책가들은 개선할 의지가 없는 학교에 우리들은 어떤 의심도 없이 자녀를 열심히 보내고 있다. 공장의 부품 같은 일꾼을 만들기 위해 100년도 더 전에 만들어진 교육제도가 스마트 시대인 지금도 변함없이 자녀를 성공의 사다리 위로 올려줄 거라 굳게 믿으면서.

공교육을 받은 아이들이 위대한 삶을 살기 힘든 이유는 이외에도 얼마든지 있다. 하버드 대학은 한 의미심장한 연구를 발표했다. 18살이 될 때까지 약 14만 8,000번의 부정적 암시가 주어지며, 이 때문에 부정적 사고의 틀 안에 갇혀 평생을 살게 되고 자신의 모든 잠재력을 사장시켜 아무것도 할 수 없게 된다는 것이다.

미국 나이 열여덟살이라면 고등학교를 졸업할 시점이다. 아이들이 누구에게 부정적인 메시지를 가장 많이 받겠는가? 바로 학교와 부모다. 공교육을 받고 성장한 부모와 교사는 학교에서 배운 가치를 그대로 아이들에게 주입한다. 커가면서 다름을 인정하지 않는 학교와 부모에게 어떤 말을 들었는지 한번 떠올려보라. "꼭 좋은 학교에 가야한다. 그렇지 않으면 인생낙오자가 되는거야.", "좋은 배우자를 만나려면 좋은 대학을 나와 대기업에 취직해야 해.", "그렇게 공부 안 하면 커서 배추장사나 하게 될 거다." 이렇게 세뇌된 아이들의 80~90퍼센트는 단지 성적이 1등급이 아니라는 이유로 스스로에게 이 사회의 낙오자라는 딱지를 붙인다. 사람은 자기의 생각의 크기만큼 살게 된다. 좌절감을 먼저 배운 이 아이들이 새로운 도전의 기회가 왔을 때 어떤 태도를 취하게 될까? "난 역시 안 돼.", "나 같은 애가 어떻게 저걸 해."

이런 무의식적 학대 시스템에 물들지 않고 자신감을 가지고 학교를 빠져나간 사람들이 위대한 성과를 거두는 것은 어쩌면 당연하겠다. 세계 최고 리더라 할 수 있는 미국 대통령 43명 중 14명은 홈스쿨링을 받았다. 14살에 학교를 중퇴한 스코틀랜드의 의사이자 정치개혁가, 세계적 베스트셀러 『자조론』을 비롯한 성공학의 고전을 저술한 새뮤얼 스마일즈Samuel Smiles는 위대한 사람들 중 80퍼센트가 독학을 했다고 말한다. 그는 그 이유에 대해 '최고의 인간 교육은 학교 교육이 아니라, 스스로 자신을 가르치는 교육'이기 때문이라 설명했다.

이제 그의 이론을 뒷받침하는 학력파괴자의 결정판이 될 만한 청년을 한 명 소개하고자 한다. 혹시 지금까지 소개된 인물들의 성공이 그들이 특별해서, 운이 좋아서라고 생각한다면, 한 평범한 아이가 디지털 세상에서 어떻게 성장하고 성취를 이루었는지 한번 확인해보기를 바란다.

인터넷 세상이 만든 혁신가, 가상현실시대를 열다
|

컴퓨팅 플랫폼의 혁명은 개인용 컴퓨터에서 스마트폰으로 이어졌다. IT 업계는 PC와 스마트폰을 잇는 세 번째 혁신의 진원지로 가상현실VR, Virtual Reality을 지목한다. 그렇다면 추측해보자. 빌 게이츠와 스티브 잡스가 이뤄놓은 첫 번째, 두 번째 컴퓨터 문명을 가상현실로 다시 한 번 바꿀 혁신가는 누구일까? 그도 혹시…… 자퇴생일까? 놀랍지만 그렇다. 그는 게이츠와 잡스보다 훨씬 가방끈이 짧다. 컴퓨터를 전공한 것도 아니며 학교를 다닌 기간은 기껏해야 5년이다.

주인공은 2012년 열아홉의 나이에 가상현실이라는 새로운 시장을 개척했고, 가상현실 분야에서 세계적으로 가장 뛰어난 회사인 오큘러스Oculus를 창업한 팔머 럭키Palmer Luckey다. 「타임」은 2015년 8월 '가상현실이 세상을 바꾼다'라는 제목으로 가상현실 특집호를 발행하며 팔머 럭키를 표지모델로 내세웠다. 페이스북은 2014년, 2년 밖에 안 된 이 스타트업을 2조 원에 인수해 "2015년을 가상현실 원년으로 만들겠다."고 선포했다. 가상현실은 SF영화의 한 장면처럼 집에서도 회사와 해외출장 업무를 볼 수 있고 해변가에 온 것처럼 생생하게 휴가를 즐길 수 있게 해주는 꿈의 기술이다. 구글, 삼성, 소니, 마이크로소프트 등 IT 대기업들이 앞다퉈 대규모 투자를 하고 있고, 게임 및 영화, 교육, 의료, 건축, 유통 등에 막대한 파급효과를 미칠 것으로 전망된다.

차세대 미래 산업을 탄생시킨 팔머 럭키는 놀랍게도 열네살이 될 때까지 학교 근처에도 가지 않은 홈스쿨러다. 럭키는 그 덕분에 취미나 관심분야를 더 집요하게 파고들수 있었다. 어릴 때부터 호기심이 많았던 그는 전자공학에 관심을 갖고 온라인 수업을 들으며 독학했고 차고에 박혀서 전자제품을 연구하고 실험했다. 그 외 대부분의 시간은 SF 책과 영화를 보며 지냈다. 그가 VR을 연구하는데 가장 큰 영감을 준 영화는 〈매트릭스〉다. 워쇼스키 남매의 상상력에 감명받은 그는 홈스쿨링과 〈매트릭스〉가 아니었다면 지금의 오큘러스는 없을 거라고 말한다.

럭키는 십대가 되어 어떻게 하면 새로운 방법으로 더 실감나게 게임을 즐길 수 있을까 고민했다. 아무도 VR에 관심을 가지지 않을 때 그의 머릿속은 온통 VR 생각으로 가득차 있었다. 이베이eBay를 샅샅이 뒤져 구식 VR기기 부품을 싼 가격에 사들여 시제품을 만들기 시작했다. 필요한 경비는 고장 난 아이폰을 수리해 되팔아 마련했다. 부모는 아들이 연구하는 VR이라는 분야를 전혀 이해하지 못했지만 믿고 지지했다.

주목할 점은 오큘러스의 성공이 럭키의 열정과 더불어 최근 10년 사이 새로 등장한 창업트렌드가 있었기에 가능했다는 것이다. 럭키는 기존에 이미 나와 있는 VR 오픈소스를 이용해 자신의 아이디어와 기술을 접목해 최신 VR로 재탄생시켰다. 이 과정에서 맞닥뜨린 어려움은 온라인 상의 가상현실포럼 회원들과 토론하며 도움을 받아 기능을 개선하고 기술적 문제를 해결했다. 열여덟 살, 드디어 차고에서 시제품을 완성하자, 그는 다른 사람들과 함께 자신이 만든 VR을 즐기고 싶었다. 제품을 만들 자금이 없었기에 킥스타터에서 모금을 시작했다. 한달 만에 240만 달러라는, 킥스타터 모금 기록 중 최고 금액이 모이자 VR이 유망한 분야가 될 것이라 판단하고, 캘리포니아 대학을 자퇴하고 창업했다.

학교는 언제든 돌아갈 수 있지만 기회는 자주 오지 않아요.

럭키는 지금 시작하지 않으면 새로운 혁명의 선봉에 설 수 없다고 조언한다. 어린 시절 소원을 현실로 만든 그는 "언제든지, 누구라도, 세상의 무엇이든 경험하게 만들겠다."라는 비전을 갖고 있다. 마크 저커버그는 'VR기기가 TV처럼 보급되면 VR이 차세대 커뮤니케이션 플랫폼이자 차세대 컴퓨팅 플랫폼이 될 것'이라고 말한다. 새로운 세상을 창조해낸 이들은 이렇게 모두 학력파괴자들이다.

변화를 읽어야 한다
|
럭키는 명문대학을 나오지 않았다. 빛나는 코딩을 짜거나 비즈니스를

공부하지도 않았다. 결코 천재라고 할 수 없는 그의 성공 스토리에는 대부분의 학력파괴자들에게서 볼 수 있는 공통점과 함께 미래 교육의 모습, 그리고 메이커시대의 성공 방법이 모두 담겨있다.

럭키는 시간을 자유롭게 활용할 수 있었기 때문에 VR을 연구할 수 있었다며 '전통적인 공교육 시스템에 속해 있었다면 기술연구를 마음껏 할 수 없었을 것'이라고 털어놓는다. 이제 럭키와 같은 학력파괴자들을 보며 후회하는 시대가 곧 올 것이다. '똑같은 것을 배우고 정답 맞히기 교육만 시키는 학교를 다니는 바람에 성공의 기회를 잃었다'고 말이다.

현재의 공교육은 앞으로 아이들을 '루저'로 만드는 데 일조할 가능성이 크다. 직업의 패턴이 180도 바뀌는 미래를 대비해 로봇이 할 수 없는 직업을 가질 능력을 키워야 하건만 우리나라 교육제도를 움직이는 사람들에겐 이런 미래를 준비할 혜안이 없다. 김대식 카이스트 정보과학기술대학 교수가 강연마다 강조하는 말을 한번 들어보자.

제가 공학자로서 보장할 수 있는 건, 이 아이들이 20년 후에 노동시장에 들어갈 때는 100퍼센트 기계가 국·영·수를 더 잘합니다. 그렇다면 이 아이들은 20년 후에 대기업에 들어가고, 아이비리그 나오고, '스카이' 나오고가 문제가 아니라 이 아이들이 인류 역사상 처음으로 기계하고 경쟁해서 먹고살아야 할 아이들인데, 기계하고 경쟁해서 이길 수 있는 도구들을 하나도 안 가르쳐주고 있어요. 그게 문제라는 거죠.

이제는 학교가 아이를 결코 위대하게 만들어줄 수 없다는 사실을 받아들이자. 학교가 당신 아이의 미래를 준비시켜줄 거라는 믿음 또한 버려야 한다. 아이의 천재성은 입시에 눈먼 학교에 다니는 한 발휘되지 않는다. 하고 싶은 공부를 억압적 평가와 경쟁 없이 즐겁고 열정적으로 할 수 있는 환경이 주어져야 아이의 미래가 바뀐다.

곧 쓸모없어질 대학 졸업장을 위해 모든 시간과 노력을 바치는 대신 아이만의 개성과 잠재력을 반짝반짝 빛나게 할 학습전략을 세워야 한다. 학교를 탈출할 수 없다 해도 똑같은 능력을 갖고 졸업하게 만드는 붕어빵 제조 공장 같은 학교를 맹신해서는 안 된다. 그 안에서 일부 지식을 취하더라도 아이에게 필요한 공부를 스스로 선택할 기회를 줘야 한다. 부모 세대는 절대로 상상할 수 없는 새로운 시대가 도래하고 있다. 이 변화하는 환경에서는 아이의 고유성을 바탕으로 관심사를 마음껏 펼치게 할 개별적 맞춤 교육전략이 반드시 필요하다. 그 관심과 호기심을 키워주는 교육환경이 로봇과 인공지능은 할 수 없는 당신 아이만의 온리원 분야를 찾도록 해줄 것이다. 교육은 학교 책상에 앉아야만 이루어지는 것이 아니다. 정해진 트랙만 달리는 경주마가 아닌 무엇이든 할 수 있는 야생마처럼, 자유롭게 세상을 경험하도록 하는 진짜 교육으로 자녀의 역동적인 미래를 만들어 가야 한다.

학교에 대해 여전히 순진한 기대를 품고 있는 대한민국의 평범한 부모들과 공교육 시스템 아래서 자신의 천재성을 죽이며 살아남기 위해 고군분투하고 있을 아이들에게 이 책을 바친다. 부디 삶과 교육에 대한 성찰과 질문, 미래에 대한 통찰을 통해 당신이 지금껏 지녀온 고정관념을 바꾸는 데 이 책이 조금이라도 도움이 되기 바란다. 아이들 한 명 한 명이 주인공이 되어 사회가 만들어놓은 허구의 틀을 벗어나 자신감 있고 당당한 존재로 다시 태어나기를, 당신 아이의 모험이 이제 시작되기를 바란다.

역대
학력파괴자들

역사/정치/학문
|

갈릴레오 갈릴레이(Galileo Galilei)

수도원에서 공부하며 사제의 꿈을 키우다 아버지의 강요로 의대에 들어갔지만, 아리스토텔레스(Aristoteles)를 추종하는 주입식 암기교육과 수업 분위기가 마음에 들지 않아 학교를 뛰쳐나왔다. 25세에 피사대의 수학 교수가 된 그는 천동설을 비판하고 지동설을 옹호했다. 목성의 달과 태양의 흑점을 최초로 발견했고 달은 완벽한 구(球) 모양이라는 아리스토텔레스의 견해를 반박했다. 정해진 학설만 외우기에 바빴던 스콜라 철학자들은 그에게 비난을 퍼부었다.

레오나르도 다빈치

화가이자 조각가, 발명가, 건축가, 기술자, 해부학자, 식물학자, 도시 계획가, 천문학자, 지리학자, 음악가인 그는 서자로 태어나 학교 교육을 받지 못했다. 호기심이 많았고 자신의 학습 과정을 스스로 설계했으며 철학, 천문학, 지리학, 의학, 미술학, 산수학 등 다양한 분야의 책을 읽으며 독학했다.

벤저민 프랭클린(Benjamin Franklin)

과학자, 발명가, 외교관, 저술가, 비즈니스 전략가로 활동했다. 번개를 피할 수 있는 피뢰침, 복초점(複焦點) 안경을 발명했고 도서관, 의용소방대, 보험협회 등 도시 발전을 위한 다양한 기관을 만들었다. 학력은 여덟 살부터 열 살까지 라틴계 학교를 다닌 것이 전부다. 그는 열 살이 되던 해 아버지와 형을 따라 인쇄업자로 일하기 시작했다. 그가 터득한 방대한 지식은 모두 책이나 경험을 통한 독학에서 비롯되었다.

라이트 형제

네 살 터울인 형 윌버 라이트(Wilbur Wright)와 동생 오빌 라이트(Orville Wright)는 책 읽기를 즐겼는데 어느 날 아버지가 사다 준 장난감 헬리콥터 덕분에 비행에 관심을 갖게 됐다. 둘 다 고등학교에 진학했지만 윌버가 건강상의 이유로 자퇴를 하자 동생도 자퇴를 하고 자전거 가게를 열어 큰 성공을 거두었다. '새가 하늘을 날 수 있다면 사람도 날 수 있다'는 믿음으로 구할 수 있는 모든 비행술 자료와 문헌을 탐독해 비행기를 설계, 제작해 하늘을 나는 데 성공한다. 처음 사람들은 중졸에 자전거 수리공인 형제가 이 역사적 위업을 이루었다는 것을 믿지 않았다고 한다.

니콜라 테슬라(Nikola Tesla)

전기의 마술사. 발명의 천재, 전기의 천재, 교류의 아버지, 뉴욕의 마술사 등으로도 불린다. 발명가로서의 그는 에디슨만큼 대중적으로 유명하지는 않지만, 적어도 공학도들 사이에서는 천재로 여겨진다. 일론 머스크는 그에 대한 존경의 의미로 자신의 전기자동차 회사 이름을 '테슬라'라고 지었다. 프라하 대학을 중퇴한 그는 25개국에서 272개 특허를 획득한 세기의 발명가가 되었다.

프랜시스 콜린스(Francis Collins)

게놈(genom) 지도를 완성한 인간게놈 프로젝트의 총 책임자. 예일대 물리화학 박사 및 노스캐롤라이나대 의학박사. 콜린스를 포함한 4형제는 모두 어머니의 홈스쿨링으로 자랐으며, 여행을 많이 다녔고 작은 농장에서 성장하며 가축을 키우고 농작물을 길렀다. 어머니는 "오늘은 무엇이 흥미롭니?"라고 먼저 질문한 후 그가 하고 싶은 공부를 마음껏 하게 해주었다. 그는 홈스쿨링을 통해 '배움에 대한 사랑'을 견고하게 다졌다며 "어머니의 교육방법이 옳았습니다."라고 말한다. 그의 형제들은 모두 교수와 사업가가 되었다. 이후 도시에 있는 할머니 집으로 이사 가게 되어 10학년으로 학교에 들어간 그는 질문과 실험으로 호기심을 북돋우며 과학에 대한 열망을 불러일으킨 담임교사를 만난 덕분에 자신의 진로를 확정할 수 있었다.

참고로 그와 함께 게놈 지도를 완성했으며 생명과학계의 이단아로 불리는 크레이그 벤터(Craig Venter)는 학생시절 통제불능의 개구쟁이였으며 학업에 흥미도 없었다. 전 과목이 F학점이었지만 그중 한 과목을 D로 올려준 선생님 덕에 낙제를 모면하기도 했던 그는 훗날 '유전자왕'으로 불리며 미국이 선정한 '세계를 바꾼 인물' 5위에 올랐다. 우등생 출신 학자들의 반대를 무릅쓰고 새로운 분석법을 개척해 불멸의 업적을 이룬 것이다.

에릭 드메인(Erik D. Demaine)

MIT 안에서 괴짜로 통하는 컴퓨터공학부 교수. 12세에 대학에 입학해 박사과정까지 마치고 20세의 나이로 MIT 역사상 최연소 교수가 되었다. 그 비결은 그의 남다른 성장배경에서 찾을 수 있다. 부모의 이혼으로 편부가정에서 자란 드메인은 학교를 다니는 대신 아버지와 4년간 북미대륙 횡단을 하며 홈스쿨링을 받았다. 아버지는 무언가를 배워야 한다고 강요하기보다는 아들이 무엇에 가장 흥미를 보이는지 세심하게 관찰하고 관심분야에 대한 공부를 확장하도록 도와주었다. 드메인은 '연구에서 가장 중요한 것은 올바른 질문을 던지는 것'이며 "나는 무조건 재밌어야만 일을 한다."라고 말한다. 종이접기, 테트리스 게임, 퍼즐, 유리공예를 고등수학과 기하학, 컴퓨터공학 등에 접목해 학계를 놀라게 하고 있으며, 그런 그의 연구는 생물학, 로봇공학, 설계학에도 영향을 미치고 있다. MIT를 재밌고 독특한 대학으로 만들고 있다는 평을 듣는 그가 지금껏 발표한 논문은 자그마치 300여 편에 달하며「파퓰러사이언스(Popular Science)」의 '10대 과학자상'을 포함해 수많은 상을 받았다.

존 메이저(John Major)

전 영국 총리. 아주 가난한 가정에서 태어나 가족을 부양하기 위해 16세 때 학교를 중퇴하고 노동 현장에 뛰어들었다. 자신의 학력에 대해 그는 "학교에서보다 직접 얻은 사회경험에서 더 많은 것을 배웠다."고 말했다.

조지 워싱턴(George Washington)

초등학교를 1년도 채 다니지 못했던 링컨과 함께 미국에서 가장 존경받는 대통령이며 미국 건국의 아버지이다. 어린 시절 배움에 대한 열의와 호기심이 왕성했고 어머니는 밤마다 고전이나 문학작품을 읽어주었다. 그는 "나의 현재, 미래, 그리고 나의 운명은 모두 어머니에게서 물려받은 것이다."라고 말했다. 아버지의 죽음으로 열한 살에 학교 교육을 멈추어야 했지만 7개 언어를 구사할 정도로 혼자만의 공부에 열심이었다. 약한 자의 편에 섰으며 동물을 사랑했던 그는 미합중국이라는 민주국가를 출범시키고 기초제도와 법을 제정했다.

룰라 다 실바(Lula da Silva)

브라질의 제35대 대통령. 브라질이 본격적으로 경제성장을 할 수 있는 기반을 만들었다. 빈민가의 개구쟁이였던 그는 초등학교 5학년 때 가계를 돕기 위해 학업을 포기하고 땅콩장사와 구두닦이를 했다. 대통령이 되자 "브라질에서는 더 이상 굶는 사람이 없게 하겠다."며 사회복지 정책을 활발히 펼쳐 브라질을 신흥경제대국으로 끌어올린 그는 현대의 가장 존경받는 대통령 중 한 명이다. "왜 부자들을 돕는 것은 '투자'라고 하고, 가난한 이들을 돕는 것은 '비용'이라고만 말하는가?"라는 유명한 말을 남겼다.

호세 무히카(Jose Mujica)

'세상에서 가장 가난한 대통령'으로 잘 알려진 전 우루과이 대통령. 전 세계 정치인이 가장 닮고 싶어 하는 대통령이기도 하다. 가난한 어린 시절을 보냈고 고등학교를 그만둔 뒤 독학으로 공부했지만 '철학자'로 불리는 그는 노숙자에게 대통령궁을 내주고 28년 된 낡은 자동차를 끌며 월급의 90퍼센트를 기부했다. 취임 후 남미 1인당 국민소득 1위였던 칠레를 누르고 자국 우루과이를 1위에 올려놓았다. 맨발에 슬리퍼를 신고 바지를 걷어 올린 차림으로 유엔회의에 참석할 만큼 자유분방한 면도 있다. 그의 퇴임식 때 BBC는 "가장 이상적이고 정직했던 대통령이 떠나간다. 이 '이상한' 지도자는 정치인이란 원래 소박하고 존경받을 수 있는 직업이라는 것을 일깨워줬다."라고 보도했다.

IT/사업가
|

폴 앨런

마이크로소프트의 두뇌이자 공동창업자. 독서광인 어머니의 영향으로 어린 시절부터 책과 과학잡지에 파묻혀 살아 아버지가 식사시간에는 독서를 금지할 정도였다. 초등학교 때부터 지하실에 화학 실험실을 차려놓고 책에서 읽은 것을 직접 실험했다. 국내에서는 빌 게이츠보 다 상대적으로 덜 알려져 있지만 미국에서는 매우 유명하다. 워싱턴 주립대를 중퇴한 그는 PC 시대의 도래를 감지하고 빌 게이츠에게 사업을 제안했다. 2006년 「포브스」 선정 세계 부 자 6위에 랭크됐다. 1983년 은퇴 후 항공 산업과 과학 분야, 자선사업에 이르기까지 다양한 분야에서 활동하고 있으며 우주여행 사업에도 투자 중이다.

스티브 워즈니악

애플의 공동창업자. 어릴 때부터 밤마다 엄청난 양의 책을 읽었고 엔지니어였던 아버지의 도 움을 받아 초등학교 내내 실험실에서 이것저것 만드는 데 여념이 없었다. 아버지가 보던 공학 저널이 컴퓨터를 접하는 데 결정적 작용을 한다. 캘리포니아대 버클리 캠퍼스 재학 중에 이미 HP에 취직했다. 학교 때문에 일을 그만두는 건 상상도 할 수 없었다는 그는 중퇴 뒤 잡스와 1976년 애플을 창업했다. 애플 Ⅰ, 애플 Ⅱ 컴퓨터의 실질적인 제작자이자 애플의 두뇌로 평 가받는다. 1982년 이후에는 애플을 떠나 예술과학 관련 기관과 실리콘밸리를 후원하는 자선 가로 활동하다가 애플의 상담역으로 복귀하기도 했다. 남과 다른 사고를 허용하지 않는 공교 육을 맹렬히 비난하며 홈스쿨링과 사립학교를 대안으로 제시했으며 "나는 아웃사이더로 지 낸 덕분에 독립성을 유지해 이상한 꿈을 꿀 수 있었다."고 말했다.

숀 파커(Sean Parker)

1999년 전 세계 음악산업을 송두리째 흔든 무료 음악파일 공유 서비스 냅스터(napster)의 공 동창업자이자 페이스북 초대사장. 일곱 살에 아버지에게 프로그래밍을 배웠다. 웹에서 음악 파일(MP3)을 찾을 때 자주 연결이 끊기거나 파일이 분실되자 열아홉에 대학을 그만두고 냅 스터를 만들어 백만장자가 됐다. 음반사의 소송으로 서비스는 중지했지만 냅스터는 애플이 아이튠즈를 만들 때의 모델이 되었다. 저커버그를 만난 스물네 살의 파커는 페이스북의 가능성을 알아보고 조언해주었으며 피터 틸에게 초기 투자를 이끌어내 성공의 발판을 마련하는 데 중추적 역할을 했다.

더스틴 모스코비츠(Dustin Moskovitz)

페이스북 공동창업자로 초대 최고기술책임자(CIO)와 엔지니어링 부문 부사장을 역임했다. 2008년 페이스북을 그만두고 소프트웨어 회사 아사나(Asana)를 세워 피터 틸에게 투자를 받았다. '일이란 서비스를 제공하고 인류를 사랑하는 행동'이라는 신념을 갖고 있다. '미국 400대 부호'에 포함되어 있으나 호화생활을 외면하고 재산 대부분을 기부하기로 서약했다. 참고로 친구인 마크 저커버그는 딸이 태어나자 재산의 99퍼센트를 기부하기로 했다고 한다.

케빈 켈리(Kevin Kelly)

세계적인 IT 신문잡지 「와이어드(Wired)」의 창업자. 미래학 전문가들조차 미래의 키워드가 무엇인지 듣기 위해 그의 강연에 몰려든다고 한다. 대학 진학 후 1년 만에 중퇴했고 이후 한국, 일본, 타이완, 동남아시아 등 각국을 돌아다니는 독립 사진가로 활동하며 20대를 보냈다. 1984년 비영리성 잡지 「홀 어스 리뷰(Whole Earth Review)」를 출간해 생태 복원, 인터넷 문화, 십대의 문제 등을 주제로 수많은 이슈를 만들어냈다. 그가 1994년에 쓴 책 『통제불능(Out of Control)』은 「포천」으로부터 '모든 임원이 필수로 읽어야 할 책'이라는 찬사를 받았다. 그는 미래에 개인은 누구나 '1인 기업'이 될 것이며 앞으로 100년간은 지난 100년보다 훨씬 많은 기업이 폐업할 것으로 예언하고 있다.

조지 이스트먼(George Eastman)

코팅된 사진건판을 이용한 현대적 버튼식 카메라를 발명해 사진을 '소수의 특권'에서 '대중의 취미'로 바꾼 코닥(kodak)의 창시자. 가정형편으로 열네 살에 학업을 그만두었으나 사진에 흥미를 깊게 된 뒤 사용하기 불편한 카메라를 작고 저렴하게 만들겠다는 일념으로 책을 읽고 장비를 사 모아 연구에 몰두했다. 영화의 탄생도 그가 있었기에 가능했다. 영사기를 발명한 것은 에디슨이었지만 영화 필름으로 쓰이는 셀룰로이드필름을 만들어낸 것은 이스트먼이었기 때문이다. 존 록펠러(John D. Rockefeller), 앤드류 카네기, 코넬리어스 밴더빌트 (Cornelius Vanderbilt)의 뒤를 이어 미국의 네 번째 부자가 되었다(공교롭게도 셋 모두 학교를 그만둔 이들이다). 그는 100여 년 전 이미 종업원 지주제과 연금 및 각종 선구적인 복지정책을 실시했다. 평생 약 1억 달러를 기부했으며 주식의 3분의 1을 직원들에게 무상으로 나눠준 사회환원의 선구자이기도 하다.

데라오 겐(寺尾玄)

'일본 가전업계의 애플'로 불리는 발뮤다(Balmuda)의 창업자. 헤밍웨이(Ernest Hemingway)를 좋아했던 데라오 겐은 고등학교 2학년 시절 친구들이 문·이과를 놓고 자신의 진로에 대해 고심할 때 학교를 중퇴하고 무작정 스페인으로 여행을 떠났다. 여행 중 우연히 접한 네덜란드 디자인 잡지에 소개된 멋진 디자인의 제품들을 보고 영감을 받아 일본에 돌아와 발뮤다를 세웠고, '지구 온난화와 에너지 문제를 해결하는 제품 개발'을 목표로 만든 이중날개 선풍기가 히트를 치면서 가전 디자인에 혁신을 일으키고 있다.

테드 터너(Ted Turner)

미디어 제왕으로 세계 최고의 기부자이자 CNN 창립자. 외롭고 고독한 어린 시절을 보낸 그는 브라운 대학을 중퇴하고 부친의 당구 사업에 합류했고, 이 사업을 처분해서 만든 자금으로 CNN을 창업했다. 걸프전을 실시간으로 중계방송하면서 두각을 나타냈다. MTV, VH1, 니켈로디온(Nickelodeon)을 인수하여 방송제국의 건설자가 되었다.

데이비드 오길비(David Ogilvy)

현대 광고의 아버지. 그가 만든 광고 문구인 "시속 60마일로 달리는 신형 롤스로이스 안에서 제일 큰 소음은 시계 소리다."는 아직도 회자되고 있다. 옥스퍼드 대학에 들어갔으나 중도에 그만두고 프랑스 파리의 일류 호텔 주방에서 요리사로 일했던 그는 다시 영국으로 돌아와 조리기구 방문 판매원으로 일하기도 했다. 이렇게 다양한 경험은 그가 독특한 아이디어의 광고를 쏟아내는 데 큰 밑거름이 되었다.

세자르 리츠(Cesar Ritz)

세계적 호텔 리츠 칼튼(Ritz Carlton) 호텔 창업자. 고등학교를 중퇴하고 호텔 웨이터로 일을 시작해 호텔 매니저를 거쳐 마침내 고품격 호텔체인의 선구자가 된 그는 '호텔업자들의 왕이자 왕들을 위한 호텔업자'라는 별명이 생길 만큼 명성을 얻었다.

레이 크록

맥도날드 창시자이자 패스트푸드의 선구자. 학업에 별 흥미를 느끼지 못해 고등학교를 중퇴하고 열다섯에 제2차 세계대전에 참전했다. 햄버거 대학을 설립했고 졸업생에게 '전공 햄버거, 부전공 프렌치프라이'라는 타이틀로 학위를 수여했다. 1983년 「타임」이 선정한 '20세기 베스트 100인' 중 한 명이다.

프레드 드루카(Fred DeLuca)

세계적 샌드위치 전문점 서브웨이(Subway) 창업자. 고등학교를 졸업한 후 친척에게 1,000달러를 빌려 샌드위치 가게를 연 것이 시초가 됐다. 학교 교육은 부자가 되는 데 그리 큰 도움이 되지 않는다는 생각을 갖고 있다.

밀턴 허쉬(Milton Hershey)

허쉬(Hershey) 초콜릿 창업자. 그가 받은 공교육은 초등학교 4학년까지가 전부다. 초콜릿을 대중적인 상품으로 만든 그의 회사는 종업원과 지역사회를 위해 일하는 회사의 전형으로 평가받고 있다.

일론 머스크

초등학교 시절부터 하루에 10시간 이상 책을 읽었다. 스탠포드 대학원 응용물리학과를 이틀 만에 중퇴하고 우주공학을 독학으로 깨우쳤다. 우주개발은 국가만 할 수 있다는 선입견을 깨고 민간 우주사업 시대를 열었으며, '2030년까지 인류를 화성으로 이주시키겠다'는 원대한 프로젝트를 진행 중이다. 상상을 현실로 만드는 그에게 세계는 '70억 달러 가치를 지닌 기업가', '세계에서 가장 영향력 있는 인물', '세계 최고의 발명가'라는 찬사를 보내고 있다. 그는 유년 시절 학교 가는 것을 고문이라 했을 정도로 학교를 싫어했다. 암기식 교육 때문에 성적 또한 항상 나빴다. 학교에 대한 불신으로 이후 자신의 자녀들을 위한 학교를 따로 세워 비판적 사고와 문제해결력에 중점을 둔 수업을 했다. 아이들은 학교를 무척 좋아해 방학기간에도 개학날만을 손꼽아 기다린다고 한다.

프레이저 도허티

영국의 '슈퍼잼' CEO. 잼 하나로 스무 살에 백만장자가 됐다. 할머니의 잼 맛에 반해 이웃들에게 하나둘 팔기 시작했으나 열화와 같은 성원으로 점차 판매처를 늘려갔다. 도허티의 천연과일잼은 4년 후에는 '영국의 국민 잼'이 될 정도의 인기를 얻었다. 잼 개발을 위해 열여섯에 고등학교를 그만두고 사업에 몰두했다. 현재 그의 잼은 한국, 일본, 러시아, 오스트레일리아 등 세계 200여 개국, 2000여 개의 매장에서 연간 100만 병이 판매되고 있다. "전문지식이 없어 오히려 기존의 것을 뒤엎는 생각을 할 수 있었다."고 말한다.

이본 쉬나드

「포천」이 선정한 가장 '쿨(cool)'한 회사인 세계 최고의 아웃도어 브랜드 파타고니아(patagonia)의 CEO. 친환경 제품만을 생산하는 미국의 대표적 책임기업이며 '죽어버린 지구에서 할 수 있는 비즈니스는 없다'는 경영철학을 가지고 매년 매출의 1퍼센트를 환경단체에 기부하고 있다. 어렸을 때부터 공부에 흥미를 붙이지 못하고 강과 계곡에서 뛰놀기만 좋아했다. 고등학교 때는 수업 태도에 문제가 있다며 자주 벌을 받았고, 커뮤니티 칼리지에 진학했지만 16세가 되어 자퇴를 결심한다. "내 인생에서 가장 아까웠던 시간은 학교에서 수학공식을 외우던 시간이었다."고 말했다.

블레이크 마이코스키

신발 1켤레를 팔면 1켤레를 기부하는 착한 기업, 탐스슈즈의 CEO이다. 대학을 중퇴하고 세탁사업에 뛰어들어 100만 달러의 수입을 올렸다. 자신이 제일 잘하는 것이 '기존 질서에 도전하기'라고 말하는 그는 새로운 아이디어가 떠오를 때마다 사업으로 연결시켰다. 아르헨티나를 여행하던 중 신발이 없어 고통받는 아이들을 보고 탐스슈즈를 창업했다. 모순적이게도 다른 사람을 돕기 위해 시작한 탐스슈즈가 그동안 돈만 생각하고 벌인 다른 사업보다 더 어마어마한 돈을 벌어들이고 있다. 멋진 집과 모든 소유물을 정리하고 회사 근처 항구에 정박한 보트에서 소박한 생활을 하고 있으며 가장 존경하는 인물로는 파타고니아의 이본 쉬나드를 꼽는다.

필 리빈(Phil Libin)

인류를 똑똑하게 만든 에버노트(Evernote)의 창업자. 다섯 살짜리 꼬마 시절, 언젠가 이 세상에도 종말이 온다는 것을 배우게 된 리빈은 인류가 어리석은 행동으로 스스로 종말을 맞이하는 것을 막기 위해 무언가라도 해야겠다는 사명감을 느낀다. 열여섯에 프리랜서 프로그래머로 일하다 보스턴 대학교에 입학하지만 비싼 등록금 때문에 졸업을 앞두고 중퇴하게 된다. 그가 '세상의 무지를 줄여보겠다'는 포부로 만든 에버노트는 '외부 두뇌장치'란 별명으로 불리며 큰 사랑을 받고 있다. 현재 전 세계 사용자는 1억 명이 넘는다. 실리콘밸리에서 기업공개(IPO)가 가장 기대되는 서비스로 급부상했으며 기업가치는 1조 1,000억 원 이상으로 평가받고 있다.

장리용(张立勇)

중국의 '영어의 신'. 가난으로 고등학교를 중퇴하고 칭화대 식당 주방장으로 일하며 영어를 독학으로 익혔다. 뛰어난 영어 실력이 소문나 칭화대생들이 그에게 비법을 묻기 시작했고 대학교 강연초청이 이어졌다. '소리 내어 영어를 입 밖으로 낼 수 있는 용기와 그 노력을 계속하게 만드는 의지, 이 두 가지만 있다면 당신은 이미 절반의 성공을 거둔 것'이라고 말한다. 2008년 올림픽을 맞아 시행된 '베이징 시민 영어로 말하기' 프로젝트 특별 고문을 맡았고 '중국 10대 올해의 인물'에 선정됐다.

이병철

'경영의 달인'이라 불리는 삼성그룹 창업자. 스스로를 '중퇴 인생'이라 말하곤 했다. 스무 살이 넘도록 공부에 흥미가 없었고 중학교를 중퇴한 후 일본 와세다 대학으로 유학을 갔으나 그곳에서도 중퇴했다. 즉, 그에게는 졸업장이 한 장도 없다. 하지만 20대 중반에 '뜻을 세워야겠다'는 결심을 하고 마산의 정미소를 시작으로 사업에 뛰어들어 삼성을 키워냈다.

신용호

교보생명과 교보문고의 창업자. 가난과 질병으로 초등학교도 나오지 못했다. '책 속에 길이 있다'는 어머니의 가르침에 따라 3년간 오로지 책만 읽었다. 세상을 사는 데 필요한 지식과 지혜를 학교가 아닌 독서로 터득했고 졸업장 같은 학력에 집착하지 않았다. 세계 어디에도 없는 독창적인 상품인 '교육보험'을 최초로 개발했고 사람들의 반대를 무릅쓰고 당시 세계 최대 규모인 2,700여 평 공간의 교보문고를 열었다.

강석창

'꽃을 든 남자', '다나한' 브랜드로 유명한 소망화장품 대표. 건강상의 이유로 고등학교를 중퇴하고 20대 초반의 나이에 사업을 시작했다. 지병 때문에 시력이 약해 주위 사람들에게 책을 소리 내어 읽어달라고 부탁하며 공부한 그는 대학에 가지 못한 것보다 읽고 싶은 책을 마음껏 읽지 못하는 것을 더 아쉬워하는 사람이다. 젊은이들에게는 '주위의 시선 때문에 대학에 진학하는 것은 잘못된 선택'이라고 조언한다.

최수부

광동제약 창업자. 아버지가 사기를 당해 초등학교 4학년을 중퇴하고 가족의 생계를 위해 시장에서 온갖 물건을 팔며 사업수완을 익혔다. 그는 "시장통은 내게 학교였다. 살면서 배워야 할 모든 것이 거기에 있었다. 사업을 하면서 고려대와 서울대 경영대학원 등을 수료했는데 그 어떤 지식도 시장통에서 배운 것만 못했다."라고 말했다. 외판원으로 시작해 '우황청심원', '쌍화탕' 같은 의약품은 물론 '비타500', '옥수수 수염차' 등 히트음료를 탄생시키며 광동제약을 국내의 대표적인 제약·음료기업으로- 키워냈다.

이광석

구인 사이트인 인크루트 대표. 고등학교 시절 별에 미쳐 연세대 천문우주학과에 진학한 그는 3학년을 다니다 아버지의 지원에 힘입어 2001년 학업을 그만뒀다. 공부보다는 인터넷에 빠져서였다. 이후 인터넷스터디포럼 운영자로 활동하면서 인터넷 사업의 눈을 키웠고, 1998년에 인크루트를 창업해 국내 최초로 온라인 채용 서비스를 선보였다. 인크루트는 관련업계에서 유일한 코스닥 상장업체로 2007년 대통령 표창을 수상했다.

장기려

정보보안 회사 'R&I시큐리티' 대표. 1995년생으로 마음껏 연구활동을 하고 싶어 고등학교 1학년 때 중퇴하고 20세에 창업했다. 아버지의 영향을 받아 어렸을 때부터 회사를 운영하겠다는 꿈을 가지고 19세 때부터 준비, 해킹 보안을 연구하는 팀원들과 함께 회사를 설립했다.

최훈민

'씨투소프트' 대표. 중학교 3학년 때 한국정보올림피아드 공모전에서 금상을 수상한 뒤 프로그래머가 되고 싶어 IT 특성화고인 안산 한국디지털미디어고에 진학했다. 하지만 그곳에서 배운 것은 대입을 위한 국·영·수 과목이었고 IT 관련 과목은 단 두 가지였던 데다 원론 수준에 그쳤다. 학교에 대한 실망이 든 그는 '이 시간에 프로그래밍을 더 공부하는 게 낫겠다'는 생각에 1학년을 마치고 자퇴했다. 20세였던 2014년에 'IT로 사회 변화를 이루자'는 목표를 세우고 소상공인 예약 관리 솔루션 '브룽'을 개발하는 회사를 창업했다. 지금도 그는 대학에 진학할 생각이 없다고 한다. 가장 중요한 것은 실제로 만들어내는 결과이기 때문이다.

송호준

2013년 카자흐스탄에서 세계 최초로 개인 인공위성을 발사한 미디어 아티스트. "개인은 왜 인공위성을 띄울 수 없나? 우주는 개인의 소유도 아닌데."라는 의문을 가진 후 5년간 혼자만의 힘으로 인공위성을 만들었다. 영화 〈마이너리티 리포트〉에 나오는 것 같은 멋진 장비를 직접 만들고 싶어 한국정보통신대학교의 융합대학원에 들어갔지만 융합은 학교에서 교수가 가르칠 수 있는 분야가 아니라는 생각이 들어 바로 자퇴했다. 새로운 것을 발견하고 시도하는 사람이 별로 없는 한국의 현실이 안타까워 이 일을 시작했다는 그는 누구나 인공위성을 만들 수 있도록 홈페이지에 전체 설계도를 공개했다.

문화/예술
|

대니 서(Danny Seo)

한국계 미국인 환경운동가. 열두 살 때 설립한 환경보호단체 '지구2000'은 곧 미국 최대의 십대 비영리 환경조직으로 성장했다. 고등학교를 꼴찌로 졸업하고 대학을 중퇴한 그는 1998년 「피플(People)」지의 '세계에서 가장 아름다운 50인' 중 하나로 선정됐고, 같은 해 '슈바이처 인간 존엄상'을 수상했다. 미디어 벤처회사를 만들어 환경보호를 널리 알리는 TV 프로그램을 제작하고, 생활 디자이너로 활동하며 재활용을 기반으로 하는 환경친화적인 주거환경 조성 사업을 벌이고 있다.

파블로 루이스 피카소(Pablo Ruiz Picasso)

금세기 가장 위대한 화가. 초등학교 때 졸업이 어려울 정도로 학습능력이 낮다는 평을 받았다. 열네 살에 미술학교에 입학했지만 그의 천재성을 알아보는 사람은 없었다. 피카소는 학교 규칙과 생활에 적응하지 못해 학교를 그만두고 왕립미술학교에 입학했으나 역시 결과는 같았다. 그는 학교에 가는 대신 박물관에서 옛 거장들의 그림을 보며 스스로 공부하여 20대에 초현실적 예술 장르인 큐비즘의 창시자가 되었다.

아메데오 모딜리아니(Amedeo Modigliani)

이탈리아 태생 화가. 유대계 가정에서 태어났다. 철학자 스피노자(Spinoza)의 후손인 어머니 덕분에 어릴 때부터 자연스럽게 고전을 가까이하며 성장한 그는 건강 문제로 중학교를 중퇴하고 본격적으로 미술 공부를 시작했다. 파리로 건너가 기존 관습을 파괴하려는 각종 사조들, 즉 후기 인상파와 입체파, 야수파 등에 휩쓸리지 않고 자신의 개성을 찾으려 노력했다. 그는 초상화만을 그렸는데 인물의 정신세계를 표현하는 능력이 뛰어났다.

존 케이지(John Cage)

미국의 작곡가이자 '우연성 음악'의 개척자. 우연하게 빚어지는 자연스러운 소음도 음악이 될 수 있다는 그의 '우연성 음악'은 음악에 대한 고정관념에 도전하며 인식의 전환을 가져왔다. 그는 대학을 중퇴하고 무작정 유럽으로 날아가 곳곳을 탐험했다. 쇤베르크(Arnold Schonberg) 밑에서 공부했으나 음악적 견해가 맞지 않아 결별했다. 비디오 아티스트 백남준과 무용가 머스 커닝햄(Merce Cunningham) 같은 전위예술가들이 새로운 장르의 개척자가 되도록 영감을 준 인물이다.

피터 린드버그(Peter Lindbergh)
스티븐 마이젤(Steven Meisel), 파울로 로베르시(Paolo Roversi)와 함께 현존하는 세계 3대 패션 사진가로 꼽힌다. 열다섯에 학교를 중퇴한 뒤 고흐를 흠모하며 화가를 꿈꾸던 그는 고흐가 작품 활동을 했던 프랑스·스페인·모로코 등지를 2년간 여행했다. 이후 독일로 돌아와 회화를 공부하다 광고 사진가로 전향했다.

프랭크 로이드 라이트(Frank Loyd Wright)
대학 1학년을 마친 뒤 학교를 그만두고 모더니즘의 아버지인 루이스 설리번(Louis Sullivan) 밑에서 수학한 위대한 건축가. 약 1,000개의 구조물을 디자인했고 532개의 건축물을 완성했다. 라이트는 스티브 잡스가 추구한 가치인 '심플함'에도 영향을 끼친다. 어린 잡스는 라이트가 자신의 디자인 철학인 '심플'을 구현한 주택에 살게 되었는데, 이 집에 대한 존경으로 인해 심플한 디자인에 대한 열정을 갖게 된다.

버크민스터 풀러(Buckminster Fuller)
20세기 최고의 건축공학자. 작가·디자이너·발명가·시인이기도 하다. 둥근 모양의 집인 '풀러의 돔(Fuller's Dome)'을 고안했다. 하버드에 입학했으나 곧 자퇴한 그는 독학으로 수학, 물리학, 화학, 공학 등을 닥치는 대로 공부해 자기부상열차와 헬리콥터 장치 등 평생 2,000가지가 넘는 발명을 했고 수많은 건축물을 설계했다.

조르조 아르마니(Giorgio Armani)
이탈리아 대표 디자이너. 가족의 바람 때문에 의대에 진학했지만 적성에 맞지 않아 학교를 그만두고 백화점 쇼윈도 꾸미는 일을 시작으로 패션계에 입문했다. 이후 광고부의 보조 사진사,

남성복 구매업무 담당자로 일하며 패션 디자이너에게 필요한 안목을 두루 갖춰나갔다. 그의 재능을 알아본 니노 세루티(Nino Cerruti)에게 디자이너로 발탁되어 화려한 패션이 대세였던 1980년대 당시 우아미를 지닌 실용적인 정장을 내놓아 주목받았다. 현재 전 세계 500여 개의 매장을 거느린 패션 제국을 구축했다.

칼 라거펠트(Karl Lagerfeld)

샤넬(Chanel), H&M의 수석 디자이너를 역임한 20세기 후반 가장 영향력 있는 패션계의 거장. 중학교를 중퇴한 순수 독학파인 그는 "나는 그 누구로부터도 배워본 적이 없다. 오직 나의 실수로부터 배울 뿐이다."라고 말했다. 자신만의 디자인으로 브랜드에 생명력을 불어넣는 데 탁월한 재능을 지녔다. 대중에 외면받던 샤넬을 위기에서 구해냄으로써 '죽은 샤넬을 살렸다'는 극찬을 받기도 했다.

레프 톨스토이(Лев Николаевич Толстой)

『부활』『안나 카레니나』『전쟁과 평화』 등 역사에 길이 남을 위대한 작품을 여럿 남긴 러시아의 대문호. 열여섯에 두 형들이 다니는 카잔 대학교 법학과에 입학하지만 학교생활이 재미없었음은 물론이고 인간의 자유롭고 창의적인 생각을 억압하는 교육방식에 실망을 느낀다. 대학이 지식을 주입하기만 할 뿐 사색하도록 만들지 않는다는 것을 깨달은 그는 진짜 공부를 하기 위해 자퇴한다.

조지 버나드 쇼(George Bernard Shaw)

아일랜드의 극작가 겸 소설가이자 수필가, 비평가, 화가, 웅변가. 학교 성적은 거의 최하위였으나 작문 실력만큼은 뛰어났다. 열네 살에 학교를 그만두고 독학으로 공부, 노벨문학상과 오스카상을 함께 수상한 유일한 작가가 되었으며, 20세기 가장 위대한 극작가의 반열에 올랐다. 그가 학교를 그만둔 이유는 선천적으로 경쟁과 관련된 모든 것에 심한 혐오감을 갖고 있기 때문이었다. 그는 경쟁을 전제로 하는 시험에는 특히나 관심이 없었는데, 그 이유를 '승리의 기쁨보다는 상대방이 느낄 실망으로 마음이 아프기 때문'이라고 털어놓았다. "스스로 깨달은 목적을 위해 사는 것이야말로 진정한 기쁨이 된다."라는 명언을 남겼다.

제롬 데이비드 샐린저(Jerome David Salinger)

미국 문학의 걸작으로 격찬을 받았고, 오늘날까지 세계 각국의 독자들로부터 사랑받는 스테디셀러『호밀밭의 파수꾼』의 저자. 성적 불량으로 중학교에서 퇴학당한 후 프린스턴과 컬럼비아 등에서 수학했으나 곧 중퇴했다.『호밀밭의 파수꾼』은 샐린저의 자전적 색채가 녹아 있는 소설이다. 고등학교 네 곳에서 퇴학당하고 물질적 가치만 내세우는 세상에 염증을 느끼고 반발하는 주인공 홀든의 이야기에 전 세계 젊은이들은 폭발적으로 열광하며 '샐린저 현상'을 만들어냈다.

마크 트웨인

『톰 소여의 모험』『허클베리 핀의 모험』의 작가. 헤밍웨이는 "현대 미국문학은 모두 마크 트웨인에서 시작한다."고 말했다. 열한 살에 아버지를 잃고 인쇄소 견습생으로 세상에 뛰어들었고 브라질과 미시시피 강을 누비며 탐험했다. "나는 학교가 나의 교육을 방해하도록 내버려둔 적이 없다."라는 명언을 남겼다.

어니스트 헤밍웨이

윌리엄 포크너(William Faulkner), 스콧 피츠제럴드(Scott Fitzgerald)와 함께 20세기 미국문학을 대표하는 소설가.『노인과 바다』로 노벨문학상과 퓰리처상을 받은 그는 고등학교를 중퇴하고 전쟁에 참전해서 보인 용맹한 업적으로 은색무공훈장을 받았다. 이후 언론사에서 일하다 특파원이 되어 유럽으로 건너가 예술가들과 교류했다.

윌리엄 포크너

『음향과 분노』로 노벨문학상을 받았고 두 차례 퓰리처상을 수상한 소설가. 어릴 때부터 글을 좋아했고 시에 빠져들었다. 고등학교를 다녔지만 흥미를 잃고 2학년 때 중퇴한 그는 홀로 다양한 고전을 읽으며 상상력을 키웠고 소설을 쓰기 시작했다. 미시시피 대학에 입학했으나 첫 학기 영어성적이 D학점이 나오자 환멸을 느껴 중퇴했다. "그의 소설은 과연 문법적 지식을 제대로 갖고 있는 사람인지 의심스럽다."는 평을 받았지만 그는 미국 역사에 길이 남은 위대한 작가가 되었다.

스콧 피츠제럴드

미국 출판사 랜덤하우스가 선정한 20세기 최고 소설 2위에 뽑힌 『위대한 개츠비』의 작가. 고등학교 때부터 탐정소설을 써서 학교신문에 발표했던 그는 프린스턴 대학에 들어 갔으나 중퇴하고 제1차 세계대전에 참전했다. 전쟁을 겪으며 '죽기 전에 작품을 남겨야 겠다'는 깨달음으로 집필을 시작했고, 데뷔작 『낙원의 이편』으로 베스트셀러 작가 반열에 올랐다.

헤르만 헤세(Hermann Hesse)

『수레바퀴 밑에서』『데미안』의 작가. 독실한 신학자 집안에서 태어나 어린 시절 신학교에 들어갔지만 기숙사의 억압적인 생활을 견디지 못하고 도망쳤다. 고등학교 중퇴 후 서점 견습직원, 시계 부품공장 견습공으로 일하며 소설가의 꿈을 키웠다. 1946년 문명을 비판하는 미래소설인 『유리알 유희』로 노벨문학상을 받았다.

찰스 디킨스(Charles Dickens)

『올리버 트위스트』『위대한 유산』을 쓴 영국 작가. 아버지가 빚더미에 올라 열두 살에 학교를 그만두고 구두약공장 견습공이 되었는데, 그는 이때의 경험을 자신의 작품에 그대로 녹여냈다. 매일 대영박물관을 찾아 책을 읽었고 삶을 긍정적으로 보았던 그는 가난한 사람에 대한 연민이 깊었다. 사회의 악습에 반격을 가했고 상류사회에 조롱을 퍼부었다. 부유해진 뒤에는 자선사업에 열중했다.

존 스타인벡(John Steinbeck)

영화로 유명한 『에덴의 동쪽』『분노의 포도』를 쓴 미국 소설가. 헤밍웨이의 뒤를 이은 미국의 대표적인 작가로 꼽는다. 스탠퍼드 대학 영문학과에 입학했는데 이때부터 목장, 도로 공사장, 목화밭에서 일하며 어려운 사람들의 삶을 이해하게 된다. 대학교를 중퇴하고 「뉴욕타임스」의 기자로 일했고, 노동자들의 삶을 인간미 넘치는 문체로 그린 소설을 발표한다. 『분노의 포도』로 퓰리처상을, 『에덴의 동쪽』으로 노벨문학상을 수상했다.

방정환

아동문화운동가, 독립운동가이자 사회개혁가. '어린이'라는 단어를 처음 사용했다. 아동문학 연구단체인 '색동회'를 조직하고 순수아동잡지 「어린이」를 창간했다. 선린상고를 2년 만에 중퇴하고 얼마 후 입학한 일본 도요 대학교 철학과도 중퇴한 그는 이런 말을 남겼다. "학교 공부가 싫다. 오히려 학교 수업에서는 배울 수 없는 문학이 좋다. 문학에 대한 끊임없는 관심을 제대로 잠재울 수 없다. 새로운 미래에 대한 강렬한 호기심을 포기할 수도 없다. 학교가 전부가 아니다. 나에겐 새로운 나의 길이 있다."

남현범

우리나라를 대표하는 스트리트(street) 패션 사진작가. 뉴욕·밀라노·파리·런던 길거리의 패션을 찍은 스트리트 패션 사진을 본 뒤 호기심을 참을 수 없어 그들을 직접 눈으로 확인하고자 스물다섯 살이었던 2010년 여름, 세종대 공대를 중퇴하고 가진 돈을 싹싹 긁어 밀라노 패션위크로 날아갔다. 사진을 배운 적 없고 패션과도 거리가 먼 평범한 공대생이었지만 개인 블로그에 패션 사진을 올리기 시작했고, 방문자가 하루 3만 명이 넘으면서 전 세계로 소문이 퍼져나갔다. 블로그를 보고 연락한 프랑스 「보그(Vogue)」 「엘르(Elle)」 「바자르(Bazaar)」 「마리끌레르(Marie Claire)」와 일하고 있다. 그는 지금도 카메라 하나만을 목에 걸고 전 세계 패션쇼가 열리는 도시를 휩쓸고 다닌다.

임재훈

대한민국 프로마술사. 좋아하는 일을 평생 할 수 있어 더할 나위 없이 행복하다는 그는 17세 최연소 국제 마술대회 우승, 2008년 마술 아시안 챔피언십 1위, 2009 월드매직세미나 아시아 1위, 2010 일본 아사히TV 'GOD HANDS 2' 그랑프리 수상 등 각종 세계대회를 석권하고 있다. 학교 성적은 상위권이었지만 '남들이 고등학교 3년간 공부할 시간에 열심히 마술을 공부한다면 분명 그에 맞는 성과가 있을 것'이라 판단하고 고등학교를 중퇴한 뒤 일본으로 건너가 본격적으로 마술을 시작했다.

이윤기

우리 시대 가장 탁월한 문장가 중 한 명이며 문학상도 여럿 받은 소설가이자 번역가. 니코스 카잔차키스(Nikos Kazantzakis)의 『그리스인 조르바』, 움베르토 에코(Umberto Eco)의 『장미의 이름』 등 200여 권의 책을 우리말로 옮겼다. 중학교 2학년 때 학비를 벌기 위해 도서관에서 일하다 책의 세계로 빠져든 그는 고교 진학 후 '제도권 교육을 따라가다가는 불행해지겠다'는 생각에 두 달 만에 학교를 그만두었다. 2000년 출간된 『이윤기의 그리스 로마 신화』 시리즈는 200만 부 이상 팔리며 21세기 문화 지형도를 바꾼 책이라는 찬사를 받았다.

진보라

중학교 2학년 때 피아노가 너무 좋아 학교를 뛰쳐나왔다. 재즈를 접한 뒤 하루 종일 음악 생각만 나고 피아노가 치고 싶어 교실에 앉아 있기 힘든 정도였기 때문이다. 학교를 나온 후 피아노 앞에서 밥을 먹고 피아노를 치다가 잠자리에 들었다. 중퇴 2개월 만에 한전 아트풀센터 재즈콩쿠르에서 최연소로 우승을 거머쥐었고, 한국종합예술원 콩쿠르 재즈 부문에서도 1위를 차지하며 '재즈계의 신동'으로 떠오른다. 열네 살부터 자신이 기획하고 구성을 담당한 무대에서 인도, 티벳 등 다양한 나라의 음악을 결합하는 새로운 시도를 해왔다. 현재 재즈공연, 뮤지컬, 영화음악, 드라마 출연까지 다양한 영역을 두루 섭렵하며 자신의 음악세계를 넓혀가고 있다. 버클리 음대 전액 장학생으로 선발되었으나 안전한 학교 교육보다 국내외 공연을 통해 관객과 직접 소통하고 싶어 입학을 거절했다.

최범석

2014년 「뉴욕타임스」가 인정한 세계 최정상급 디자이너. 패션수업은 받아본 적 없는 고교 중퇴생이다. 멋 내는 것이 너무나 좋은 '날라리'였던 그에게 학교생활은 언제나 뒷전이었다. 집안형편은 어려웠지만 아르바이트로 돈을 모으면 옷만 사 입었다. 학교를 그만두고 동대문에서 직접 만든 옷을 팔며 큰 성공을 거두었다. 어느 날 출장차 방문한 파리에서 충격을 받고 디자이너가 되기로 결심한다. 무명이었음에도 담대한 도전으로 서울컬렉션에 선 그는 기성 디자이너들과 다른 거친 데님의 옷으로 주목을 받고 스타 디자이너가 된다.

한국 디자이너 중 '뉴욕컬렉션'에 최초로 진출했고 그곳에서 가장 많은 쇼를 선보였다. 의류회사 제너럴 아이디어(General Idea)를 설립하고 유럽, 중국 등에 70여 개 매장을 오픈, 연 매출 60억 기업의 CEO가 됐다. "만약 대학에 갔다면 바보처럼 살았을 거예요."라고 말한다.

서태석

위조지폐 감별 전문가. 중학교를 중퇴하고 '나만의 전공기술이 학력보다 우선이다'라는 신념으로 은행 일용직으로 들어가 일하며 치열한 노력으로 우리나라 유일의 위조지폐 감별 전문가가 되었다. 38개국의 위폐를 감별해낼 수 있는 그는 정부가 주는 청백봉사상을 비롯해 수많은 상을 받았다. 공항에서 발견된 가방 속의 200만 달러를 무게만으로 위폐임을 가려내 신화적 인물이 되었다. 그가 아니었다면 우리나라 위폐 감별은 지금까지 외국에 의존하고 있었을 것이다.

요리사

|

페란 아드리아(Ferran Adria)

「타임」 선정 세계 최고의 요리사. 영국의 권위 있는 음식전문지 「더 레스토랑(The Restaurant)」 의 음식 평론가 560인이 세계 최고의 레스토랑으로 뽑은 스페인 레스토랑 '엘 불리(El Bulli)'의 수석주방장이자 미각혁명가이다. 2011년, '낭만적이고 자유분방한 예전으로 돌아가고 싶다'며 엘 불리를 잠정 휴업을 하고 요리사들의 아이디어 공간인 엘불리 재단을 설립했다. 테이블은 열 개, 하루에 50명 남짓한 손님만을 받는 작은 레스토랑이었음에도 1년에 6개월만 영업을 하고, 예약경쟁률은 자그마치 1,000 대 1에 달해 웬만한 미식가들도 테이블을 차지하려면 수개월에서 수년을 기다려야 했다. 고등학교를 중퇴하고 바르셀로나에서 호텔 접시닦이로 일을 시작하여 명장의 반열에 오른 그가 만드는 요리는 하나의 '독창적인 작품'이라는 평을 받는다.

장명순

분자요리(molecular gastronomy)사. 한의사를 목표로 공부를 했지만 공부가 재미없어 하루 하루를 지옥처럼 보내던 어느 날 요리가 재미있다는 것을 알게 되고 요리사가 되기로 마음먹 는다. 고등학교와 대학교 때 전국요리대회를 휩쓴 뒤 제대로 된 요리 학업과 지식에 대한 갈 망으로 자퇴를 결심하고 세계여행을 떠난 그는 전 세계를 돌아다니며 유명한 요리사들을 만 나서 가르침을 청했다. 그 과정에서 스페인에 있었던 세계 최고 레스토랑인 엘 불리의 페란 아드리아를 운명적으로 만나 영감을 받는다. 주방보조가 되기 위한 경쟁률만 수천 대 1인 그 곳에서 텐트를 치고 기다린 덕분에 페란의 마음을 움직여서 2년간 일했고, 지금은 한국에 돌 아와 '장명순의 분자요리교실'을 운영하고 있다.

김용묵

뉴욕 고급 일식 레스토랑 모리모토(Morimoto)의 부주방장. 미국 명문인 뉴욕 주립대에서 컴 퓨터공학을 공부하다 뒤늦게 '요리'라는, 전공과 전혀 관련 없는 적성을 찾곤 대학교를 그만 둔다. 곧바로 레스토랑에서 일을 시작해 남들보다 몇 배 빠른 속도로 전 세계의 메뉴를 섭렵 해나갔다. 그는 요리학교보다 현장을 추천한다. 학교에서 1년간 가르쳐주는 것을 현장에서는 한 달이면 모두 습득할 수 있기 때문이다.

방송/엔터테인먼트/스포츠
|

찰리 채플린(Charles Chaplin)

현대문명에 통렬한 비판을 가한 코미디언이자 영화감독. 어린 시절 영국 빈민층 중에서도 최저 수준의 생활을 했다. 초등학교 중퇴가 학력의 전부였고 글도 제대로 못 읽어 대본조차 볼 수 없었지만 헌책방을 전전하며 엄청난 독서를 통해 학자에 뒤지지 않는 철학관과 예술관을 갖게 된다. 소외받는 사람들을 향한 따뜻한 시선, 사회 모순에 대한 풍자, 눈물과 웃음을 동시에 주는 유머로 영화 역사에서 가장 중요한 캐릭터를 만들었다.

오프라 윈프리(Oprah Winfrey)

더 이상 설명이 필요 없을 정도로 미국에서 가장 영향력 있는 방송인. 고등학생 때 라디오 프로그램에서 일을 얻었고 열아홉 살부터 지역 저녁뉴스의 공동 뉴스캐스터를 시작했다. 전액 장학금을 받고 대학에 진학했으나 앵커가 되기 위해 대학을 중퇴했다. 이 시대 최고의 토크쇼 〈오프라 윈프리 쇼(the Oprah Winfrey Show)〉는 그녀의 진솔함과 감정 이입에 수많은 스타들이 마음을 열며 숱한 화제를 낳았다.

지젤 번천(Gisele Bundchen)

브라질 출신의 슈퍼모델. 열네 살 때 브라질의 한 쇼핑몰에서 모델 에이전트에게 발탁돼 학교를 그만두고 모델의 길로 들어섰다. 1996년 미국 뉴욕 패션무대에 데뷔했고 베르사체(Versace), 디올(Dior) 등과의 계약을 통해 세계적 모델로 성장한 그녀는 "나를 만든 건 학벌이 아니라 열정이었다."라고 말했다.

타이거 우즈(Tiger Woods)

골프 선수. 경제학을 전공하기 위해 스탠퍼드대에 입학했던 그는 아마추어 골프선수로 활동하다가 프로 골퍼가 되기 위해 학교를 그만뒀다. 세계에서 가장 많은 수익을 올리는 스포츠 선수 중 한 명이다.

존 레논(John Lennon)

비틀스(The Beatles)의 중심이자 팝계의 영원한 신화. 학교의 엄격한 규칙과 딱딱한 분위기에 적응할 수 없어 공부에 흥미를 붙이지 못했다. 고등학교 때 전 과목에서 낙제를 했으며 생활기록부에는 '가망이 없다. 우리 학급의 광대. 경악할 만한 보고서', "이 학생은 이 상태로 계속 가면 틀림없이 인생의 낙오자가 되고 말 것이다."라고 적혀 있다. 대학을 그만두고 비틀스 멤버와 함께 삼류클럽에서 실력을 쌓았다. 비틀스 멤버는 모두 악보도 쓸 줄도, 읽을 줄도 몰랐다. 멤버 중 조지 해리슨(George Harrison)은 고등학교를, 링고 스타(Ringo Starr)는 중학교를 그만두었다. 고졸인 폴 매카트니(Paul McCartney)는 학교 음악수업을 좋아하지도 않았고 실력이 기준에 못 미친다며 합창단 입단을 거부당하기도 했다. 그런 그들이 만든 '예스터데이(Yesterday)'는 '20세기 최고의 노래'로 평가받고 있다.

쿠엔틴 타란티노(Quentin Tarantino)

칸 영화제에서 황금종려상을 수상한 〈펄프 픽션(Pulp Fiction)〉과 〈킬 빌(Kill Bill)〉의 감독. 어린 시절부터 영화광이었던 어머니와 영화를 보고 자랐다. 학교생활을 끔찍이 싫어해 고등학교 1학년 때 중퇴하고 5년간 비디오 가게 점원으로 일하며 영화지식을 쌓았다. 그는 비디오 가게를 '나의 영화학교'라고 불렀다.

뤽 베송(Luc Besson)

〈제5원소(The Fifth Element)〉〈루시(Lucy)〉의 감독. 소년 시절부터 유명한 영화광이었다. 부모의 영향으로 돌고래 전문가를 꿈꾸었으나 열일곱 살 때 다이빙 사고를 당한 뒤 영화감독으로 진로를 바꾸고 고등학교를 중퇴한다. 프랑스의 대표적인 영화사인 고몽(Gaumont)에서 영화보조일로 시작해 감독이 되었다. 〈레옹(Leon)〉으로 프랑스 영화를 할리우드 영화 반열에 올려놓는다. 하나의 장르를 고집하지 않고 제도권에 갇히지 않는 그는 자유로운 정신과 상상력의 대명사로 알려져 있다.

폴 토머스 앤더슨(Paul Thomas Anderson)

〈마스터(Master)〉로 베니스 국제영화제 3관왕을 기록하고 만드는 작품마다 걸작을 선보인다는 평을 받는 미국의 대표 감독. 뉴욕대 영화과에 입학했다가 수업방식에 실망하고 이틀 만에 학교를 그만두었다. 그는 영화를 하고 싶어 하는 후배들에게 이렇게 조언한다.

"중퇴는 빨리하면 좋다. 등록금을 그대로 돌려받을 수 있으니까. 나는 그 돈으로 먹고살면서 단편 하나를 만들었다. 기술적 부분은 책이나 잡지를 통해서 배웠다. 영화학교에서의 4년보 다 존 스터지스(John Sturges)의 〈배드 데이 블랙 록(Bad Day at Black Rock)〉 오디오 코멘터 리에서 더 많은 걸 배울 수 있다. 영화학교는 완전 사기다. 왜냐면 당신이 필요로 하는 정보는 어디서나 찾을 수 있기 때문이다."

마이클 리(Michael Lee)

미국 브로드웨이 뮤지컬 배우. 의사 집안에서 태어난 그는 미국 스탠퍼드대 의대 4학년이던 1995년, 돌연 의사 가운을 벗어던지고 뮤지컬 〈미스 사이공(Miss Saigon)〉 투어 프로덕션의 투이(Thuy) 역을 따내며 배우로 변신했다. 집안의 반대는 심했지만 남들 보기에 그럴듯한 직 업을 얻기 위해 가슴이 시키는 일을 포기할 수는 없었다고 한다.

임순례

영화 〈우리 생애 최고의 순간〉 〈제보자〉를 연출, 작품성과 상업성을 모두 인정받는 영화감독. 엄청난 독서광이어서 수업시간에도 교과서 대신 책을 읽었다. 고등학교 3학년 첫 시험에서 꼴등을 하니 선생님들이 인간쓰레기 취급을 하는 바람에 독학을 결심하고 자퇴한다. 검정고 시를 거쳐 연극영화과 대학원에 진학했지만 수업에 만족하지 못했다. 이해하기 힘든 이유로 세 번이나 논문이 거절당하자 지도교수 앞에서 자신의 논문을 찢어버린 뒤 프랑스로 떠났다. 동물보호시민단체 '카라(KARA)'의 대표이며 약자의 인권·정의·생명을 소중히 여기고 이를 주제로 하는 영화를 주로 만들고 있다. 첫 작품 〈우중산책〉으로 서울단편영화제 젊은 비평가 상, 〈와이키키 브라더스〉로 백상예술대상 작품상, 〈우리 생애 최고의 순간〉으로 청룡영화제 최우수작품상, 백상예술대상 작품상을 수상했다.

정윤수

스포츠문화 평론가. 학창시절 독서반 반장이었는데 공부하지 않고 독서를 하면 혼이 났다고 한다. 그런 고등학교 분위기가 숨 막혀 자퇴한 뒤 음악다방 DJ를 했고 헌책방에 탐닉해 책을 읽었다. 그 후 인문적 감성으로 스포츠를 짚어줄 사람을 필요로 하는 방송국 사람 눈에 우연히 띄어 스포츠 평론을 시작했다. 그는 스포츠 평론가가 되려면 스포츠만이 아닌, 철학과 인간의 영혼을 다루는 문학을 먼저 봐야 한다고 말한다. 대학생들에게는 '스펙' 같은 이상한 용어에 매몰되지 말고 많이 공부하고 멀리 보라고 조언한다.

강우석

한국 영화사상 최초로 관객 1,000만 시대를 연 영화 〈실미도〉와 〈투캅스〉 〈공공의 적〉 등 수많은 히트작을 연출한 흥행의 마술사이자 한국의 스필버그로 불리는 감독. 영화광인 어머니를 따라다니며 어린 시절부터 학교는 영화를 보고 나서야 갈 정도로 영화에 미쳐 살았다. 성균관대 영문학부에 들어갔으나 2학년 때 학업을 중퇴하고 충무로 영화현장에 뛰어들었다. 그는 "대학을 빨리 관두고 영화를 빨리 시작한 덕분에 여기까지 빨리 달려올 수 있었다고 본다."라고 말하며 "잠자는 시간을 빼놓고는 영화에 미쳐라."라고 조언했다.

김지운

국내에서 〈조용한 가족〉 〈좋은 놈, 나쁜 놈, 이상한 놈〉을 연출했고 2013년 아놀드 슈왈제네거(Arnold Schwarzenegger) 주연의 〈라스트 스탠드(The Last Stand)〉로 할리우드에 데뷔했다. 영화연출 기초를 닦기 위해 서울예대 연극과에 입학했으나 현장공부에 더 의의를 두고 학교를 중퇴했다. 그는 '중요한 것은 자기가 생각한 대로 사는 것'이라고 말한다.

이청용

대한민국 축구 국가대표. 2015년 현재 영국 프리미어리그에서 크리스털 팰리스(Crystal Palace) 소속으로 뛰고 있다. 어릴 때부터 뛰어난 실력을 보인 그는 중학교를 자퇴하고 축구에만 올인하며 2004년 FC 서울에 입단했다. 2009년 「더 타임스(The Times)」 선정 '떠오르는 50인의 스타들'에 뽑혔고 같은 해 해외리그로 이적하며 대한민국 최연소 프리미어리거가 되었다.

곽진언

오디션 프로그램 〈슈퍼스타K 6〉의 최종 우승자. SBS의 〈K팝스타 2〉의 우승팀인 악동뮤지션처럼 그도 초등학교 5학년 때 학교를 그만두고 홈스쿨링을 했다. 그의 부모는 아들이 하고 싶은 음악을 마음껏 할 수 있어 창의성이 좋아진 것 같다며 "홈스쿨링은 시간이 많아 아이가 100가지 탐색을 할 수 있어요. 아이의 적성에 맞지 않는 99가지와 잘 맞는 1가지를 알게 되고, 거기에 매진할 수 있었어요."라고 말했다. 악동뮤지션의 이찬혁처럼 작사·작곡을 직접 하는 그는 〈슈퍼스타K〉 역대 최고점으로 우승했다.

차유람

포켓볼 국가대표. 중학교 2학년 때 아버지를 졸라 학교를 그만두고 당구에만 집중했다. '내가 결정한 일이니 반드시 책임을 져야 한다'는 마음으로 당구에 임했다. 2006년 도하 아시안게임 포켓볼 국가대표, 2010년 광저우아시안게임 여자당구 국가대표로 출전했고 2011년 세계 나인볼 베이징 오픈 여자부 우승, 2012년 타이완 여자프로선수권 3차 대회 우승, 2013년 베이징 미윈 오픈 포켓볼 나인볼 부문에서 우승을 차지했다.

참고자료 ━━━━━━━━━━━━━━━━━━━━━━━

책

로버트 기요사키, 『왜 A학생은 C학생 밑에서 일하게 되는가. 그리고 왜 B학생은 공무원이 되

는가』, 민음인, 2014

리처드 바크, 『갈매기의 꿈』, 현문미디어, 2015

리처드 브랜슨, 『내가 상상하면 현실이 된다』, 리더스북, 2007

마이클 무어, 『멍청한 백인들』, 나무와숲, 2003

마이클 무어, 『세상에 부딪쳐라 세상이 답해줄 때까지』, 교보문고, 2013

마이클 엘스버그, 『졸업장 없는 부자들』, 21세기북스, 2012

마커스 바크, 『공부와 열정』, 민음사, 2013

명료진, 『20부자가 20청춘에게』, 아이엠북, 2013

민윤식, 『소파 방정환 평전』, 스타북스, 2014

박영숙, 『메이커의 시대』, 한국경제신문사, 2015

배기홍, 『스타트업 바이블 2』, 요구맹미디어, 2013

세스 고딘, 『이카루스 이야기』, 한국경제신문사, 2014

시릴 피베, 『iCEO 스티브 잡스』, 이콘, 2005

심현수, 『세상에 나의 꿈을 소리치다』, 나비의활주로, 2014

에구치 가쓰히코, 『길은 잃어도 사람은 잃지 말라』, 더난출판사, 2010

왕평, 『그는 어떻게 아시아 최고의 부자가 되었을까?』, 아인북스, 2005

우스만, 『20대가 가기 전에 꼭 버려야 할 것들』, 예문, 2007

월터 아이작슨(Walter Isaacson), 『스티브 잡스』, 민음사, 2011

윌리엄 데레저위츠, 『공부의 배신』, 2015

윌리엄 캄쾀바, 브라이언 밀러(Bryan Mealer), 『바람을 길들인 풍차소년』, 서해문집, 2009

이세돌, 『판을 엎어라』, 살림출판사, 2012

이준영, 『구글은 SKY를 모른다』, 알투스, 2014

이지성, 『생각하는 인문학』, 차이, 2015

이채영, 『꿈은 이뤄드립니다』, 달, 2012

이혜정, 『서울대에서는 누가 A+를 받는가』, 다산에듀, 2014

조양욱, 『괴짜들, 역사를 쓰다』, 기파랑, 2013

진성은, 『학교는 왜 불행한가』, 메디치미디어, 2011

최진석 외, 『나는 누구인가』, 21세기북스, 2014

켄 로빈슨, 『엘리먼트』, 승산, 2010

토드 로즈, 캐서린 엘리슨(Katherine Ellison), 『나는 사고뭉치였습니다』, 문학동네, 2014

파울로 코엘료, 『연금술사』, 문학동네, 2001

피터 L. 번스타인, 『리치(THE RICH) - 부자의 탄생』, 21세기북스, 2008

혜민스님, 『멈추면, 비로소 보이는 것들』, 쌤앤파커스, 2012

휴먼스토리 , 『스티브 잡스의 세상을 바꾼 말 한마디』, 미르북스, 2011

기사

'"시골 된장찌개 판타스틱"…뉴요커들이 반했다', 「한국경제신문」(2011.12.16.)

'1,000원짜리 눈물 밥으로 빚은 2,000억 신화', 「동아일보」(2014.9.11.)

'17세 소녀의 '두 문장', 독일을 달구다', 「시사인」 385호

'2015 미국 서던캘리포니아 대학교 졸업연설', 「헤럴드 경제」(2015.5.24)

'Before Tumblr, Founder Made Mom Proud. He Quit School', 「뉴욕타임스」(2013.05.20.)

'Over Her Million-Dollar Baby After Yahoo Deal', 「허프포스트(HUFF POST)」(2013.5.20.)

'가맹점 300개…… 대학 대신 창업 택한 그가 사는 법', 「오마이뉴스」(2013.5.3.)

'그의 세 번째 회사 Noom이 있기까지', 「비석세스(beSUCCESS)」(2012.4.10.)

'당장 회사를 그만둬도 될 성공의 비결', 「맨스 헬스」(2013.10.)

'도정일 對 최재천…인문학과 과학의 만남', 「조선비즈」(2014.11.1.)

'美 건강관리 앱 1위 '눔' 정세주 CEO', 「매일경제」(2013.4.26.)

'미(美) 대학 두 번 중퇴한 일본인 괴짜, MIT 미디어랩 맡는다', 「조선일보」(2011.4.28.)

'사람을 사는 사람', 웹진 「꿈」(2013.6.16.)

'소유의 시대서 공유의 시대로…', 「조선일보」(2012.8.24.)

'스무 살에 잡스라는 분 알았다면 『공부가 가장 쉬웠어요』 안 썼을 것', 「머니투데이」
(2011.10.12.)

'영재 6명 중 1명 학습장애… 산만함, 혁신 자질로 변할 수 있다', 「중앙일보」(2014.11.8.)

'의사 꿈 접고 요리사로', 「코리아헤럴드」(2010.8.24)

'장사하고 싶어 명문대 중퇴, "세일즈로 돈맥 캐는 법 가르쳐요"', 「이코노믹리뷰」
(2014.01.16.)

'정세주 눔 대표, 건강 키워드로 전 세계인 사로잡다', 「한경비즈니스」 895호

'청년사업가의 꿈을 응원해준 든든한 지원군', 우리은행 사보 「우리이야기」(2015.2.)

'피터 잭슨의 걸작 〈킹콩〉', 「씨네 21」(2005.12.26.)

'학습장애, 그들은 남들과 다른 능력을 가졌다', 「매일경제」(2014.5.23.)

'한국판 '저커버그', 정세주 웍스마트랩 대표', 「헤럴드경제」(2011.9.9.)

'한식 최초 미슐랭 스타 레스토랑 오너 셰프 후니 킴', 「한경비즈니스」(2013.10.14.)

'현재의 교육 시스템은 잘못됐다… 경쟁을 조장하니까', 「조선일보」(2015.3.7.)

「뇌」(2003.10)

「더 텔레그래프(The Telegraph)」(2013.3.21.)

'우리나라 대학교육, 인재들 정지 상태로 만들어', 「투데이신문」(2015.01.21.)

방송

'공부 못하는 아이', EBS 〈다큐프라임〉(2015.1.7.)

'로봇혁명', KBS 〈시대의 창〉(2015.1.6.)

'워쇼스키 남매', MBC 〈황금어장 무릎팍도사〉(2013.1.3.)

'일자리가 사라진다', KBS 〈명견만리〉(2015.7.23.~24.)

'정신이란 무엇인가', KBS 〈창의인재 프로젝트 생각의 집〉 4회(2015.4.28.)

'창의성을 찾아서', EBS 〈다큐프라임〉(2008.8.20.)

'청년실업 100만 시대, 꿈을 포기한 청년들', MBC 〈PD수첩〉(2015.6.2.)

KBS 〈강연 100℃〉 1회, 29회(2012.5.18, 2013.1.11.)

'철학의 탄생', KBS 〈생각의 집〉(2015.4.21.)

'경영의 신 마쓰시타 고노스케 회장의 성공철학', EBS 〈세상을 바꾼 리더십〉 (2013.1.23.)

사이트

'Chokolit: Louis Barnett', www.startups.co.uk(2012.01.04.)

'Louis Barnett', www.tastingbritain.co.uk(2014.07.22.)

'LOUIS'S STORY', www.louisbarnettchocolates.com

'Why entrepreneurs struggle with formal education', www.virgin.com

'스타트업에 의해 해체되는 대기업: Unbundling 현상', estimastory.com(2015.4.12.)

http://www.satirewire.com/news/0006/satire-ellison.shtml

다음(Daum) 뉴스펀딩 '이지성의 생각하는 인문학'(2015.5.19.)

강연

'나는 왜 미국으로 갔는가 noom 정세주', oec (2013.12.6.)

잡코리아 나꿈소 강연(2013.3.28.)